노트북

시와사람

노트북

노트

공부는 마음으로 하는 것이 아니라 생각으로 하는 것이다.
생각하고 또 생각하라!
영원하고 불변한 진리는 없다.
많은 지식 중에서 무엇을 목표로 삼고, 또 어떻게 공부해야 할까?
지식은 확고해야 하고, 믿음은 하나여야 하며, 설명은 간단해야 한다.
나는 스스로 알고자 했지만, 혼자만의 생각으로는 도저히 무엇을 모르는지조차 구별 할 수 없었다.
대학도서관 등에서 여러 책을 읽고 생각 할 때마다,
나의 생각과 같다고 느낄 때가 제일 기쁘고 행복한 순간이었다.
새로운 세상을 본 것처럼 깨달음이 올 때마다, 잊어버리지 않기 위하여 note 하던 것을 여기에 적어 봤다.
진리를 찾기 위하여 애쓰던 생각을, 나를 위하여 기억하고 싶어서, 세세한 설명 없이 기록 하였다.
옛날엔 공책에다가 쓰고 읽으며 공부하였으나 지금은 노트북이나 스마트폰에 복사내지는 편집정도로 공부를 한다.

그만큼 간단하고 쉽게 보이지만 지식의 습득이나 응용은 보다 더 어렵다.

진리는 설명해서도 확실하지 않으며, 가르쳐서도 명확히 알 수 없다.

설명을 하면 내가 본 것을 위주로 판단해버리기 때문이다.

노트북 중 note구절은 스스로 외우고 익히고 싶은 나만의 생각이라 여기며, 비교적 개인적인 생각이니 옳고 그름을 따지기 보다는

독자 자신의 생각과 비교해 보고, 새로운 자신만의 진리를 생각해 보는

계기쯤으로 여겨 주길 바란다.

진리는 자신의 눈이다. 진실은 자신의 믿음이다.

지식은 타인의 귀이다. 지혜는 타인을 이해함이다. (나의 생각)

지혜롭게 살아가려면 지식을 먼저 습득하라. (지식을 기억해라!)

진실한 삶을 살고 싶으면 자신의 진리를 찾으라. (공부를 해라!)

행복 하고 싶으면 진리를 지혜롭게 찾으라. (대상을 이해해라!)

2021. 1.

悟南 姜善培

MEMO

MEMO

MEMO

MEMO

MEMO

※ 한글 자음 (오관) : ㉠ 木.어금니. 아(牙) ㉡ 火. 혀 바닥. 설(舌)

㉢ 土.입술. 순(脣) ㉣ 金. 이빨. 치(齒) ㉤ 水.목구멍. 후(喉)

모음 (삼재원리) : · (天) ㅡ (地) ㅣ (人)

☆ 실담어의 자모법칙 : 언해 방법과 자음법칙. 합용병서(合用竝書)의 법칙.

★ 정음(正音) : 오방지인이 모두 통해 할 수 있는 음을 말한다.(홍무정운)

● 환단고기 : AD 660년. 삼성기 상권(안함로) 하권(원동중)

◎ 단기고사 : 규원사화 1,675년 북애자. 신시 5,900년(서기 2,003년)

◇ 홍범구주 : 1. 강오행 (水지혜. 火언어. 木인. 金재물. 土근본.)

2. 경오사 (貌용. 言언어. 視시각. 聽청각. 思생각.)

3. 팔정 (食식생활. 貨재화. 祀제사. 司空-영토관장. 司徒-교육. 司寇-사법기관. 賓- 외교. 師-군사.)

4. 오기 (歲-일월. 日-태양. 月-달, 풍우. 星辰-별. 曆數-세의 계산)

5. 건용황극 (백성을 위한 군왕의 도)

6. 삼덕 (정직. 강극. 유극)

7. 명용계의 (점. 진인사대천명. 盡人事待天命)

8. 서징 (재난대비)

9. 오복 (수명. 부자. 강병. 유호덕. 고종명)

10. 육극 (흉. 질. 우. 탐. 악. 약)

※ 홍범구주 : 홍범(65자) : 천부경 · ○ ⊡ ▽

원(· ○ 원, 1) 방 (사방 오행, 5). 각(천,지,인, 3)

§ 농용팔정 : 식(음식). 화(재화). 사(제사). 사공(영토). 사농(농사)

사구(법). 사도(교육). 빈(접대). 사(사마, 병부)

● 삼재 : 1. 머리 (북두칠성. 일곱 개의 목뼈)
2. 가슴 (땅의 12지지. 척추뼈 12개)
3. 척추 (24절기. 양쪽 갈비대)

◆ 삼종비서 : 심서(心書), 소서(素書), 음부경(陰符經)

☆ 한 : 크다 (한꺼번에) 같다(한결같이) 높다(하늘) 중앙(한 가운데) 오래 (한참만에) 외부(한데 가서) 제한(한정판) 대략(한 이틀) 바램 (한이 맺히다.) 한량없이.

● 천(天) 5	ㅗ 천(天) 1	ㅜ 지(地) 2	ㅏ 천(天) 3	ㅓ 지(地) 4
ㅡ 지(地) 10	ㅛ 지(地) 6	ㅠ 천(天) 7	ㅑ 지(地) 8	ㅕ 천(天) 9
토(土) 중앙	수(水) 북(北)	화(火) 남(南)	목(木) 동(東)	금(金) 서(西)

★ 훈민정음 : 세종대왕 창제.1,446년 9월 반포(신미대사의 문자 제자원리) 한글관련 학자(최항. 박팽년. 신숙주. 성삼문. 강희안. 이개. 이선노.)

궁(宮)	상(商)	각(角)	치(徵)	우(羽)
토(土)	금(金)	목(木)	화(火)	수(水)
ㅇ.ㅎ	ㅅ.ㅈ.ㅊ	ㄱ.ㅋ	ㄴ.ㄷ.ㄹ.ㅌ	ㅇ.ㅂ.ㅍ
목구멍	앞니	어금니	혀	입술
후(喉)	치(齒)	아(牙)	설(舌)	순(脣)

※ 초성은 움직이는 뜻이 있으니 하늘이고, (天)
종성은 그치고 머무르는 뜻이 있으니 땅이고, (地)
중성은 초성을 이어 받아 종성을 이어 주니 사람의 일이다. (人)
평성은 편안하고 부드러우니 봄 (끝소리가 울림) (木)
상성은 부드럽고 높으니 여름 (끝소리가 울림) (火)

거성은 높고 씩씩하니 가을 (끝소리가 울림) (金)

입성은 빠르고 막히니 겨울 (끝소리가 안 울림) (水)

◎ 아리랑 : 범어 사랑하는 님. 아리 (알. 귀중함)
랑의 (서둘러 떠나다.) 아사달(난공불락의 섬)
윷놀이(유드. 별들의 전쟁)

◎ 아리랑 어원 : 알. 알에서 시작. 받아들인다는 뜻.
아사달 : 금산(金山). 조산(朝山). 자산(子山)
우두머리 : 소머리. 지도자, 염제 신농의 머리.
하나라 : 서이, 용, 앙소 문화.
은나라 : 동이, 봉, 용산 문화.

★글 : 말을 쓰는 것. 그리는 것. 금. 거시. 글쎄, 그러니까. 그럼.
菀울 : 우리. 안. 하늘. 큰. 아비. 우리나라. 울타리 안. 아버지. 겉.
櫱얼 : 그루터기. 얼마나. 우리 속. 어머니. 속내.
알 : 아리랑의 근본. 父 의 뜻. 日 . 태양. 일본으로 일어 (ama).
아리 : 알의 가지. 아리수. 서압록. 남자. 알의 자식. 맞이하다.
하다 : 하다. 할은. 할 위. 많다. 많은.
가림토 : 점토판 위에 선을 긋다.
스리랑 : 슬. 슬픔. 슬이랑. 살. 살짝이. 살수. 느껴서 앎. 중국의 난하.
십리 : 아리수와 아사달사이. 녹산 아사날과 연주산성사이 나루터.
붓 : 불에 태운 나뭇가지로 그리는 것. 火.
쓰다 : 불에 태운다. 사르다. 살다.
무당 : 묻다. 신을 만나는 장소, 행위, 시간, 의미.

단골　: 당굴, 단군, 무당. 신을 자주 만남.

아름　: 안음, 美 (羊 + 大) 큰 양의 많은 무리가 아름다움.

아리　: 아리다. 어리다. 병아리, 송아지. 아리랑. 또아리.

어엾브다 : 어여쁘다, 예쁘다.(불쌍하다.). 어리고 예쁘다.

곱다　: 굽다. 곡선이다. 굽어진 모양. 직선을 예쁘게 만듦.

아니　: 안. 부정을 뜻. 무지개 : 물의 지게. 물의 승천.

못　　: 모자라다. 못된 놈.

나쁘다 : 낮 + 브다. 낮다.

좋다　: 됴하다.　다. 좋다.

더럽다 : 더함이 없다. 모자라다.

꽃　　: 곶. 갈(관 머리.) 고깔모 (머리에 쓰는 모자)

해, 고 : 날(日)의 옛말. 해모수, 고두막, 개다.(해가 나온다.)

　　　해주몽, 고주몽

가마(솥) : 검을 현 옛 표기. 검은 것. 곰. 눈을 감다. (눈을 닫는다.)

태극　: 태 + 극 (태어나다 + 그곳) 본 : 보다. 본체. 본질.

고시, 구시, 거시 : 복이나 행운을 주는 신

살, 액, 손 : 해악을 주는 악귀.

◇ 한글 가림토 글자와 같은 세계어 : 인도어. 일본 신대문자. 볼리비아어

※ 쓰리랑 : 마음이 쓰리다. 슬이다. 슬(여자). 슬의 자녀. 스리랑.

동이　: 큰 활을 쏘는 동쪽 사람

술　　: 수블. 수울. 술. 거침이 없음.

말　　: 맏. 믿. 곧. 마음을 바로 흐른다. 마음의 표시.

글　　: 그려내는 그림. 그리다. 긋다. 그립다.(그리고 싶다)

며느리　: 메를 나르는 아이. 마눌. 미늘. 며늘(더부살이).

며늘아기 : (아들에게 기생하는 아이)

막　: 마구. 마지막.

망나니　: 마구 낳는. 아무나 죽이는 사람.

나쁜　: 낮브다. 얼굴이 없다.

미리내　: 은하수. 은빛 강물.

벌(10)　: 곱절,(손가락을 꼬부려 꺾는다.) 온(100) 즈믄(1,000)

골　: 10,000. 옛말 만(萬). 골백번(10,000×100 = 100만)

하나　: 홑. 곡식의 낟알. 통일.

둘　: 두불의 준말.(두번). 덮다. 둡다. 더불어.

셋　: 사이에 손가락을 모은 것. 손가락 사이 중앙.

넷　: 너이. 둘의 곱.

다섯　: 손가락을 닫혔다. 주먹.

여섯　: 손가락을 세우기 시작. 표시.

에누리　: 에이다. 어히다.

용　: 미르. 미리.

섬진강　: 달빛 두꺼비, 달래 강.

인두　: 한국, 중국, 몽골어, 같은 발음과 같은 뜻.

바른쪽으로 : 바른 죽으로,

왼쪽으로 : 왼 죽으로 몽골어와 뜻 동일

무격　: 무당무. 화랑격.

스승　: 사승(불교의 중) 스승(법을 가르치는 중) 사님(중)→스님

스승의 날 : 1965년 5월 15일 세종대왕의 음력 생일을 기념.

천생연분 : 사람으로 한번 사는 것은 일생을 천 번 같이하는 인연.

명색 : 이름은 있으나 아직 미완의 상태.

보제(菩提) : 발음이 보디와 같아서 菩提(깨달음의 참다운 지혜)

산크리스트어 보디(bodhi-sattva.) 보리로 바꾸어 읽음.

색시 : 섹스. 서양에서 온 말.

☆ 한글 : ㅎㅎㅏㄴ 싯담어 khan(왕) 한.

사투리 : ksiatria 샤트리아. 왕족. 언어.

끝 : 끄시다. 끗 끄시, 종말.

아양 : 아얌 (여자의 머리에 쓰는 구슬 달린 모자)

뜬금 : 값을 매기는 것. 값을 뛰어 봄.

아기 : 알에서 온말. 사람의 새끼. 아지(동물의 새끼) 아리(새의 새끼)

삼시 : 석가가 입멸 후 정법(500 ~1,000년), 상법(1,000년)

말법(10,000.년)시대가 지나야 말세이다.(12,000년)

다홍치마 : 처녀의 치마는 홍상, 과부와 기생의 치마는 청상.

흥청망청 : 연산군 때 기생 관리청(왕을 즐겁게 흥을 돋움).반대가 망청

영문 : 조선시대의 감영, 병영의 문.

화촉 : 색을 물들인 혼례용 초.

장가들다 : 장모가 사는 집에 들어가 산다.

얼간이 : 얼간(채소 등을 소금에 약간 절이는 것)

올케 : 오라버니의 겨집.(오빠의 부인)

선생 : 과거에 급제한 선비.

야단법석 : 야외에 자리를 마련하여 불법을 듣는 것.

이판사판 : 이판승(교리) 사판승(실무) 쪽으로 선택한 스님. 갈림길.

찰나 : 팽팽한 명주실을 날카로운 칼로 자르는 시간.

일탄지시 : (손가락을 한번 튀기는 시간) 65찰나.

영겁 : 수많은 겁. 영원한 겁

1겁 : 둘레 사십리 되는 성에 겨자씨를 가득 채워 놓고 1,000명이 3년마다 한 알씩 가지고 가서 없어질 때까지의 시간.

1겁(칼파.1천마하유가)=43억2천만년(1,728+1,296+864+432천)

불석겁 : 사십 리 되는 바위를 1,000명이 무게 3수되는 깃털로 3년에 한 번씩 스쳐서 닳아 없어지는 시간.

항하사 : 갠지스강의 모래알의 수.

이승기 : 항아사의 1억 배.

수(銖) : 기장쌀 100개의 무게를 1수(銖)

불가사의 : 10^{64} 무량대수 : 10^{88} 구글 : 10^{100}

레인보우 : (비의 활) 아르켄시엘(하늘의 아치). rainbow.

사바사바 : 일본어. 고등어가 사바이고 공무원에게 고등어를 뇌물로 준 것에서 유래.

★ 가루 : 갈다. 가리. 밀가루.

고마 : 첩. 작은 부인. 키가 작은 어린이 → 꼬마

고맙습니다 : 고마. 곰. 자연적인 토템신앙. 곰의 상징성. 고마경(공경)

감사합니다 : 검. 금. 신적인 감사.

임금 : 니사금. 잇는금. 壬(임)金(금). 왕보다 높음.

어저께 : 어(지난 때) + 적(때)

설날 : 설(나이, 살, 첫날의 해,). 서다. 해(태양)

겨레 : 가르다. 갈래. 사람의 갈래(아기). 소의 갈래(아지).

한가위 : 큰 가운데 보름(밝다)

날다 : 나. 나르다. 1인칭. 널다(너. 너르다. 2인칭)

내리다 : 내리. 하늘에서. 오르다(올라. 오름. 땅에서)

마누라 : 마노라. 상전의 극존칭이 변화. 마노라 → 마누라

엄마 : 시작. 움이 트다. 엄아 → 엄마

아버지 : 아바. → 압 + 어지. 압바 → 아빠

점잖다. : 젊지 않다.

얼다 : 남녀가 교접하다. 성교. 얼 우이 → 어른(성교를 한사람)
어린이 (얼에 이르지 못한 이)

랑 : 낭구. 나무.

새 : 사이. 틈. 처음의 빛. 혼. 영혼. 신의 현현.

아리랑 : 빛. 알을 이은 나무.

일곱 : 연이어 곱아진 손가락 모양.

스물 : 廿. 이십. 심다.

마흔 : 넷을 보는 방향. 넷을 열(10) (4 × 10 = 40)

봄 : 볼가지다. 호미의 준말. 블 + 옴(火 + 來).

여름 : 녀름. 녀르다. 여러. 봄을 열다. (熱 + 태양)

가을 : 가실. 태양을 가르키는 가시, 가알.(열매를 끊을 갓 +을)

겨울 : 겨슬. 거스르. 거우르 → 겨울. 가시→거알. 고뿔(코열)

곰 : 구멍. 고마. 검은. 여자. 신.(일본)고미→가미(일본의 신)

서울 : 서라벌 → 서벌 → 서울 (경도.)

마한 : 마리 수. 마루 종. 맛 . (종주국)

홀의새끼 : 홀어미의 새끼. 버릇없는 자식.

외누리 : 외는 (틀리다) 누리(가져서 잘 누리는 것)

싸가지 : 싹(새싹) + 아지(동물의 새끼). 동식물의 처음.

고자질 : 고자가 임금에게 알리는 일.(내시가 임금에게 일일 보고)

장본인 : 미리 준비 해 놓은 방안을 적은 책. 그 책 속의 우두머리.

대박 : 흥부가 큰 박을 터트려 횡재함.

콜레라 : 호열자 중국어 호열랄(홀리에라) 라자를 랄자로 잘못 오역

일본 : japan 지판(당나라시대 중국식 발음) 닛뽄. 니혼. 르빈.

중국 : chaina 차이나. 진나라를 유럽식 발음으로 지나.

한국 : korea 고려를 중국식으로 발음.

구결(입결) : 한문의 띄어 읽는 자리에 토를 달아 한문 해독을 쉽게 함.

厓(애,에). 伊(이). 爲尼(하니). 羅(라) 隱(은)

是尼(이라) 爲古(하고) 爲於(하며).

치다 : 미치다.(美) 바치다.(氣.) 가르치다(法)

벼락을 치다. 미친년놈. 양을, 이자를, 새끼를, 손뼉을.

☆ 모방 : mimecis. 복제. 가공.

카타르시스 : katharsis. 배변. 배출. 정화.

나라 : 라라.→ 나루. 사람들이 모여 사는 넓은 의미의 지형.

나락 : 산스크리티어 naraka 에서 유래. 악인들이 모여 사는 곳. 불교의 지옥.

나물 : 남새.→ 어린 나무. 어린 식물. 山野(산야)에서 구함.

채소 : 치소. 집에서 기르는 나물.(부리, 잎, 줄기.)

야채 : 들에서 나는 채소와 나물.

아비규환 : 아비지옥(고통). 규환지옥(가마솥. 불로 삶음)

시냇물 : 실(골짜기) 골짜기에서 흐르는 물.

골짜기 : 골. 골짝이나 들에 흐르는 작은 물.

넉살 : 연날리기에서 다섯 살이 기본. 넉살로 우승 하였을 때.

수양 : 대를 잇기 위해 3살 이전부터 기른 아이.

시양 : 생활상 의지하여 기른 아이.

도모지 : 사람의 얼굴에 물에 불린 한지를 발라서 죽이는 형벌.

저승 : 저쪽의 삶. 저생(沮 + 生)

딜레마 : 이중논법, 양도논법의 명제. 대전제에서 소전제중 어느 것을 선택하드라도 같은 결론이 나오는 것.

하염 : 어찌 하(何) 싫을 염(猒). 무었을 싫어하는지를 모름.

바보 : 밥보. 밥만 먹는 사람.

사랑 : 살. 살림. 思(사) 量(량)에서 유래. 생각하는 깊이와 정도.

은사 : 처음으로 중이 되었을 때 보살펴주는 스님.

스승 : 사승. 중의 존칭.

시나브로 : 시나(알맞은 시기) 부로(때가 지난 뒤에.) 제때이거나 아니거나.

예쁘다 : 어엿브다.(불쌍하다) → 귀엽다.

안악네 : 안악(집안의 공간)네에 있는 사람.

아프다 : 알이 보인다. 알이 나온다.(알을 낳다.)

슬프다 : 피가 보인다. 이(피를 빠는이)가 늘어나다.

어처구니 : 맷돌 손잡이.

얼굴 : 얼이 들어있는 곳. 얼(형태) 굴(형태. 모양)

영락 : 떨어질 零(영) 떨어질 落(락). 떨어 질 때 떨어짐.

외도 : 불교 이외의 종교.

을씨년 : 을사년에서 유래. 1,905년 을사조약.

이바지 : 이바디에서 유래. 음식으로 접대함.

조금 : 조수의 차이가 가장 적은 때. 조금치.

짐작 : 어림잡아서 따른 술잔.

철부지 : 계절변화를 모름.〔不(부)知(지)〕

추호 : 가을 동물의 털.

얌전 : 점잖고 우아한 행동을 하는 사람. 음전(어둡고 피곤한 사람.)

아리 : 연인(강상원 박사의 주장)

아리수 : 강, 한강(고구려).

통시글 : 화장실에서 변을 보면서 한번 읽으면 알 수 있는 쉬운 글.

곰 : 황제계 → 가축

호랑이 : 신농계 → 농사

벌써 : 범어의 발써(땅속에서 싹이 나옴)

동이족 : 공자, 노자, 묵자 , 열자. 등, 존경하는 나라.

夷(이) : 앞설 이. 다스릴 이. 이모 이(姨) → 오랑캐이로 만듦(중국)

사랑 : 범어 사(산다) 랑(간다). 살아 간다.

사성 : 평성(봄, 발아) 상성(여름, 무성)
거성(가을, 성숙) 입성(겨울, 저장)

※ 우리말 표기역사

① 서기문자 : 한자의 훈을 우리말 어순으로 늘어놓은 것.

② 이두문자 : 한자의 훈과 음을 활용하여 문법요소를 만들어 넣은 것.

③ 향찰문자 : 한자의 훈과 음을 이용하여 우리말소리를 적은 것.

■ 최초의 한글공문 : 1,894년 갑오개혁 공문 1,894년 11.21.(고종21)

□ 한글서

동국정운. 사성통고. 홍무정운역훈. (1,442~1,448. 집현전)

훈몽자회. 번역노걸대. 박통사.언해효경 (1,527년 최세진)

두시언해. (1,481. 유윤겸) 지봉유설 (1,628년. 이수광)

첩해신어. (1,676년.강우성) 성호사설 (1,764년. 이익)

삼운성휘. (1,771년.홍계희) 운해훈민정음 (1,781년. 신경준)

훈음종편. (1,776년.이사질) 만우재집 (1,790년. 금영택)

화음방언자의해.(1,791년.황윤석) 언문지 (1,837년. 유희)

동문자모분해. (1,869년.강위) 음경 (1,906년. 권정선)

국문정리. (1,897년.리봉운) 신정국문 (1,905년. 지석영)

국문연구 정안. (1,907 ~ 1,909.12.07. 주시경. 지석영 외)

□ 한자

一(일) : 태극. 도. 시작.

二(이) : 하늘.

示(시) : 하늘에서 3개를 보여준다. 비.

三(삼) : 하늘. 사람. 땅. 음과 양의 합. 완전함.

王(왕) : 三(삼)을 하나로 관통한다.

士(사) : 일. 열 가지의 일을 하나로 정리 함.

丨(곤) : 아래와 위로 통한다. 屮(철) : 초목에서 싹이 나온다.

八(팔) : 나누어 서로 등을 지다.

半(반) : 소를 여덟으로 나누다. 큰 것을 나누다.

牛(우) : 일하다. 이치를 드러내다. 두 개의 뿔과 머리.

告(고) : 소뿔에 사람의 입으로 알린다.

止(지) : 초목이 뚫고 나온 터. 풀이 싹튼 모습. 발족.

正(정) : 일을 일로서 멈추게 한다. 일해야 산다.

□ 하늘은 4방 7행성 28숙 별자리를 보고 땅의 운명을 본다.

땅은 50 - 1 = 49. 49수를 보고 하늘의 운명을 본다.

◫ 한글의 이름 : 1913년 3.23. 주시경

훈민정음 - 정운 - 국문 - 언문 - 반절 - 한국어 - 한나라 글 - 한글

● 文字 : 창힐이 처음으로 문자를 만들었다.

유사함에 의거하여 모양을 본떴다.

물상의 근본이라 하여 文이라하고 이후 모양과 소리를 덧 붙여 나갔다. 증식하여 점차로 많아진 것을 字라고 한다.

▣ 언문(諺文) : 言 + 彦 (말씀언 + 선비언) 선비의 말씀이 곧 글자.

◈ 정음이 변한 글 : 不(불→부 북경엔 不자 발음이 없다) 六(육→유)

十(십→시) 八(팔→파)

溫家寶(온가보→원자바오) 胡錦濤(호금도→후진타오)

창힐(倉頡) : 한자발명 네눈박이. 아래쪽으로 쓴다.

한(漢) : 진흙이 많은 강. 한수한 악한. 색한. 괴한.

☆ 한 : 크다 (한꺼번에) 같다(한결같이) 높다(하늘) 중앙(한 가운데)

오래 (한참만에) 외부(한데 가서) 제한(한정판) 대략(한 이틀)

바램 (한이 맺히다.) 한량없이.

※ 가림토문자 : 3세 단군 가륵이 을보록에 명하여 만든 정음 38자.

◇ 한글 가림토 글자와 같은 세계어 : 인도어. 일본 신대문자. 볼리비아어

저녁 : (저물다 + 녁)

길 : 기어가다. 길다.

창힐 : 한자 발명. 네눈박이. 아래쪽으로 쓴다.

男子남자 : 남(나오다) 나오는 것을 가진 자.

女子여자 : 여(열리다) 열리는 문을 가진 자.

子 자 : 본체에서 떨어져 나오는 것.

支 지 : 사람이나 나무 등 본체에서 나오는 것. 가지. 자지.

女 여 : 계집(계시는 집의 사람) ← 집계 (집에 계시는 사람)

가다 : 각. 돌다(돈). 매다(매). 묵다(묵). 서다(석).

* 글자의 의미

벼리 : 그물코의 줄. 벼르기. 벼르강. 벼르장(벼르장 머리)

버릇 : 뻘. 버럭. 벌.

우주 : 우(宇) = 공간. 주(宙) = 시간.

변화 : 변(變) = 말의 바꿈. 겉모양 바뀜. 화(化) = 죽은 사람(속 바뀜)

권력 : 권(權)저울추 + 력(力)힘. 저울추를 선택하는 힘.

선 : 선(善)=양(羊) + 언(言) + 언(言). 선악을 판단하는 기준

귀신 : 귀(鬼)=음기의 수축작용. 돌아옴. 어둠. 없어짐. 오후. 죽음. 백.

신(神)=양기의 확산작용. 펼침. 나타남. 오전. 불. 혼.

의상 : 의(衣)=웃옷 의 상(裳)= 치마 상

혼인 : 혼(婚)=며느리의 아버지. 인(姻)= 사위의 아버지.

수작 : 수(酬)= 주인이 손님에게 권하는 술. 작(酌) = 손님이 주인에게

백중숙계 : 백(伯)= 첫째. 중(仲)= 둘째. 숙(叔)= 셋째. 계(季)= 막내

동몽격몽 : 동몽(童夢어린이처럼 행동). 격몽(擊夢어린이를 쳐서 가르침)

맹자의 인간 : 善인 - 信인 - 美인 - 大인 - 聖인 - 神인 (眞인=죽은자)

☎ 말의 모양

어른 = 얼른 빨리 = 빨래 님 = 남 미녀 = 마녀

이해 = 오해 맛 = 멋 자살 = 살자 마음 = 미움

믿다 = 믿은 말을 그대로 믿다.

◎ 태극 : 태 + 극 (태어나다 + 그곳) 본 : 보다. 본체. 본질.

가다 → 각. 돌다 → 돈. 매다 → 매. 묵다 → 묵. 서다→석. 성섬. 선.

어리다 → 어리. 아리다→아리. 쓰리다→쓰리 파다→판. 하다→학

✿ 한글의 어원

무덤 : 묻 + 엄. 묻어 + 덩어리. 예) 주검, 두엄.

무지게 : 믈(물) + 지게(외짝의 문) ※ 오래(밖에서 안으로 미는 문)

비싸다 : 빋(빚. 채무) + 싸다(고가) 돈을 주고도 빚이 남을 정도의 값.

밑천 : 밑(아래. 근본) + 천《전(錢)의 중국식 발음》

태양 : 갇(갈). 낟(날). 돋(돈). 삳(살). (알). (별). (해).

하늘 : 한(태양) + 올 (알) 말 : 입. + 할(혀, 부리).

손 : 갇(갇이다). 가락. 골(골무) 곤지. 울다 : 울(소리) 운(고어)

어리다 : 어리. 아리다(아리). 쓰리다(쓰리) 파다(판)

아침 : 마침. 아빠(오빠). 고질병(고칠 병) 믿다(민은 말을 믿다)

※ 한자로부터 한글 어원

씹 : 氏 + 入 (씨 + 입) 입술이 닫힌 모습. 씨의 처음 모습.

좆 : 祖 + 至 (조 + 지) 입술을 오므려 혀가 나오는 모습. 씨의 아비.

自至 : 시작. (자 + 시작. 자아 시이 작.) (반대. = 보내지)

놉 : 奴 + 婢 (노 + 비) 종노 + 여자종비 (남녀 품앗이)

놈 : 奴 + 縻 (노 + 미) 종노 + 고삐미 (남녀 종노)

년 : 女 + 焉 (녀 + 언) 어찌 여자가? (옷을 벗는단 말인가?)

씨 : 氏 (남자 아랫도리 모습)

장 : 長 (여자 아랫도리 모습. 길게 이어주는 생명)

도끼　: 斧 戉 부(남자의 상징. 양손 도끼鈇. 한손 큰 도끼鉞)

까닭　: 假(이를가) 鷄(닭계) 알 품을 때의 닭.(알 낳은 닭이 품는 이유)
남이 낳은 알도 자기 알처럼 품고 키운다.

임금　: 壬金 스스로 검소한 덕을 처신한다. 님(壬)은 극존칭.
임(任) 여자가 임신하면 임금처럼 대우한다.

저　: 猪 (돼지저). 돼지와 같은 위치. 낮춤말 저한테 ...

정　: 正 바르다.(一 + 止) 한번에 그친다. 정한다. 마친다.

애　: 愛 (爫조 + 冖멱 + 必 필 + 　)수탉이 암탉을 위에서 누르면
암탉은 반드시 꼬리를 들어 협조한다.

노　: 老 (十 + 七 + 도울 유 ノ + 一)칠십이 되면 도와주어야 한다.

위　: 爲 할 위 (爫 + 鳥) 닭이 알을 품는 것을 당연히 해야 함.
僞 거짓 위 (사람이 알을 품은 것은 거짓)

떡　: 덕(德). 쌀을 덕으로 나눔. 개떡(밀가루 껍질 떡. dog 떡)

담　: 淡 묽을 담. 증류수. (물을 불로서 증류하다. 상극이 상생)

父(업) : 아버지의 고어. 엇은 어머니의 고어.(업+엇+이) = 어버이

범　: 범자(굽타)의 발명. 데바나가리문자(devanagari)가로쓰기.

거로　: 왼쪽쓰기

어른　: 얼른.　빨리 (빨래).　님(남).　미녀(마녀).

사상　: 태양.태음.소양.소음.(耳目鼻口이목비구. 肺脾肝腎폐비간신)

◎중　: 셋 가운데 하나. 여러 개 중 하나.

老(노) : 入 + 毛 + 七 수염과 머리가 하얗다. 70세의 흰 수염.

見(견) : 目 + 人 눈을 가진 사람. 보는 눈.

隹(추) : 짧은 꼬리를 가진 새. 보통 나무위에 집을 지음. 집합.

鳥(조)　: 긴 꼬리를 가진 새. 새의 이름.

봄(春)　: 빛을 보다.

여름(夏) : (열리다. + 매다.)

가을(秋) : 가알. (가다 + 알)

겨울(冬) : (겨드랑이. + 울다.)

아침　　: (아사. 아름다운+사물) 점심 : 〈점(그림자) + 심다.〉

歷史역사 : 역(녁) 해가 뜨고 지는 방위와 시간. 해질녁. 저녁. 동녁.
사(사람)를 중심으로 세월의 흐름을 기록한 역사.

여래(如來) : 여실이 오는 자.(있는 그대로의 모습.) 자성청정심
진여세계에서 와서 진여를 깨치고 부처가 된 자.
부처들과 같은 길을 걸어서 열반의 피안에 이른 사람.

포시(布施) : 포시(남에게 조건 없이 베푸는 것. 포(베풀다. 펴다.)
보시(불교어 읽을 때. 널리 베풀다.)

朝鮮　: 조선.(중국 = 챠오씨엔) 세상에서 가장 밝게 다스려지는 곳.
조공(朝貢). 조헌(朝憲). 조빙(朝聘).

宗廟　: 종묘. 종주국. 조선의 시조현왕의 제사를 모시는 곳.

열아달 : 십간. 아들.　　　　　　열두달 : 십이지. 열두 딸.

盞(잔) : 술잔. (중국 盃 빼이)

藥(약) : 어린 초목이 올라 온 것이 약이다. 즐거울 풀.
(중국 葯약. 구리때 잎)

신통(神通) : 신과 통하는 능력.(기적)

방통(旁通) : 자세하고 분명하게 앎.(지식)

오정(五情) : 喜(心.火). 怒(肝.木). 思(脾.土). 悲(肺.金). 恐(腎.水)
희(심.화). 노(간.목). 사(비.토). 비(폐.금). 공(신.수)

물질(物質) : 수토합덕(水土合德)은 종(種)을 만든다. 오운육기 30종.통일.
수토동덕(水土同德)은 물(物)을 생산한다. 一(水). 분열.
物은 표면에서 形 ↔ 質은 이면(裏面)에서 量

형신(形神) : 음(陰)이 응고하여 形을 만들고,
양(陽)이 분열하여 신(神)을 만든다.

★ 글자의 뜻

가 : 끝. 마지막. 바깥. 가이 없다.(끝이 없다)
가이 옮다. (끝이 모자라다)

구두쇠 : 굳은 노예. 융통성이 없는 욕심.

귀고리 : 귀엣골회.→ 귀에골이 → 귀고리

기저귀 : 깃 + 어귀. 어린 아이의 옷. 옷깃 + 어귀.

기침 : 깃츰 → 기춤소리. (곳불 → 고뿔)

나이 : 낳은 이 → 낳이 → 나히 → 나이

넉넉히 : 너르다(외래어 변형) 똑똑히. 낱낱이. 샅샅히 (고샅)

다람쥐 : 달아나다 + 쥐 → 달암 쥐

막대기 : 막대 + 보자기(보시기)

만나다 : 맞 + 나다 (맞이 나다.) 마주 + 나가다.

맙소사 : 말다. 말아주소서.(하지 말아 주소서)

맹물 : 맨 + 민물 맨(섞이지 않는). = 민.(뮌). 민둥산.

먹었다 : 멀었다. 막히다. 막다. 먹다. (귀머거리. 코머거리)

무지개 : 물 + 지게. → 물지게.(물의 변화)

바쁘다 : 빛이 빠르다. 빛처럼 바꾸다 → (나쁘다. 가쁘다)

벌리다 : 입을 열다. (막히다의 반대)

벼랑 : 별 + 앙 → 별 + 악 (벼락 → 담벼락)

부랴 부랴 : 불이야 불이야, (금이야 옥이야!)

부리나케 : 불이 나게! 불현 듯이 : 불이 켜듯이.

뽐내다 : 뽑다. 뽑아내다.

비싸다 : 이 싸다. (금전)

사나이 : 사내 아히.→ 사나히.

설거지 : 이른 (부족함). 설엊다. 설강에 엊다.

성냥 : 한자 석류황의 변화.

박(朴) : 숫되다. 순박하다. 숫총각.

아낙 : 안악. (악은 억과 같은 뜻.) 줌억. 털억(터럭) 쪽악(쪼각)

양말 : 버선 말. + 서양 (양말. 양복, 양은. 양철)

어른 : 얼우다(혼인하다) 얼우신 → 어르신.

주먹 : 줌 + 어귀.→ 주머귀. → 주먹 → 주머니

결혼(結婚) : 혼인을 맺음. 약속. 행위.

혼인(婚姻) : 장가들고 시집을 감.

곤두박질 : 근두박질(筋斗撲跌)이 변함. 땅 쪽으로 재주넘는 모습.

김치 : 한자어, 지의 어원 → 디히 → 지 (오이지. 짠지. 싱건지)

농업 : 자연의 순서와 회귀. 인간이 자연을 관리.

도가 : 무위(無爲 아무 것도 하지 않음) 사람은 땅을, 땅은 하늘을, 하늘은 道를, 도는 자연을 본 받는다.

돈 : 돈다. 조개껍질을 까다.(money)라틴어 juno moneta 여신.

덕(德) : 사람과 사람 사이에 언제 어디서든지 여러 가지(열)일이 하나의 마음처럼 일어나는 것이다.

양인(찬성인 반대인) 열네 명이 일심이 된 두 사람 관계.

법가 : 찾아오려고 하는 새로운 현실을 만드는 것.

우두머리 : 소 + 머리 (우뚝하다 + 머리) 소머리 모자를 쓰고 전쟁에 나간 사람은 대장.

예(禮) : 구별. 원형적 사건. 천지인의구별은 등급과 순서의 연결을 위한 규율. 천지 음양 사이의 인간 규율.

은행 : bance. 이탈리아 환전상들의 의자.

유가 : 원래부터 있는 것을 유지 하려는 것. 유교.

익호 : 성덕 공훈이 있는 사람의 호. 소(昭)공(恭)장(張)경(敬)열(烈)

육축 : 말. 소. 양. 닭. 개. 돼지.

음악 : 음(音)은 마음에서 생겨나는 순서이고, 악(樂)은 윤리를 통해서 나오는 인간의 호읍이고 규율이다.

예(禮)를 중시하면 메마른 사막이고, 악(樂)을 중시하면 넘치는 물결이다.

윤리(倫理) : 윤(倫) = 같은 등급 무리 사이의 순서.

리(理) = 등급과 순서 사이의 준수해야 할 규율.

조(祖)와 종(宗) : 직계 장자계승의 제후 조(祖). 나라와 법의 시작.

종(宗)은 별자의 제후. 공덕이 있음.(세조와 세종)

banco rotto (파산 : 부서진 의자)

지아비 : 지 + 아비 (지 = 저. 자기를 낮추는 말). 자기 아버지.

하나 : 인간이 먼저 곧 신이고 우주의 근본이다.

한참 : 두 역참 사이 (한 = 큰. 오랜.) 새참(참과 참사이)

함께 : 둘 + 께 (둘 이상)

호랑이 : 범 + 이리

화냥년 : 꽃 + 아리랑.(중국발음 화냥) 병자호란 때 서울로 귀향 여자.

호지부지 : 휘지 비지(諱之秘之) 남을 꺼려서 몰래 얼버무려서 넘김.

흐려지고 버려지는 것.(시작과 끝이 분명하지 못함)

공부 : 100호 =숙(宿) 5,000호 =당(堂) 12,500호 =서(書) 국가= 학(學)

미(美) : 육, 해, 공, 동식물은 사람이 관리 한다.

양의 머리를 쓰고 춤을 춘다. 아름다움.

먹는 것은 숨기지 말고 함께 먹는다.

선(善) : 여러 사람의 입으로 넣는 것은 아름다운 나눔의 미학이다.

삼희(三犧) : 소. 양. 돼지. (개. 닭. 말이 빠짐) (=기러기. 오리. 꿩)

오생(五牲) : 소. 양. 돼지. 개. 닭. (육축에서 말이 빠짐)

봉황 : 상상의 새. 봉(鳳수컷) 황(凰암컷) 음악. 예술.

오색 (목 = 德. 날개 = 義. 등 = 禮. 가슴 = 仁. 배 = 信.)

예기(禮記) : 소리를 살피면 음(音)을 알고, 음을 살피면 악(樂)을 알게 되고, 악을 살피면 정치를 안다.

용(龍) : 남성상. 陽. 조상숭배. 뱀의 목. 물고기의 꼬리.

황새의 이마. 호랑이의 등. 제비의 아래 턱. 닭의 벼슬.

예기(禮記) : 예법. 극기복례(克己復禮). 사람과 물질의 관계.

(지팡이 = 50대(집) 60대(마을) 70대(나라) 80대(조정)

¤ 씨앗 : 밭(세상). 좋은 씨앗(천국의 아들). 가시떨기(세상의 유혹.)

길 위(새. 악한 자). 흙이 얇은 돌밭(환난.). 가라지(원수).

★산 : 물에 녹아서 수소이온을 내놓는 물질. 양성자를 내놓음.

염기 : PH 7 이상 물에 녹은 것을 알칼리.(양성자를 받음)

산화 : 어떤 원소나 분자가 전자를 잃은 경우

환원 : 어떤 원소나 분자가 전자를 얻은 경우

중수 : H_2O 일반 물에 O_2 산화중수소(수소원자+ 중성자 1)

삼중수소 : 수소원자 1개에 중성자 2개 = 방사성 붕괴

반감기 : 방사성원자가 절반이 붕괴되는 시간. 가장 짧은 것(플로토늄)

폴리머 : 중합체. 화합물의 결정체. 전자의 결합에 따른 화합물.

상변화 : 물이 고체(얼음) ↔ 액체(물) ↔ 기체(수증기)

액정 : 고체와 액체의 중간 단계.(준결정상태) 분자들의 배열.

비료 : 질소(N). 인(P). 칼륨(K)

질산염 : 담벼락 소금으로 화약과 비료를 만들다.

초석 : 질산염의 돌. 화약의 재료

구아노 : 새똥. 구아노를 차지하기 위하여 미국은 세계의 섬을 점령함.

퍼텐셜에너지(potential energy) : 중력 위치에너지.

화학물질의 결합에너지.

☆ 金(금) : 여섯 가지의 색. 황금. 흙으로 좌우에서 부어 만든 쇠.

干(간) : 一 + 入 (거꾸로) 침범한다. 간지는 세월을 거꾸로 해석.

爻(효) : 육효의 머리가 서로 교차함. 미래의 해석은 교차해석.

立(입) : 하나 위에 서다. 큰 것을 세우다.

子(자) : 포대기에 싸인 아들. 열매. 알. 사람. 선생. 가르치는 자.

丑(축) : 묶는다. 손을 움직이기 시작. 12월.

寅(인) : 나오려고 꿈틀댄다. 정월.

卯(묘) : 머리에 쓰다. 문을 여는 모양. 2월.

辰(진) : 진동하다. 양기가 움직인다. 만물이 일어나다. 3월.

巳(사) : 그치다. 다 펴진 모습. 무늬가 생기다. 4월.

午(오) : 거스르다. 음기가 양기를 뚫고 나오다. 음양교차. 5월.

未(미) : 맛이 든다. 만물이 다 자랐다. 6월.

申(신) : 편다. 음기가 스스로 유지하다. 손을 교차함. 7월.

酉(유) : 나아가다. 가을의 문. 문을 닫음. 8월.

戌(술) : 없어진다. 양기가 땅으로 내려감. 9월.

亥(해) : 뿌리. 다하여 닫는다. 끝이니 다시 시작. 10월.

甲(갑) : 동쪽. 처음. 펴다. 양기가 움직이기 시작.

乙(을) : 봄에 초목이 구부러져 나오는 모습. 만물이 힘들게 나오다.

丙(병) : 밝다. 사람 어깨의 양기. 양기가 움직이기 시작하다.一入丁.

丁(정) : 사람의 심장. 만물이 성함.

戊(무) : 중궁. 무성하다. 육감과 오행이 얽혀 있다.

己(기) : 만물이 오그라들고 구부러진 모양. 일어나고 다스린다.

庚(경) : 사람의 배꼽. 열매. 손의 방패.

辛(신) : 사람의 넓적다리. 맵다. 눈물이 난다.

壬(임) : 음이 극에 달하면 양이 된다. 용이 들판에서 교접함.

癸(계) : 사람의 발모양. 물이 얼어서 발로 재다.

豆(두) : 고기를 담아두는 그릇.

古(고) : 오래전의 말을 기억함.

十(십) : 동서남북. 수의 완성.

言(언) : 직접 말을 하는 것.

語(어) : 질문에 답을 하는 것.

入(입) : 안으로 들어 옴.

丈夫(장부) : 주나라의 척도. 8寸이 1尺이고 10尺이 1丈이다.에서 유래

＊성씨(姓氏) : 성(姓)은 남성(男性). ↔ 씨(氏)는 여성(女性)

질곡(桎梏) : 질(죄인의 발을 결박) ↔ 곡(죄인의 손을 결박)

무용(舞踊) : 무(舞) 팔을 사용 ↔ 용(踊) 발을 사용.

기도(祈禱) : 기(祈) 신에게 보고함 ↔ 도(禱) 신에게 주문 함.

과실(果實) : 과(果) 과일의 열매 ↔ 실(實) 풀의 열매.

고독(孤獨) : 고(孤) 어려서 부모를 잃음 ↔ 독(獨)늙어서 자식을 잃음.

서책(書冊) : 서(書) 글 그림을 쓰는 행위 ↔ 책(冊) 글 그림을 엮은 것.

조세(租稅) : 조(租) 땅주인이 소작농에게 ↔ 세(稅) 국가가 땅 주인에게

귀신(鬼神) : 귀(鬼) 음(陰)의 혼 ↔ 신(神) 양(陽)의 영(靈)

혼백(魂魄) : 혼(魂) 정신의 영(靈) ↔ 백(魄) 육체의 영(靈)

문자(文字) : 문(文) 글자의 뜻 ↔ 자(字) 글자 하나.

자웅(雌雄) : 자(雌) = 암컷. 밤 ↔ 웅(雄) = 수컷. 낮.

수작(酬酌) : 격식 없이 서로 주고받는 술잔. 나중을 위하다.

짐작(斟酌) : 술잔이 비우지 않게 주고받는 술잔. 미리 준비하다.

가 : 가장자리. 기다. 가르다. 나누다.

가지다 : 지니다. 가두다. 채우다.

지척(咫尺) : 지(咫=8치寸)와 척(1척=10치). 24.2cm와 30.3cm 차이

¤ 태아(胎兒) : 임신 22주 ~ 출생 전 (약 22주전 = 낙태. 22주후 = 사산)

신생아(新生兒) : 출생 ~ 출생 후 4주

영아(嬰兒) : 출생 후 4주 ~ 1세

유아(幼兒) : 1세 ~ 6세

아동(兒童) : 6세 ~ 12세

사자(死者) : 죽음 ~ 장례 전.

망자(亡者) : 장례를 치룬 死者(사자)

선(先) = 10명 중. 준(俊) = 20명 중. 영(英) = 1,000명 중.

현(賢) = 2,000명 중. 걸(傑) = 10,000명 중. 성(聖) = 20,000명 중

강아지 = (발정 전) 개 = (발정 후)

병아리 = (알 낳기 전) 닭 = (알 낳은 후)

질풍(疾風) = 8.0 ~ 10.7m/s. 10분이상.

강풍(强風) = 13.9 ~ 17.1m/s. 10분이상.

폭풍(暴風) = 28.5 ~ 32.6m/s. 10분이상.

태풍(颱風) = 저기압(주변 고기압)상태 17.2m/s 이상

¤ 글쓰기

점강법 : 중요한 것은 앞에, 긍정은 앞에, 부정은 뒤에 강조함.

두괄식 : 결론 → 설명

주어와 술어는 : 가까이 두라.

접속어는 : 최소한으로

조사는 : 한절에 한번만 쓰라.

장문은 : 주어와 술어, 수식어와 피수식어의 대응이 나빠진다.

이중부정은 : 단순부정으로 하라.(아니라고는 못 할 것 → ~ 인 것)

추상에서 구체로 (추상을 먼저, 구체는 나중)

피동을 자동으로 : 화병에 꽂혀진 꽃→ 화병에 꽂힌 꽃

~ 의. 2,3번 중복을 피하라. (거지의 행색 → 거지와 같은)

체언종지와 요언종지를 적절히 사용하라. 그는 운명을 디자인하는 여자.

글쓴이의 얼굴과 군더더기를 생략하라.

기분이나 감정은 문장 밖으로 보내라.

병치되는 말은 어울목이 간단 분명하게 써라.

맞세울 말은 길이가 비슷하게 써라.

꾸밈말은 선장후단이나 짧아도 강조 할 말은 앞에 온다.

- note -

※ 절구의 법칙 : 절(주어+서술어)을 먼저 놓고, 구(어절+어절)를 나중에.

대소의 법칙 : 큰 내용에서 작은 내용으로.

수사적 파격 : 체언종지, 인용종지, 도치종지, 생략종지는 독자의 판단

▣ 國語(국어) : 국어 (한글) 궈이(중국어) 고쿠고(일본어)

漢子(한자) : 한자 (한글) 한쯔(중국어) 칸지(일본어)

移民(이민) : 한중일 발음이 또 같다.

◰ 중국어 성조 : ① 평성 ② 상성 ③ 거성 ④ 입성

❶ 음평 ❷ 양평 ❸ 상성 ❹ 거성

(bai) 擘 손으로 쪼개다. 白 희다. 百일백. 敗패하다.

☀ 어른 - 어르다.(섹스하다) 먼저 이루다.

☀ 道(도) - 어른이 되는 큰 길. 외도 = 쾌락만을 위한 성행위.

☀ 남자 - 식물. 발산. 햇빛. 검다. 차다. 깔대기. 머리가 크다.

안정(코 중심).등과 배가 크다. 손이 발달(손을 흔들고 걷다.)

✿ 글자의 어원

무덤 : 묻 + 엄. 묻어 + 덩어리. 예) 주검, 두엄.

무지게 : 믈(물) + 지게(외짝의 문) ※ 오래(밖에서 안으로 미는 문)

비싸다 : (빛. 채무) + 싸다(고가) 돈을 주고도 빚이 남을 정도의 값.

밑천 : 밑(아래. 근본) + 천《전(錢)의 중국식 발음》

태양 : 갇(갈). 낟(날). 돋(돈). 삳(살). (알). (별). (해).

하늘 : 한(태양) + 올 (알) 말 : 입. + 할(혀, 부리).

손 : 갇(갇이다). 가락. 골(골무) 곤지. 울다 : 울(소리) (고어)

✧ 부인 : 부인(夫人) = 종1품 이상. 유인(儒人) = 4품 대부이상.

부인(婦人) = 선비. 처 = 서민.

✧ 동생(同生) : 한배에서 태어난 사람. 친형제 자매. 나중은 손아래만 호칭

아우 : 다른 배도 같은 성끼리 손아래 사람. 예) 아우님.

누나 : 누니아 평칭의 준말. 손 위아래 공용 후. 손위사용 누님.

✌ 우리와 저리 : (우리자리와 저리자리)(도울 우右.막을 저沮.울타리 리籬)

한국인의 가치관 중 가장 큰 문제는 우리와 저리의 의식이다.

우리나라, 우리광주, 우리 학교, 우리 아파트, 우리 집.

우리대통령, 우리사장님, 우리선생님, 우리아버지, 우리친구 등

우리법, 우리사회, 우리문화, 우리글, 우리말, 우리노래, 등, 등

우리밖의 저리에는 저나라, 저지역, 저학교, 저모임, 저놈. 저년, 저친구, 저당, 저주장, 저자리, 저생각, 저영화, 저책 등, 등

국가 일을 할 때 우저(右沮)지역별로 우저(右沮)주장만을 하는 정치인. 사업가. 공무원. 예술인 등등.

지역사회 일을 할 때 더 작은 (右,沮) 지역일의 주장, 등등

우리와 저리를 동일한 가치 속에서 각각 우리와 저리를 판단하고 우리와 저리를 다르게 차별하기보다 그 가치기준을 향상시켜서 우리 저리의 차이다툼이 아니고 그 자리의 동반상승이 중요하다.

※우리(右籬) : 돕다. 울(蔚) 우리의 안. 가족. 식구. 운명 공동체.

이리(夷籬) : 우리의 옆. 또는 우리로 들어오기 전. 이리 오너라!

저리(沮籬) : 막다. 우리 밖의 적대적인 울타리. 저리 가라!

요리(妖籬) : 저리가 우리를 가장한 모습. 요것 봐라!

조리(鳥籬) : 우리 밖의 새처럼 도망가는 배신. 요리조리!

울국(蔚國) : 우리나라. 아름다운 나라. 동이 트는 나라. 울타리.

- note -

🖂 한자(漢字) : 음(音) = 글자의 소리 훈(訓) = 글자의 뜻.

일본어 = 한자를 음독과 훈독을 혼용.

중국어 = 한자(형,음,의)의 음독을 성조로 표시.(音의 사용)

한글 = 한자를 음독으로 사용. (音訓 분리)

✣ 한자어 : 성냥(석류황石硫黃).숭늉(숙냉熟冷).영계(연계軟鷄). 염치(廉恥)

수(手) = 일어(데, 슈우,). 중국어(쇼우). 한글(손)

☆ 공(工) : 땅을 다지는 나무.한국(공부,기술)일본(연구,예비)중국(일.시간)

◎ 동일글자 : 인(人.从종.人+从종) 목(木.林임.森삼) 십(十. 卄입.卅삽)

❆ 반지(斑指,ring) : 한짝의 고리. 인장(그리스). 약혼의 표시(로마)

✌ 가락지(지환) : 두 짝의 고리. 쌍.

◫ 가마니 : 일어 가마쓰(かます. 이빨 사이로 꽉 물다)

가람 : 강. 호수. 실개천. 시내, 개울. 여울의 옛 이름.

가난 : 일본식 한자 (艱간 難난)

갈보 : 갈(蝎 피를 빠는 곤충)을 지님. 빈대(고려). 창녀(조선).

왕의 언어 : 짐. 나. 면. 적. 시저. 편. 탕. 두발. 구이.

보부상 : 보자기 장사(보상) + 지게 장사.(부상)

메리야스 : 양말(스페인어 메디아스)의 변형. 실의 고리로 연결한 신축성

쾌지나칭칭나네 : 쾌재라, 가등청정이 쫓겨 나가네의 준말.

하나님 : god.(유럽)하나님(한국) 상제,천제(중국).가미(神, Kami.일본)

♟ 자(自) : 스스로 자. ノ(삐침 별) + 目(눈) 자기 눈을 볼 수 없다.

아(我) : 나아. 手(손. 도움) + 戈(창과) 손에 든 창을 알지 못한다.

환(患) : 근심(병) 환. 忠 + 口. 마음속에 또 다른 마음(사람)이 박힘.

질(質) : 만물 조시(造始)의 바탕. 쪼갠다. 生物之心. 有形→無形의 발현

성(性) : 만물의 본질. 합친다. 통일. 成物之心. 無形→有形의 현상

만(卍) : 是(시) + 如(여) 현실적인 시작이다. 석가의 상이다. 十자 변화

♲ 마음 : 시청후미촉(視聽嗅味觸)에서 등가, 기억, 반복으로 재창조
또는 정렬되어 새로운 시청후미촉(視聽嗅味觸)을 만든다.

생각 : 생각은 생각으로 생각을 한다. - 메이어드 케인즈 -

지식 : 컴퓨터지식 좀비지식은 남을 위하고, 철학지식은 자신을 위한다.

맹점 : 정상시각에서 좌우 두 눈의 사각지대가 있다.

암점 : 정상시각에서 의식하지 못한 검은 점이 나타난다.

자아 : 생각, 감정 행동의 주체. 자기경계 인식의 한계를 정함.

수학 : 등식. 제곱. 교환. 소수. 분수. 좌표. 해석. 위상. 미적분. 확률.

✹ 오운(五運) : 一陰 一陽.일진일퇴.변화중심.상대적.천간.좌선 생.우선 극.
형신지물(形神之物).신기지물(神機之物) 軍(군) + 辶(착)인간

❆ 육기(六氣) : 오행운(오운.10간) + 地氣(12지지)

天干(천간) : 천기가 운행하는 줄기. 十土위에 一水. 水火의 변화작용.

地支(지지) : 지기가 반복하는 가지. 支 + 土가 又(반복).土의 음양변화.

① 四正位(사정위)지축 = 子(1) 午(7) 卯(8) 酉(4) = 20

② 四維位(사유위)정축 = 辰(5) 戌(5) 丑(5) 米(10) = 25

③ 四相位(사상위)인축 = 寅(3) 申(9) 巳(2) 亥(6) = 20

65 - 1(태원) = 64 괘 (실상) +(양) −(음)

※ 水(+1.−6) 火(−2.+7)金(+9.−4) 土(+5.−10) +5 = 辰戌丑

✪ 상수(象數) : ㉠ 生 數 = 二 + 三 . 一 + 四. = 五　만물의 命數 5

㉡ 成 數 = 七 + 八 . 六 + 九. = 十五 만물의 形數 15

㉮ 자연수 = 순서. 一 二 三 四

㉯ 선천수(先天) = 甲(1)乙(2)丙(3)丁(4)戊(5)己(6)…

子(1)丑(2)寅(3)卯(4)辰(5)巳(6)…

㉰ 후천수(後天) = 水(壬亥1.癸子6) 火(丁巳2.丙午7)

木(甲寅3.乙卯8) 金(庚申4.辛酉9)

土(戊辰戌5. 丑未10) 陽(홀수)陰(짝수)

※ 선천수는 후천수를 72°회전한 것.(五/360°) 오행이동

(천간합) 甲己(9) 乙庚(8) 丙辛(7) 丁壬(6) 戊癸(5)

(지지합) 寅卯辰(木)巳午米(火)申酉戌(金)亥子丑(水)

✪王駘(왕태) : 인막감어유수 이감어지수 유지능지중지

(人莫鑑於流水 而鑑於止水 唯止能止衆止)

사람은 흐르는 물에서는 자신의 얼굴을 비춰보지 못하고,

흐르지 않는 고요한 물에 비춰본다.

오직 멈춰있는 물만이 자신을 볼 수 있다.명경지수(明鏡止水)

※사상(四象) : 頷臆臍腹.耳目鼻口. 耳聽天時.木視世會.脾嗅人倫.口味地方.

함억제복.이목비구. 이청천시.목시세회.비후인륜.구미지방.

사단(四端) : 肺脾肝腎.태양인(肺).소양인(脾).태음인(肝).소음인(腎).

物宅身也 身宅心也 心宅事也.(사상의 원인이고 결과이다.)

물질의 집은 신체요, 신체의 집은 마음이고,

마음의 집은 일이다.

생명의 근본은 육체이고 육체의 근본은 정신이고

정신은 일상이다.

✪ 살(육체)은 나타내려 하지 말고 뼈(정신)는 숨기려고 하지 마라.

✻ 사상(四象) : 四時. 四方. 金 木 水 火. 耳 目 鼻 口. 肺 脾 肝 腎.

① 地方(지방) : 감소.소음인(腎大脾小).戌亥子.口입.비인(鄙人)이리

② 人倫(인륜) : 복잡.태음인(肝大肺小).丑寅卯.鼻코.나인(懶人)여우

③ 世會(세회) : 분열.소양인(脾大腎小).辰巳午.目눈.박인(薄人)토끼

④ 天時(천시) : 창조.태양인(肺大肝小).未申酉.耳귀.탐인(貪人)돼지

※ 함억제복(頷臆臍腹. 木 火 金 水) 인간의 지식.인체전면

이목비구(耳目鼻口) 천기운행 四象. 인간상체 부족

두견요둔(頭肩腰臀. 火 木 水 金) 행함을 실천. 인체후면

폐비간신(肺脾肝腎) 인사운행 四端. 인간하체 부족

※ 사해(四海) : 진해(진액.혀.귀.肺) 고해(지방. 위. 눈.鼻)

유해(기름.소장.코.肝) 액해(액체.대장.입.腎)

※ 수승화강(水昇火降) : 차가운 기운은 위로 올라가고,

(열역학 반대) 뜨거운 기운은 아래로 내려간다.

두족한열(頭足寒熱) : 머리는 차갑게, 발은 뜨겁게 하라.

✚ 사상체질 : ㉮ 태음인(肝大肺小.丑寅卯.木大金小.→金大木小)靜大. 닫힘

㉯ 태양인(肺大肝小.未申酉.金大木小.→木大金小)動大. 열림

㉰ 소음인(腎大脾小.戌亥子.水大土小.→土大水小)靜小. 닫힘중

㉱ 소양인(脾大腎小.辰巳午.土大水小.→水大土小)動小. 열림중

✿ 성명(性命) : 性(성). 만물의 마음을 일으키는 것. 함억제복 작용. 陰方

命(명). 性을 인간이 행하는 것. 두견요둔 작용. 陽方

겸인(傔人) : 인도와 천도의 병행. (마음으로) 잡을 병(秉)자가 2개

염기(廉起) : 탐욕이 없는 것. 잡을 병(兼)자를 돌집에 넣는 것.

운수(運數) : 역수(曆數) 우주 운행이 분합 하는 것.

명수(命數) : 팔자수. 우주운행의 양도가 갈라지는 것. 팔자.

☼ 불(不) : 木의 기운이 위아래로 관통하지 못함을 표시. 나무를 자름. 반대

열(熱) : 열은 土의 소산이다. 횡산(옆으로 전달) 화(火)는 (종산)

화(火) : 군화(君火.속에서 나는 열. 욕화) 상화(相火.바깥의 열. 태양.)

견(堅) : 堅은 표기(表器.겉)가 굳어지는 것. 金의 성질. (표면)

고(固) : 固는 이기(裏器.속)가 굳어지는 것. 水의 성질. (내면)

형(形) : 有限. 창조後. 절대적. 동적. 태극. 양. 사물. 數學. 서양.

상(象) : 無限. 창조前. 상대적. 정적. 무극. 음. 관조. 象學. 동양.

언(言) : 자기의 주장. 하는 말(陽). 口. 입으로 남에게 전달.

사(辭) : 사실의 주장. 듣는 말(陰). 耳. 표식으로 본인에게 알림.

✣ 행(行) : 자축거리 척 彳 + 앙감질 촉(亍) (往+來=行). 일진일퇴. 예)은행

목(木) : 나무. 분발. 강함. 집중. spring.욕심(색욕).음(陰)기운을 포장.
敷和(부화.일직선)불급 시(위화委和)태과 시(발생發生.견성堅成)

화(火) : 불. 분산. 외강내유. 노쇠의 시작. summer. (식욕).
승명(升明). 불급 시(복명伏明) 태과 시(혁희赫曦)

토(土) : 흙. 마디. 휴식. 중재. 火를 내재. 계절 변화. 욕의 변화.
돈부(敦阜). 불급 시(비감 구卑監.丘) 태과 시(돈부 후敦阜.厚)

금(金) : 쇠. 수장. 외유내강. 陽기운을 내장. 탐욕(물욕).견성(堅成).
심평(審平) 불급 시(종혁從革). 태과 시(견성堅成)

수(水) : 물. 통일. 변화의 창조. 정신의 부고(府庫). 노욕(일의 성취)
정순(靜順) 불급 시(학류涸流) 태과 시(유연流衍)

정(正) : 一수(水)가 지(止)하는 것. (물의 움직임이 정지함)

☆상수(象數)60 : 生數(1+2+3 = 6) 成數(7+8+9 = 24) 人數(6+24 = 30)

건지책(63 + 72 + 81 = 216)(24 × 9 = 216)

곤지책(64 + 38 + 42 = 144)(24 × 6 = 144) 216+144 = 360(地數)

◉ 변화 : 1日 = 12回. 1回(時) = 30分. (1日 = 12×30 = 360分 = 360°)

1月 = 10,800分 (360×30 = 10,800°) 1日 = 129,600사(絲)

1年 = 129,600分(10,800×12 = 129,600°) 1時 = 129,600호(毫)

1分 = 12리(釐) 1리(釐) = 30사(絲) 1사(絲) = 12호(毫)

❇ 율여(律呂) : 律(사물을 정(靜)하는 것.陽) 呂(사물을 동(動)하는 것.陰)

땅 1일 율여 36/1,440(1/40) 육음육양(六陰六陽)

인간 1일 율여 30/1,440(1/48) 오운육기(五運六氣오장육부)

※1일24시간=1,440분. 마야 1툰 = 360일(1박툰=144,000일)

✪ 양자&전자 : 질량비 (양자 1,840 : 전자 1) (5土+10土 = 15도 기울어짐)

水(一)未土부위공전(182.5도×천간10일= 1,825 + 15 = 1840)

❈ 木 : 木 (나무의 정상적인 生存) 不 (나무 상부를 자름. 死)

未 (나무 상부를 묻음. 잘못) 末 (나무를 위로 뽑다. 끝)

❀ 五行의 모습 : 木運(모毛.털짐승). 火運(우羽.날개새). 土運(나倮.지렁이)

金運(개介. 껍질 달팽이). 水運(인鱗. 비늘 물고기)

❣ 영(零.0) : 만물의 작용이 끝 난 상태. 零. 변화의 결과. 시간의 차이.

공(空. ㅇ) : 만물의 작용이 중지한 상태. 空. 멈춘 상태. 공간의 차이.

✡ 미신(迷信) : 믿을만한 증거와 근거도 인정 할 수 없고,

이해할 수 없는 사실과 현상을 보지만 알 수가 없다.

❡ 사단(四端) : 인(仁). 의(義). 예(禮). 지(智). 惻隱. 羞惡. 辭讓. 是非.

사상체질 : ㉠ 태양인(肺大肝少.耳.+火) ㉡ 소양인(脾大腎小.目.+木)

㉢ 태음인(肝大肺小.鼻.-水) ㉣ 소음인(腎大脾小.口.-金)

팔십도 : 象數생성. 1에서 9(45) + 8에서2(35) 생성수의 합 45 + 35 = 80

삼백육십도 : 形氣통일.1에서19(190)18에서 2(170)

만물의 합190+170 =360

오운(五運) : 우주작용의 주체(생명) 木 火 土 金 水. 하늘 10天干.

生은 左에서 右로(甲乙丙丁..) 成은 右에서 左로(癸壬申庚.)

1운(木.대한일후 13일) 2운(火.춘분후 13일) 3운(土.소만후 25일)

4운(金.대서후 37일) 5운(水.추분후 49일) 1運 = 73日 5刻

육기(六氣) : 우주운동의 통일을 주재함.(땅의 기운) 땅 12地支.

木(風). 火(君.陽). 火(臣.陰). 土(濕). 金(燥). 水(寒).

■ 변화 : ① 선천(先天) = 자오묘유(子午卯酉)가 四正. 寅申巳亥가 象.

하도. 복희팔괘. 물질문명. 타원. 365일. 공간. 분열. 陰陽.

② 후천(後天) = 진술축미(辰戌丑未)가 四正位. 丑未辰戌이 象.

낙서. 문왕팔괘. 정신문명. 정원. 360일. 시간. 통일. 五行.

③ 후천말(後天末) = 인신사해(寅申巳亥)360일. 시공간.

선천과 반대. 물질 정신의 통일. 시간 공간 신. 신음양오행.

❦삼원(三元)운동 : 土내부의 火작용. 통일상태. 해子축.인卯진.사午미.신酉술.

오원(五元)운동 : 土외부의 水火일체운동. 사오未신유. 해자丑인묘.

토화(土火)작용 : 물질이 분화하여 무형 공(空)의 상태로 전환하는 작용.

조화(造化)작용 : 土가 주체. 相火가 객체. 金火교역작용.에너지와 생명.

상수(象數)학 : 물상(物象)의 변화를 數로 표시한 학문. (象=의미.진리)

순향 = 數의 축소. 陰의 발전. 9, 8, 7, ..(數의 역행)

역향 = 數의 발전. 陽의 수축. 1, 2, 3, ..(物의 역행)

남자의 나이 : ㉠ 유년(1 ~ 16세) 8 × 2 ㉡ 청년(17 ~ 32세) 8 × 4

㉢ 장년(33 ~ 48세) 8 × 6 ㉣ 노년(49 ~ 64세) 8 × 8

ⓜ 망년(65 ~ 80세) 8 ×10 ※ 노(老) 늙어가는 중

여자의 나이 : ㉠ 유아(1 ~ 14세) 7 × 2 ㉡ 처녀(15 ~ 28세) 7 × 4

㉢ 부녀(29 ~ 42세) 7 × 6 ㉣ 노파(43 ~ 56세) 7 × 8

ⓜ 노년(57 ~ 70세) 7 × 10 ⓑ 망년(71 ~ 84세) 7 ×12

✹ 인간의 土化작용 : 丑土(肝木). 辰土(心火). 未土(肺金). 戌土(腎水).

順天時 生長 일찍 일어나고 늦게 잠. 陽氣運.

★ 생장염장(生長殮藏) : 봄(낳다) 여름(기르다) 가을(열매.결과) 겨울(저장)

▥ 여자의 사덕(4씨) : 1) 마음씨 2) 말씨 3) 솜씨 4) 맵씨

◎ 호남지명 : 창평 (태양은 공평) 함평 (노력함은 공평)

문평 (공부함은 공평) 남평 (신앙에는 공평)

장평 (어른됨도 공평) 무등 (상하,남녀가 공평)

♣ 삼위태백 (三危太伯) : 삼위산(三危山.감숙성) 태백산(太伯山. 백두산)

※ 중국측 주장 삼위산 = 천산. 곤륜. 백산(히말리아)

◬ 구맹주산(狗猛酒酸) : 장사가 안 되는 이유는 많다.

개가 사나우면 술이 시다.

◧ 처용무 : 오방처용무. 연산군의 가면극(처용회)

환관 김처선을 직접 죽이고 처용무의 처자도 쓰지 못하게 함.

▦ 밀교 : 석가사후 800년 후, 인도 나라다 절의 탑 속에서 나온

대일여래의 가르침. 대일경. 금강정경. 소실지경. 티벳불교.

정토교 : 불교의 내세신앙. 현 세상 예토(倩)→ 정토.아미타불의 구원.

아미타 : 무한한 빛과 무한한 수명의 뜻. 깨달음과 지혜(종교초월)

육도 : 지옥 → 아귀 → 짐승 → 수라 → 인간 → 천상.

경영 : Management = man(사람) + age(세월) + ment(움직임)

사하라 : 아랍어의 사막.

히딩크 : He think 그는 생각한다.

★ 49제 : 사후 7일째 서류심사 (진광왕)

사후 14일째 서류재판 (초광왕)

사후 21일째 사음재판 (송제왕)

사후 28일째 죄의무게 (오관왕)

사후 35일째 거울재판 (염라대왕)

사후 42일째 재판재심 오관왕과 염라대왕 (변성대왕)

사후 49일째 판정 (진상왕)

◐ 태극설 - 양(陽)에서 태양과 소음이 나오고

음(陰)에서 태음과 소양이 나온다.

◑ 주자어류 - 하늘은 양이어서 바람과 불이된다. - 하초부족

땅은 음이 되어서 흙과 물이 된다. - 상초부족

※ 새집을 지을 때 중국 사람은 담장을 (엉덩이. 양. 배. 영역을 중시)

한국 사람은 아궁이를 (입. 맛. 생식기. 생명을 중시)

일본 사람은 화장실을 (항문. 색깔. 손. 미를 중시)

☆ 중국 : 사합원 (가운데 정원을 두고 동서남북으로 집을 짓다.)

나도 당신도 같은 솥에 음식을 넣고 끓여야 좋은 맛이 난다.

⊙ 범중엄(989) : 군자는 세상의 근심거리를 걱정하는 것을 먼저하고

세상의 즐거움을 누리는 것은 나중에 한다.

선우후락(先憂後樂)

◐ 불교는 인간의 마음에 대해서 말하고,

도교는 인간 몸의 계발에 대해서 말하고,

유교는 인간의 사회적 관심사에 대해서 말하고.

기독교는 인간사후의 심판에 대해서 말한다.

◑ 주희 : 격물치지 (格物致知) 格 (탐구하여 이르거나 닿는다.)

致 (아는 능력이 충분히 인지하거나 의식 하는 것이다.)

♣ 유교 : 체(體) 고전에 있는 영속하는 윤리적인 원리.

용(用) 고전에 있는 원리를 자신의 시대에 실재로 응용 함.

문(文) 고전을 명백히 언어로 전달하고 원문을 명료하게 진술하는 것이다.

◈ 주희 : 인심유위(人心惟危) 도심유미(道心惟微) 윤집궐중(允執厥中) 유정유일(惟精惟一) 인간의 마음은 위대하고 도를 따르려는 마음은 미미하다. 최대한 정밀하게 구분하고, 마음을 하나로 해서 중용을 꽉 잡아라.

▣ 개암집 : 조선중기(1523~1567) 강익(姜翼)의 시문집. 남계서원을 세움.

사성재 (함양 휴천. 목현리. 나무골) 호는 개암(介庵)

▩ 변절자 : 민주화 운동권에서 보수 기회주의자로 변절한 정치인.

① 김문수 ② 이재오 ③ 심재철 ④ 신지호

⑤ 김영삼 ⑥ 홍준표 ⑦ 전여옥 ps. 손학규 (보수에서 진보)

단 한 번이라도 친구를 속이면 평생 그것으로 마음고생을 한다.

♨ 동서양의 정신

서 양	동 양
신이 인간. 물질 등을 창조.	신이 인간 물질 등을 관리.
신의 명령. 신의 권리를 승계.	인간이 신에게 부탁. 신에게 기도.
신을 위한 제사. 숭배. 칼. 1.	인간을 위한 제사. 순서. 젓가락.2.
자연철학. 물질분해 조립문화. 신탁	사회철학. 인간사회등급정리. 윤리

악마와 천사 동일 장소 존재	천당과 지옥의 분리 장소에 존재
신을 위한 건축물. 문화예술.	인간을 위한 건축물. 예술문화.
신의 권리 대행. 칼의 단절.	인간의 권리 행사. 젓가락의 선택.
자연창조. 파괴. 신의 결정.	자연존중. 유지. 인간의 결정.
자연의 원리 공식을 정리정돈.	인간의 윤리와 예법을 정리정돈.
동물우선. 열매식용. 신의 인연	식물우선. 뿌리식용. 인간의 혈연.
종교 행위를 재판. 신의 모습.	인간 행위를 재판. 인간의 모습.
황도12궁. 점성술. 수화지풍.4원소	팔괘 역학. 수목화토금. 음양 5행.

◈ 황도 12궁

봄	백양궁	3/20 ~ 4/20	火(화)	화성
	금우궁	4/21 ~ 5/20	地(지)	금성
	쌍자궁	5/21 ~ 6/21	風(풍)	수성
여름	거해궁	6/22 ~ 7/22	水(수)	달
	사자궁	7/23 ~ 8/23	火(화)	태양
	처녀궁	8/24 ~ 9/23	地(지)	수성
가을	천칭궁	9/24 ~ 10/23	風(풍)	금성
	전갈궁	10/24 ~ 11/22	水(수)	화성(명왕성)
	인마궁	11/23 ~ 12/21	火(화)	목성
겨울	마갈궁	12/22 ~ 1/20	地(지)	토성
	보병궁	1/21 ~ 2/19	風(풍)	천왕성
	쌍어궁	2/20 ~ 3/20	水(수)	해왕성

§ 一始無始一 一終無終一 : 1은 無에서 시작하며 1의 끝은 無가 끝이다.

일시무시일 일종무종일 하나 뿐과 없음 뿐은 하나이다.(뫼비우스)

시작과 끝도 하나이고, 하나는 없음과 같다.

▽ 모든 것은 수로 통한다. : 피타고라스에서 → 오일러까지

☆ 피타고라스 교리 : 전체와 모든 것은 수이다. 1, 2, 3)

※ 무한대 : ∞ 아리스토텔레스 (무한한 존재 가능성이 있다.)

갈릴레오 (모든 수의 총체는 무한하다.

(무한대의 크기는 무한하다.)

칸토어 (무한대의 크기도 유한하다.)

$$e^{i\pi} + 1 = 0$$

◈ 완전수 : 자연수중에서 자기 자신을 제외한 약수들의 합이 다시 자신이 되는 수.

⊙ 친화수 : 각자 약수들의 합이 상대방과 친구쌍이 되는 수.

예 : 220과 284. (1+2+4+10+11+20+22+44+55+110 = 284)

1,184와 1,210.

♣ 플라톤입체 : 피타고라스학파의 영향. 우주의 모양은 12면체.

흙(정6면체). 물(정20면체). 공기(정8면체). 불(정4면체).

▦ 괴델의 불안정정리 :

모순이 없는 공리적 체계에 속하는 공리들이 아무리 많아도

참이지만 증명 할 수 없는 명제는 반드시 존재한다.

모순이 없는 명제는 불완전하다.

수학으로 모든 것을 증명 할 수는 없다.

※ 로그 : Logarithn.네이피어 1,550년. 계산자처럼 수학의 계산을 쉽게 함.

예) 10^5 = 100,000. $Log_3 81$= 4 3^4= 81

Log(χ + y) = Logχ+ Logy 예) 2.34 x 3.45 = 8.073

Log2.34+Log3.45 = 0.3692+0.5378 = 0.9070 Log표에서 8.07

▣ 복리계산 : $\lim(1+1/n)^n$ = e 자코브베르누이 0.1654

☆ 12 : 1피트 = 12인치. 1실링은 12펜스.

※ + (plus) 더 많은 - (minus) 더 적은. 1,489년 요하네스버드만 독일.

= (1557년 로버트레코드) × (윌리암오트레드)

∞ (우보로스 제 꼬리를 문 뱀. 존월리스1,665년) ∴(그러므로의 뜻)

◆ 4의 철학 : 1) 1 + 2 + 3 + 4 = 10

2) 점 + 선 + 면 + 입체 = 우주

3) 물 (20면) + 공기 (정8면 + 봄 + 여름+ 가을 + 겨울)

+ 불(정4면) + 흙 (정6면체)

4) 동 + 남 + 서 + 북. = 사방

5) 유아 + 청춘 + 성인 + 노인. = 인생

≒ 삼각수 : (1. 3. 6. 10. 15. 21. 28. 36. 45. 55...)

피타고라스의 해머 6 : 8 : 9 : 12 (4개의 다른 무게의 해머소리)

▦ 뉴턴의 미적분 :

미분을 거꾸로 뒤집으면 적분이고

적분을 거꾸로 뒤집으면 미분이다.

한 방정식을 적분한 다음 미분하면 원래의 방정식이 나온다.

◕ 오일러수 = 2.718281　　미적분학과 복리계산식 e = (1+1/n)n

878/323 = 2.718266　　355/113 = 3.1415926532 = π

◔ 삼각수 : 차례로 이어진 정수들의 합. 예) 1, 3, 6, 10, 15,

▣ 생일 맞추기 :

방안에 있는 사람 중 생일이 같은 사람이 있을 확률이 50%가 되려면 몇 명이 있어야 할 까요?　　답 23명

1/2 × 22 × 23 = 253가지 22번째

일치하지 않을 확률 (365×364×363×...343)÷365 = 49.3%

e = (1+1/n)n

◇ 다각형의 내각의 합 (2n-4)×90)　　n = 다각형 수

예) 오각형 ≪(2×5)-4≫ × 90 = 540도 540 ÷ 5　=　108도

☆ 디오판토스의 수수께끼 묘비

신의축복으로 인생의1/6을 소년기로 보내고 인생의 1/12은 수염이 자라났고, 인생의 1/7 청년기에 결혼을 하고, 결혼 한지 5년 만에 아들을 얻고, 인생의 1/2만에 아들이 죽고, 4년 동안 정수론에 몰입하다가 일생을 마쳤다. 몇 살까지 살았는지?　　답 = 84세

1/6 X + 1/12 X + 1/7 X + 5 + 1/2 X + 4 = ?

14/84 X + 7/84 X + 12/84 X + 5 + 42/84 X + 4　　※ X = 84

○ 게바(adpas) : 729. 반석. 그리스어로는 베드로. 게트마리아 수.

태양의 수. 바위라는 뜻.

◈ 13 : 최후의 만찬. 12부족 이외.12제자+ 마리아. 여성생리 횟수.(1년간)

◆ 마야의 달력 : 20진법 과 13 (20 ×13 = 260)

짧은 달력 = 52년 주기. 260일 달력

1킨 = 1일. 1우이날 = 20킨

1뚠 = 18우이날. (20×18 = 360일)

1까뚠 = 20뚠 (360 × 20 = 7,200일)

1박뚠 = 20까뚠 (7,200 × 20 = 144,000.일)

1픽뚠 = 20박뚠 = 2,880,000.일

1깔립뚠 = 20픽뚠 = 57,600,000.일

260일 달력과 365일 달력 최소공배수 = 18,980일 = 52년

◎ 고대인의 시간 :

큰 한달(great month) = 2,000.년= 황도 1궁을 옮겨가는 시간.

큰 한해(great year) = 24,000.년= 황도 12궁을 옮겨가는 시간.

BC 2,000.년경 숫양자리 (백양궁) 시작. (3/20~4/19)

BC 50 ~ AD145년경 물고기자리 (쌍어궁) 시작. (2/19~3/19)

AD 2,040.년경 물병자리 (보병궁) 시작. (1/20~2/18)

⊇ 153 : 아르키메데스의 물고기의 척도. 153 : 265 (지느러미 : 고기길이)

두 원의 겹침 길이와 높이의 비율. 265/153 = √3 = 1.732

◐ 리그전 경기 수 계산식 : 참가팀 수 × (참가팀 수 -1)

토너먼트경기 수 계산식 : 참가팀 수 - 1

예)토너먼트 16팀 참가 시 결승전까지 15경기

▼ 에라토스테네스의 체 :

4이상의 수 중에서 2로 나누어진 수를 제하고

3으로 나누어진 수를 제하고 남는 수 중에서 나누어지지 않는 수가 소수이다.

※ 순열의 계승 ! : 3! = 3×2×1 = 6　　　　　4! = 4×3×2×1 = 24

서로 다른 4개의 수 중에서 2개를　선택하는 순열 4 × 3 = 12 개

서로 다른 4개의 수 중에서 3개를　선택하는 순열 5×4×3 = 60 개

중복순열 : 윗옷4개. 바지 4개. 셔츠 4개.

각각 서로 다르게 코디하는 순열

4×4×4 = 64가지

4자리 암호 순열 = 10×10×10×10=10,000.회

☆ 수학의 속성 :

인간은 더 갖고 싶고　　　　(덧셈)

남의 것을 빼앗고 싶고　　　(뺄셈)

갑절로 부풀리고 싶다.　　　(곱셈)

나중에는 나누어주고 간다.　(나눗셈)

§ 3으로 나누어지지 않는 수 : 각수를 더해 3으로 나누어지지 않는 수

예) 예술. 사랑. 감정. (1325472 = 24) (2325472 = 25)

같은 10단위와 10의 곱셈은?　　예)29×48 = (2×4 = 8) + (8×9 =72)

= 872. 크로스 10단위 (2×8)+(4×9)= 520 +872 = 1392

▽ 가장 큰 소수 : 17,425,170. (현재 발견 된 소수)

§ 주사위 게임 : 홀수보다 짝수가 나올 확률이 높다.

◑ 삼각형의 수 : 밑변 (8. = 2 x 2 x 2. 땅. 8 x 9 = 72)

높이 (9. = 3 x 3. 하늘. 9 x 9 = 81)

빗면 (12.= 3 x 4. 하늘과 땅 사이 = 108)

(108 = 3 x 4 x 9 12 × 12 = 144)

☏ 단위 : 분 (1/10) 리(1/100) 모(1/1,000) 사(1/10,000) 홀(10^{-6})

섬(10^{-7}) 모호(10^{-12}) 찰라(10^{-18}) 공허(10^{-20})

1수(1/24량) 1량(37.5g)

1분(기장낟알 1개 길이) 1촌(10분) 1척=1자(10촌.= 30.03㎝)

구글플랙스 (10^{100} X 10^{100})

수소원자의 직경 (10^{-17}mm) 수소원자의 질량(6X10^{-23}g)

지구의 무게 (6X10^{24}kg)

1광년 (9.45X10^{12}km)

◑ 수비학 : 0 = 모든 것. 초월. 1 = 고독. 통일. 시작.

2 = 이원성. 분할. 협력. 3 = 움직임. 신성.

4 = 견고함. 물질. 5 = 생명. 사랑. 재생.

6 = 회합. 완전. 인간의 불완전 7 = 마법. 신비. 신성.

8 = 행운. 실용. 정의. 9 = 최후. 성취. 커다란 변화.

◐ 수

4 = 홀수의 제곱을 4로 나누면 항상 1이 남는다.

8 = 소수의 제곱을 8로 나누면 항상 1이 남는다.

7 =日.月.水.金.火.土.木.음양 + 오행. 북두칠성.무지개. 칠복신(일본)

태음주기(29일 한 달을 4원소로 나누면 7일).

7대양. seven(= several 얼마동안). 고대 7대불가사의.

9 = ① 바빌로니아 대년(대홍수까지의 기간) 432,000년

(4+3+2+0+0+0 = 9) (360년 × 1,200)

② 리그베다 (10,800개의 연) (1+0+8+0+0 = 9)

③ 요한계시록 (144,000.명의 천사) (1+4+4+0+0+0 = 9)

④ 불교의 지옥(576,000,000.) (5+7+6+0+0+0+0+0+0 = 9)

⑤ 알라신의 이름 (99가지) (9 + 9 = 18 1 + 8 = 9)

⑥ 발할라와 지옥사이의 문(5,400.개) (5 + 4 + 0 + 0 = 9)

⑦ 최초의 마방진 4 9 2

3 5 7

8 1 6 (3×3 = 9)

(4×9×2) + (3×5×7) + (8×1×6) = 225 (2+2+5=9)

(4×3×8) + (9×5×1) + (2×7×6) = 225 (2+2+5=9)

※ 솔로몬의 마법진. 낙서 마법진. 토성 마법진.

합계 15 = YH (히브리어 15)

⑧ 시그마 9의 마방진 3 1 5

8 6 4

7 2 9

(3+1+5)(8+6+4)(7+2+9)= 이등변 삼각형(오각별 내 36도+36도+108도)

(3+8+7)(1+6+2)(5+4+9)= 이등변 삼각형 (오각별 외 72도+72도+36도)

23 = 염색체 23쌍. 지구기울기 23.5도. 삶의 수. 열외(2등 + 3등)

♨ 확률 : 나올 수 있는 확률과 나올 수 없는 확률을 더하면 항상 1이다.

주사위를 던져서 계속해서 3번 같은 수가 나올 확률은?

(1/6 × 1/6 × 1/6 = 1/216 = 0.5%)

한 집단 23명중 같은 생일이 나올 수 있는 확률은?

(365/365 × 365-1/365 × 365-2/365 ×⋯ 365-22/365 = 0.493)

1 - 0.493 = 0.507 고로 50.7%이다.

◆ long scale (유럽식 백만 단위. 빌리언 = 100만의 100만배 10^{12})

short scale (미국식 백만 단위. 빌리언 = 100만의 1000배 10^{9})

☆ 1 byte = 8 bit. 1Kbyte = 1,024bit) Ki 2^{10} = 1,024

1 MB = 1,048,576 bit = Mi2^{20} = 1,048,576 ≒ 10^{6}

GIB(Gi) 2^{30} = 536,870,912 1 GB ≒ 10^{9}

△ 대폿값 : 평균치가 좌우로 치우친 전체평균. 1인당 월 급여평균.

국민 1인당 G N P.

▲ 몽모르수 : 교란순열. 완전순열.

4개 이상의 선택에서 우연히 일치 할 확률은 63.2%이다.

★ 죄수의 딜레마 : 두 명의 공범 중 내가 상대방을 배신하면 석방.

상대방이 나를 배신하면 5년.

두 명 다 배신하지 않으면 1년일 때? 모두 배신함

◎ 밀알상금 : 인도에서 세사란 수학자가 체스게임을 만들어 왕에게 바치자

왕이 소원대로 상금을 주겠다고 하자 세사는 64개의 체스판

첫째 칸에는 밀알 1개 둘째 칸에는 밀알 2개씩 마지막

64번째까지의 밀알 상금을 주십시오! 하였다.

지구농지 총생산 밀알의 8배보다 많음.

현명한 왕의 답변은? "그럼 네가 하나씩 세어서 가져가라!"

■ 몬티홀 문제 : 100개의 상자 중, 하나의 상자에 보물이 있을 때!

1번 상자를 갖고 있으면, 1번은 1/100 당첨 확률.

98개가 빈상자일 때 남은 1번외 다른 상자의 당첨 확률은?

98/100이다. 고로 남은 다른 상자로 바꾸는 것이 정답.

★ 오각형 별. pentagram. 불가사리. 피타고라스의 별.

황금률.(a : b. b : c. c : d.)

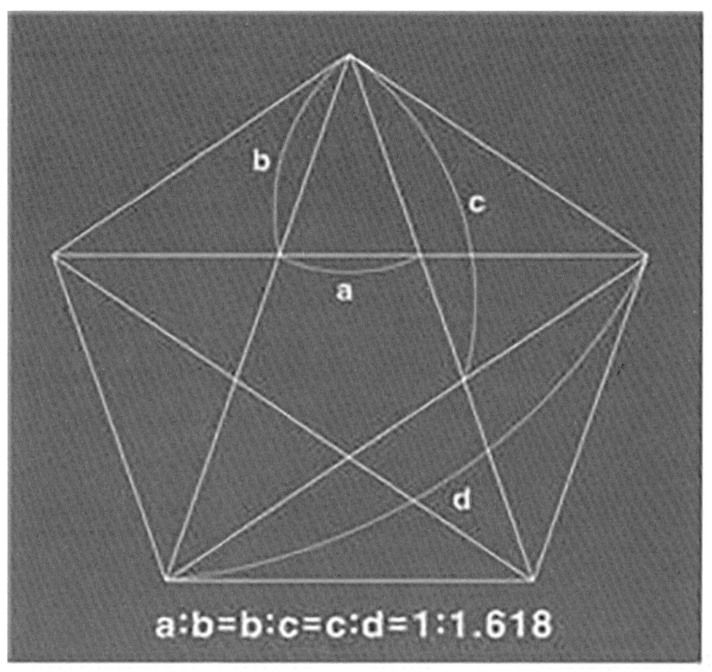

a = 1 b = 1.618 c = 2.618 d = 4.236

오각형 내각 = 108° 별 꼭지각 = 36° 별 이등변삼각 한쪽 각 = 72°

꼭지점상. (신). 꼭지점 우측(공기). 우하 꼭지점(물). 좌하 꼭지점(불).

좌상 꼭지점(흙). 좌상골짜기(문명의 인간).

우상 골짜기(존경받는 신의 세상).

좌하 골짜기(암울한 인간). 우하 골짜기 (타락한 신의세상).

오각형내의 삼각변은 황금비율. 피라미드의 황금비율.

π π : 원둘레와 직경의 비율 3.141592....

chaddai (돌아오지 말라. 게트마리아 수 314.)세계 공간의

창조는 무한의 후퇴와 무한의 빛을 주변부에 계속해서 비추는 힘

22(말)/7(시간) = 3.14 알파벳과 시간 사이의 관계

굴곡을 포함한 강의 길이/강의 수직적 길이 = 3.14

Σ 시그마수 : 각 자리의 수를 더하여 만들어진 수. 비밀의 수.

각 자리의 수를 매번 더하면 9가 되거나 9의 배수가 된다.

(각 수에 9가 있으면 더하지 않아도 됨)

32 = 5 81 = 9 Σ1035721 =(1+0+3+5+7+2+1 = 19. 1+9 =1)

△ 0 : 영. zero. 인도의 슈냐(공백. 부재.) 공기. 공간. 영점. 원점.

■ 신비한 수 (Σ)

1/1089 = 0.00091827364554637281 9··· (보수 연속)

1/81 = 0.012345678901234567 89··· (연속 수)

12345679 × 09 = 111111111 12345679 × 18 = 222222222

12345679 × 27 = 333333333 12345679 × 36 = 444444444

12345679 × 45 = 555555555··· 12345679 × 81 = 999999999

1/99 = 0.0101010101·· 1/198 = 0.005050505050···

1/297 = 0.00336700336700·· 1/396 = 0.002525252525···

1/495 = 0.00202020202020··· 1/990 = 0.001010101010···

888888888 ÷ 9 = 98765432 (987654321 — 9) ÷ 8 = 123456789

Σ142857 = 9 (142857 × 2 = 285714) (142857 × 3 = 428571)

(142857 × 4 = 571428) (142857 × 5 = 714285)

(142857 × 6 = 857142) (142857 × 7 = 999999)

마술의 계산식 1089 (781 - 187 = 594 → 594 + 495 = 1089)

(652 - 256 = 396 → 396 + 693 = 1089)

(221 - 122 = 099 → 099 + 990 = 1089)

99 (95 - 59 = 36 → 36 + 63 = 99)

(41 - 14 = 27 → 27 + 72 = 99)

★ 게마트리아 : 숫자와 문자의 유희.

ADAM = 1 + 4 + 40 = 45 = 사람 = men + he (4 + 5)

※ 히브리어 : BC 9C부터 선형문자에서 아람문자의 영향을 받음. 수의문자.

알래프 = א 1 ~ 22개 타브 ת 400

야훼 YAVH = 10 + 5 + 6 + 5 = 26

아하바 ahavah (사람) = 1 + 5 + 2 + 5 = 13

에하드 echad (하나) = 1 + 8 + 4 = 13

아하바 + 에하드 = 최초의 사람 = 13 + 13 = 26

※ 미터법의 1미터 : 북극에서 파리를 지나서 적도까지의 거리

(1/10,000km)

▩ 666 : 네로의 이름 게트마리아 수.

6 차원마방진(소수로 이루어짐) 합계 666.

예) 3. 107. 5. 131. 109. 311.

Σ 28 : 완전수. 창세기 첫 번째 절.

(태초에 하나님이 천지를 창조 하시니라) 28개의 문자.

양손 손뼈의수 = 28개 이십팔수(동방,서방,북방,남방각칠수.)

박수를 치면 하나님을 찬양하는 의미.

전도서 3장 : 28개의 시간. 법화경 28품.

▦ 우정수 : 220과 284. 두 약수의 합이 같다.

창세기 32장 야곱이 선물로 보낸 가축의 수 220

히브리어 220 = 애정. 284 = 이불을 깔아라. - 아가서 2장 5절-

⊙ 6 : 완전수. 바라쉬트(하나님이 6을 창조하였다.)

6일간 창조 후 1 안식일. 6년 노예생활 후 해방.

6년 경작 후 1년 휴경. 6,000년 세상 후 1,000년 메시아.

$1 + 2 + 3 = 6$. $1 \times 2 \times 3 = 6$. $1^2 + 2^2 + 3^2 = 14$

$1^2 \times 2^2 \times 3^2 = 36$ $1^3 + 2^3 + 3^3 = 36$ $1 \times 2^3 \times 3^3 = 216$

$3^3 + 4^3 + 5^3 = 216$ $6^3 = 6 \times 6 \times 6 = 216$

(인체의 뼈의 수 206 + 숨은 뼈 10개 = 216)

◁ 이시스의 삼각형 : 결혼수 $3 + 4 + 5 = 12$

$3^2 + 4^2 + 5^2 = 50$ $3^3 + 4^3 + 5^3 = 216$

⊙ 26 : 야훼 YHVH (게트마리아수) $10 + 5 + 6 + 5 = 26$

2차원에서 3차원으로 이행 할 수 있는 4차원의 수.

(5의 제곱수와 3의 세제곱수의 사이 수) 면적과 부피 사이의 수

정육면체 (8 꼭지점 + 6면 + 12모서리 = 26)

솔로몬의 별 (꼭지점 과 교차점의 합 = 26)

예) 1+7+8+10 = 26

☆ 1 cc : 1 cubic centimeter 1㎝ × 1㎝ × 1㎝ = 1㎤

1 ci : 1 cubic inch 2.54㎝ × 2.54㎝ × 2.54㎝ = 16.387㎤

▦ 마법진 15

4 9 2

3 5 7

8 1 6

중국 낙서 마법진은 9의 순환 : 1은 2의 자리로 가고,

2는 3의 자리로 가고,,, 8은 9의 자리로 가고.

9는 1의 자리로 이동하여 다시 반복한다. 주역의 순환원리.

◑ 인체의 뼈 : 태어 났을 때 270개.

성인은 206개의 뼈 (※ 뼈와 같은 숨은 살 뼈 10개)

① 몸통골격 80개 (머리 뼈 29 + 척추 뼈 26 + 가슴 25)

② 팔다리 뼈 126개 (팔 뼈대 64 + 다리뼈대 62)

※ 발가락 28. 손가락 28 ※ 인체 관절수 238 ~ 241개

※ 1g : 4℃ 물 1㎤ 의 부피의 무게 (표준상태)

1ℓ : 1,000㎤ 부피의 물의 양 (10×10×10 ㎤)

sin : 대변/빗변 (직각 삼각형) sin72 = 대변/빗변

= 대변χ/빗변8㎜ χ = 7.6㎜

cosin : 밑변/빗변 cosin72 = 밑변/빗변 = 미변χ/빗변8㎜ χ = 2.47㎜

⊙ 마방진 홀수의 합은 25 짝수의 합은 20 (마방진의 합 = 45)

¤ 수의 비밀

12345679 × 9의 배수 = (※ × 18 = 222222222. ※× 72 = 888888888)

100 ~ 999 사이의 수 × 1001(7×11×13 = 1001) 789 × 1001 = 789789

10 ~ 99 사이의 수 × 10101(3×7×13×37 =10101) 89×10101 = 898989

1/9 = 0.11111 2/9 = 0.222222······ 8/9 = 0.8888888888······

80,000 ÷ 9 = 8,888.88888 5,0000 ÷ 9 = 5,555.55555

1/7 = 0.142857142857 2/7 = 0.2857142857 ... 6/7 = 0.85714285714

☆ 복리계산 = 원금 x (1 + 이율)^n n = 이율기간단위 (년리 등)

단리계산 : 원금 x (1 + 이자율 x 기간)

원금의 2배 계산법 72 ÷ 년리% (년리 4%이면 72÷4 = 18년)

☆ 인간의 뇌 시냅스 수 : 약 10^{14} 개

컴퓨터의 하드 디스크 드라이브의 용량 : 10^{14} ~ 10^{16} 비트

아보가드로 수 : 약 6.022×10^{23}

태양의 전방사량 : 약 3.83×10^{26} 와트

관측 가능한 우주에 존재하는 원자의 총수 : 10^{79} ~ 10^{81} 개

지구의 질량 : 6×10^{24} kg

태양의 질량 : 2×10^{30} kg

인간 몸의 세포의 수 : 100조 개 = 10^{14} 개 이상

UN 가맹국의 20세기의 GDP 합계 : 30 경원 = 3×10^{17} 원

1광년 : ≒ 9.46×10^{15} m (빛의 속도로 1년간 가는 거리)

● 수 108 : ① 108번뇌. ② 오각형의 내각 108° ③ 골프 홀 직경 108mm.

※ 108 번뇌 : 6 根 = 眼. 耳. 鼻. 舌. 身. 意.

6 境 = 色. 聲. 香. 味. 觸. 法.

6 識 = 6근의 각 작용

12처 (十二處) = 6根 + 6境

18계 (十八界) = 6根 + 6境 + 6識

36연상 = 18계 (十八界)의 음양

6근과 6경이 만나 이루어지는 각가지 의식연상 작용

108번뇌 = 18계×2(좋고 나쁨)×3세(과거.현재.미래.)=108

자연의 소리 432Hz (108 × 2 = 216 × 2 = 432) 108 × 4

☆ 깨우침 : 공자 = 인생(73세) 정식 사람

예수 = 광야(33세) 단식 40일

부처 = 보리수(80세) 단식 49일

마호메트 = 동굴(62세) 단식 30일

○ 수의 특성 : 42 = 6(완전수)×7(불완전수).과학적 상징.MO.죽음(일본)

2^8 = 256진법 1바이트 = 8비트 . 핫핑크 = 16진법

65537 = 2^{24} + 1 페르미의 소수

14 = DVD(david) 다윗왕에서 예수까지 14대 3×14 = 42

4원수 = 2 × 2 = 4 = 1 + 3 = 4 = 시간 + 3차원.

23 = 플라스틱 수(피솟 수 중 가장 적은 수) 69의 1/3

10^{100} 구골(우주전체의 원자 수) 70i(계승)= 1.2구골

① 1 : 하나. 일. 집합의 시작. 시간의 1차원. 하나에서 하나로, 나.
단일성. one's self(자아). 0 을 가진 수. (광물.)

② 2 : 둘. 나와 너. 대칭. 쌍. 상보성. 음양. or. not. and. 2진법.
컴퓨터. 기하급수의 생산. 시간의 이원성(과거.미래). 양자역학.
열역학 2법칙. 전하. 전극. 복소수(식물).

③ 3 : 트리니다드(trinidad) 1,000 단위. 세번 강조. 만세삼창,(동물)
유럽화음(3음 표현). 天.地.人. 삼위일체. 3D. 핵력(업,다운,향.)
원자(양성자,중성자.전자)쿼크(참,톱,보텀.) 핵력.약력.전자기력.

④ 4 : 2 + 2 = 4. 2 × 2 = 4. 2^2= 4. 4/4박자. 사각형.(인간)
4차원(시간 + 3차원) 1 + 3 = 4. 4원수. 색력. 동서남북, 4원소.

⑤ 5 : 오각형. 황금비. 5 = 2^2+ 1. 피보나치수열 5, 8, 13. (영혼)
해바라기의 씨앗 배열 89, 144, 233. 5 개의손가락. 오행.

⑥ 6 : AMORE(사랑). sex. 힘(전자기력1. 약력 2. 색력 3.)(사랑.완전)

사랑의 대상(내가, 너가, 그가, 너희가, 우리가, 그들이)(= 임신)

탄소원자와 수소원자의 결합 2 와 4. C_{60} 탄소 60개.

6개의 수 (1) N (우주의 크기와 수명) (2) ε엡실론 (원자의 결합력)

(3) Ω오메가(암흑물질의 양) (4) λ람다 (반중력의 비밀)

(5) Q (우주의 생산력) (6) D (우주의 차원.벽)

2+ 2+2= 6. 3+3 = 6. 2×3 = 6. 1+2+3 = 6. 1×2×3 = 6.

3! = 3의 계승 = 6 (4! = 24, 5! = 120. 6! = 720. 7!=5,040)

⑦ 7 : seven.독어(고운체).정도가 지나친 상태.7화음(평균율서 벗어난 음)

7가지 (미덕, 죄악, 잠꾸러기. 색, 신, 음계. 등.) 자연의 섭리 수.

⑧ 8 : 8비트. = 1바이트. 2^8 = 256. 256진법의 컴퓨터.

8바이트 = 64 비트. 8괘. 8방향.

⑨ 9 : 완성. 마지막. 1,2,3,4,5,6,7,8,9.수의 최소공배수 = 2520

1/9=0.1111,, 2/9=0.222,,3/9=0.3333,,,,,,, 9/9=0.99999,,,, = 1.

⑩ 10 = 정의의 숫자. 1 + 2 + 3 + 4 = 10. 정삼각형.

※ 1 joul : 1kg의 물체를 1/10m로 들어 올릴 수 있는 힘.

1g의 물을 1/4 도씩 올릴 수 있다. (1w/1초)

1N의 힘 1m 이동의 일. 10^7erg. 1Ω 1A 1초동안.(1W.S) 개

♠ 우주의 원자 수 : 10^{80} 개 log 10^{80} = 266

(266번의 질문으로 우주의 원자행렬을 알아 낼 수 있다.)

◐ 성경의 수 : 요한복음(1 : 1) 태초에 말씀(비율. 로고스. 수.)이 계시니라.

◑ 정사각수 : 1, 4 ,9 ,16.▦

정삼각수 : 1, 3, 6, 10.△

⧓ 황금비율의 순서 : 1/1. 2/1, 3/2, 5/3, 8/5, 13/8,…

Golden Phi (Φ, ф.) 1.618033987…

⊕ 2 : 첫 번째 수. 짝수. 쉬운(중국). 이진법.(1 = 신, 0 = 우주공간)

00(0), 01(1), 10(2), 11(3), 100(4), 101(5), 110(6), 111(7),

1000(8), 1001(9), 1010(10).

☆ 원과 사각형의 비율 : 100 : 78.5 (21.5 %) (1.27388 : 1)

원지름의 3.7배인 정사각형 안에 13개의 원.

⊙ 0 의 의미 : 無(무). 사탄. 악마. 악. 아리스토텔레스의 無는 신이다.

0 + 수 = 수. 0 - 수 = -수. 수 - 0 = 수. 0 × 0 = 0.

0 ÷ 0 = 0.1. 0 ÷ 수 = 0 . 0 × 수 = 0.

0 과 1사이의 수 ∞

0 無(무)로부터는 아무것도 창조 될 수 없다. (루크레티우스)

◎ 친화수 : 서로의 약수들의 합이 같은 두 수. 220과 284. 1184와 1210.

⊞ 질량은 공간을 휘게 하고 공간은 질량에 운동 하도록 명령을 내린다.

- 존아치볼더 휠러 -

⧏ 공생기원설 : 생명체는 서로 기관을 공유해 몸속에서 공생하는 방식의 진화생명.

⋈ 인본원리 : 우주에서 인간이 존재하게 되는 것은 우주생성의 미세하고 정교한 물질의 구성조건으로 인간생명이 창조된다.

⧐ 슈바르츠실트 반경 : 아인슈타인의 중력장 방정식을 이용한 질량크기의 축소. 블랙홀 중력의 크기는 0 에 가깝고 무게는 ∞에 가까운 블랙홀의 연결 웜홀. rs = 2G·m/c2 ∴ 1.48×10^{-27} m/kg

⊡ 괴델의 불완정성의 정리 : 모순이 없는 공리적 체계에 속하는 공리들이 아무리 많아도 참이지만 증명할 수 없는 명제는 반드시 존재한다.

⊡ 오일러 방정식 : $e^{i\pi} + 1 = 0$

$e^{i\pi} = -1$ (변함수의 최소, 최대)

⊟ 무리수 : 정사각형의 대각선과 한 변의 비율 $\sqrt{2} : 1$

히파수스(피타고라스학파의 비밀) 누설

☒ 기수 : 기간 0, 1, 2, 3, 4, …

서수 : 순서 1, 2, 3, 4, 5, …

⊛ e : 2.7182818245904523536. 신비의 수. 등각나사산. 복리이자 수열.

⊜ 로그log : $10^5 = 100{,}000$. $10^{1/5} = \sqrt[5]{10} = (1.58489) \times 5$번 $= 10$

로가리듬 : 지수의 역 $\log 1000 = 3$ $\log_{10} 10^3 = 3$

☒ 3 = 창조의 수. 맹세 3번. 삼각형. 아주 좋다. 더 좋게. $3^3 = 27$

666 = 삼각수. 616 = 악마의 수.

❆ 1m : 빛이 진공속에서 1/299,792,458.초 동안 이동한 거리.

⊌ 어떤 수의 제곱 값은 그 수의 앞 뒤 수의 곱한 값보다 1이 크다.

예) $8^2 = 64$ $(7 \times 9 = 63)$ $10^2 = 100$ $(9 \times 11 = 99)$

◆ 후건긍정의 오류(後件肯定의 誤謬, the fallacy of affirming the consequent)

P이면 Q이다. Q는 그러므로 P이다.

대전제와 소전제간의 오류. 형식적 오류.

아리스토텔레스 뒤집어 말해도 사실이 된다. 가장 좋은 목적.

● 교환법칙 : 곱셈의 교환법칙은 일정하나.
행렬의 교환법칙은 다른 결과를 가질 수 있다.
고로 원자의 위치와 운동량을 동시에 알 수 없다.

⊗ 러셀의 역설 : 자신을 포함하지 않는 집합들을 포함하는 집합이 있다.
이집합은 자기 원소를 갖는가?
예) 2m가 넘어야 하며 동시에 1.5m보다 작아야 하는 것은?

※ 자연은 방정식으로 말한다.
자연은 수학으로 정렬한다.

1 = 신　　　0 = 無　　　$1 = 0 \times \infty$

$\infty = 1 / 0$　　　$0 = 1 / \infty$

$\sqrt{-1}$ (i) = 허수.　　　음수의 제곱근. $i^2 = -1$

§ 무한대 & 무한소 : 0의 진공상태와 거대우주의 경계를 수학적으로 계산 할 수 있다.
무한소(더 이상 나눌 수 없는 상태)
무한대(더 이상의 큰 것의 경계의 끝)

▣ 조각의 비밀 : 루이스 캐럴. 정사각형과 직사각형의 차이는 1 이다.

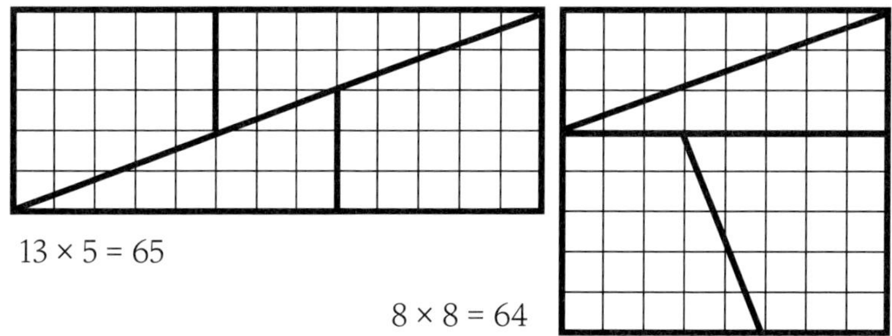

※ A4 용지를 반으로 줄이기와 배로 늘리기를 총 204번 반복하면 물리적

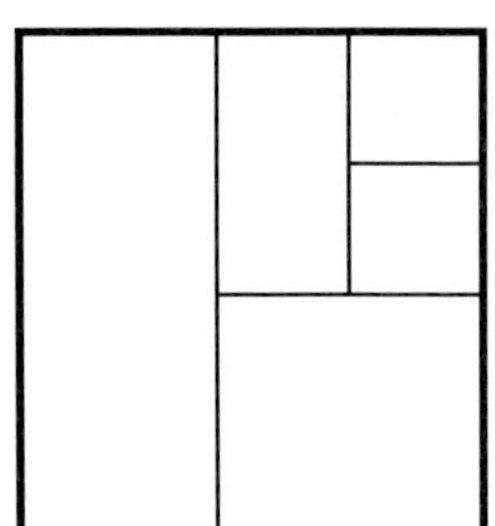

인 최소 규모의 양자적인 공간 입자와 최대 규모의 우주의 가장자리에 도달 할 수 있다. (210mm×297mm)

◎ 로또에 당첨될 확률 : 1 ~ 49 번호 중 6개 맞출 확률은 ?

6/49 × 5/48 × 4/47 × 3/46 × 2/45 × 1/44 = 약 1,398만분의 1

▦ 조화급수 : 최고 최저 기록의 급수 1 + 1/N

1 + 1/2 + 1/3 + 1/4 + 1/5 + 1/6 + 1/7 + + + + = ∞

◨ 무한과 유한의 증명 : 수의 나눔과 배의 수

1 = 1/2 + 1/4 + 1/8 + 1/16 + 1/32 + 1/64 · · · · ·

∞ = 2 + 4 + 8 + 16 + 32 + 64 + 128 · · · · ·

※ 수 : (2^3= 8) (3^3= 27) (4^3= 64) (5^3= 125) (6^3= 216)

(7^3= 343) (8^3= 512) (9^3= 729) (10^3= 1000)

(2 × 13배번 = 8,192. 2^{13}) (2 × 25배번 = 33,554,432. 2^{25})

(108 ×1200 = 129,600.) (129,600 + 14,400 = 144,000.)

(6+6+6)×(2×3)×(6×2×100) = 129,600. (360×360 =129,600.)

(12) × (12) × (10×10×10) = 144,000. (360×400 =144,000.)

곤의 책수 : 6 x 9 + 0 + 4 x 9 + 3 x 9 + 2 x 9 + 1 x 9 =144

√2 = 1.414214· · · · 종이의 절반 규격 비율.

(210 × 297) (148 × 210) (105 × 148)

황금비 = 1 : X = X : (1 + X) $X^2 - X = 1$ (X = 1.618)

▽ 알고리듬 : 알쿠아리즈미(0~9의 숫자 인도수학) 문자와 숫자의 비교 판단.

※ 황금 위임률 : (61.5%) 승자 + 패자 합의 제곱근보다 큰 표 차이

(예 : 100명 투표시 10표 이상의 표 차이)

✾ 수학은 양적인 언어이고 과학은 질적인 언어이다.

✿ 제곱과 제곱근 : $n \times n = n^2$

$n = \sqrt{n} \times \sqrt{n}$ $n = \sqrt{n^2} = (\sqrt{n})^2$

☆ 각(angle) : 1도 = 직각의 1/90 = 0.0111111111 ········

원각(circular angle) : 원의 1/360도 = 0.002777777······

✻ 분리규칙(modus ponens) : 명제논리학 $p \rightarrow q$ p로부터 q를 도출한다.

컴퓨터는 명제논리학을 수행하는 기계이다.

✻ 수는 無로부터 시작한 집합이다. 예) 1 = 0.1. 3 = 0.1.2.

＊ 제논의 역설 : 아킬레우스와 거북이의 경주

s = 10 + 1 + 1/10 + 1/100 + ······ + 무한급수

10 s - s = 100 9s = 100 s = 100/9 = 11. 1/9

아킬레우스는 11 1/9를 달린지점에서 따라 잡을 수 있다.

❀ 구분구적법(區分求積法, measuration by division)

어떤 도형의 넓이나 부피를 구할 때, 주어진 도형을 세분하여

그 도형(삼각형 또는 사각형)의 넓이나 부피의 근삿값을 구한 다음,

이 근삿값의 극한값으로 도형의 넓이 또는 부피를 구하는 방법이다.

✻ 등비급수 : $s = a + ar + ar^2 + ar^3 + \cdots\cdots$

$sr = ar + ar^2 + ar^3 + \cdots\cdots$

$s - sr = a$ $s = a/1 - ar$

무한급수 : $s = 1 + 1/2 + 1/3 + 1/4 + \cdots\cdots$

1,000개의 합 값 = 7.485

100만개의 합 값 = 14.357

1조 개의 합 값 = 28

¤ π가 들어가는 무한급수 - 오일러 -

$\pi^2/6 = 1/12 + 1/2^2 + 3^{1/2} + 1/4^2 + 1/n$

✽ 미분 : 곡선의 공식에서 그 곡선의 기울기를 나타내는 공식이다.

기울기의 함수가 도함수이다.

✿ 원뿔의 체적은 밑면과 높이가 같은 원통체적의 1/3이다.

원통체적 = $\pi r^2 h$ 원뿔체적 = $1/3\pi r^2 h$

❁ 황금비율 : $1.61803 = (1 + \sqrt{5})/2$

피보나치수열 1, 1, 2, 3, 5, 8‥‥ $F(n+1)/F(n)$

＊ 기하평균 : n수의 곱을 n제곱근한 값. 예) $6 \times 8 = \sqrt{48} = 6.928$ 산술평균(7)

○ 4각안의 원면적과 사각면적

사각면적 $S = D \times D = D^2$

원면적 $C = D/2 \times D/2 \times \pi = D^2/4 \times 3.1415926535$

$C/S = 0.785398164$ $S/C = 1.2733$

¤ 수학 : 기하학(모양). 산술(수의 셈). 미적분(운동)

확률 (우연). 위상학(위치. - 데블린-)

❄ 사영기하학(射影幾何學) : 기하학적 물체가 사영변환 할 때 변하지 않는 특성을 다룬다. 드사주 정리. 켤레정리.

❄ 오일러공식 : 평면 V - E x F = 1 구면 V = E + F = 2

V(꼭지점 수) E(모서리 수) F(면 수)

<u>자연상수 e = 법수 258 (8)</u> (2.7182818284....)

$e^{i\pi} + 1 = 0$ $\cos\pi + i\sin\pi$

❄ 달과 지구 거리측정 : 동전으로 달을 가려서 거리 측정.(달의 0.5°각도)

달의 직경/ 동전의 직경 = 달까지의 거리/ 눈과 동전까지의 거리

❣ 수학은 pattern 이다. pattern 의 과학이다.

비가시적인 것을 가시화 한다.

수학을 써서 미래를 계산한다.

"자연의 책에 씌인 언어를 아는 사람만이 읽을 수 있다.

그 언어는 수학이다." - 갈릴레오 -

물리적 우주의 자물쇠를 여는 추상적인 열쇠이다.

- 폴킨호른 -

❤ 기하학 대수학 공식 $(a + b)^2 = a^2 + 2ab + b^2$

$(a - b)^2 = a^2 - 2ab - b^2$

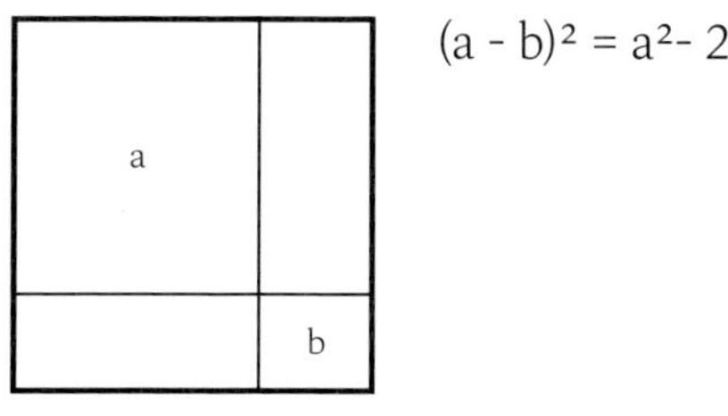

※ 수학은 자연과학의 언어이다.

◎ 피보나치의 새 문제 : 3종류의 새 30마리를 30원에 샀다. 꿩 3원.

비둘기는 2원. 참새는2마리에 1원이면

각각 몇 마리를 샀는지?

① $x + y + z = 30$　　② $3x + 2y + 1/2z = 30$

③ $6x + 4y + z = 60$　　④ ② - ① = $5x + 3y + z = 30$

고로 30을 5와 3으로 나눌 수 있어야 하므로

$x = 3$.　　$y = 5$.　　$z = 22$

돈은 $(3\times3) + (2\times5) + (1/2\times22) = 30$원

☆ 피보나치수열 : 토끼 한 쌍이 1달에 한 쌍의 새끼를 계속 낳으면

1년 후에는 몇 쌍의 토끼가 될 것인가? 답 233쌍.

1, 1, 2, 3, 5, 8, 13, 21, 34, 55, 89, 144·233.

$f(n) = 1$ (n < = 2 일 때)

$f(n) = f(n - 2) + f(n - 1)$ (n > 2 일 때)

※ 가우스 공식 : 정삼각형의 패턴이다.

$1 + 2 + 3 + 4 + \cdots + n = n(n + 1)/2$

시계산술 (법산)　　≡ 합동

$2 + 3 \equiv 5$　　$7 + 6 \equiv 1$

$a \equiv b$ (mood n)　$7/5 \equiv 11$(mood 12)

$7 \equiv 5 \times 11$(mood 12) $55 - 48 = 7$

❇ 페르마의 작은 정리 $a^{p-1} - 1$　　a(소수) p(자연수)

$a \equiv$ (1 mood p)　합성수는 제외

1,000 이하의 수　(합성수 341. 561.)

쌍둥이 소수 (차이가 2인 소수) 예) 3.과 5

메르센 수(2의 거듭제곱 -1) $M_n = 2^n - 1$ $M_2 = 2^2 - 1 = 3$

※ 페르마의 마지막 정리(디오판토스의 문제)

$z^n = x^n + y^n$

자연수 패턴(소수) 1 + 3 + 5 + 7 + ••••(2n - 1) = n^2

❢ 피보나치 : 보나치가문 피사의 레오나르도의 별칭.

❈ 로마숫자 : V(5). X(10). L(50). C(100). M(1000)

◎ 부처의 제1원자(제일 작은 것)

7을 이용한 설명. 약 141.6피코미터 약 탄소크기.

◎ 완전수 : 자연수 중에서 자기 자신을 제외한 자신의 약수들의 합이 다시 자신이 되는 수를 말한다.

6 = 1+ 2+ 3 (신의 수. 창조)

28 = 1+ 2+ 4+ 7+ 14 〔달28일(27.322일)〕

496 = 1+ 2+ 4+ 8+ 16+ 31+ 62+ 124+ 248

8,128 = 1+ 2+ 4+ 8+ 16+ 32+ 64+ 127+ 254+ 508+ 1,016 + 2,032+ 4,064

◎ 친화수 : 서로의 약수의 합이 상대방과 친구가 되는 쌍을 말한다.

(220과 284) (1184와 1210)

220와 284 약수들의 합

220의 약수 1+ 2+ 4+ 5+ 10+ 11+ 20+ 22+ 44+ 55+ 110 = 284

284의 약수 1+ 2+ 4+ 71+ 142 = 220

◎ 1/3 X 3 = 1

0.3333 X 3 = 0.9999

0.99999··· X 0.99999··· = 1

0.99999 X 10 = 9.99999

9.99999 - 0.99999 = 1

◎ 무리수 : 신비스럽고 알 수 없는 값을 가진 수.

예) √2

◎ 데카르트 : 나는 생각한다. 고로 존재한다.

나에게 있어 모든 것은 수학이 된다.

데카르트 좌표 (X, Y축)

◎ Ø 파이와 황금비

아르키메데스의 수 223/71 = π = 22/7 = 약 3.14

(짧은 선분) : (긴 선분) = (긴 선분) : (긴 선분)+(짧은 선분)

= 1.618033989

AB : AC = AC : CB

⊙ ∞ 무한을 표시 = 존 월리스 1655년

◎ 이진법 0000 = 0 0001 = 1 0010 = 2

0011 = 3 00100 = 4 00101 = 5 00110 = 6

00111 = 7 1000 = 8 1001 = 9 1010 = 10 1111 = 15

◎ 레오나르도 = 피보나치 (보나치오의 아들 = 레오나르도)

토끼 한 쌍이 매달 새끼 한 쌍을 얻는다고 하고

태어난 한 쌍의 토끼가 다음 달부터 한 쌍의 토끼를 매달 낳는다고

할 때 1년 안에 토끼가 얼마나 생겨나겠는가?

1, 1, 2, 3, 5, 8, 13, 21, 34, 55, 89, 144, 233…

2/3 = 1.5 5/3 = 1.666 5/8 = 1.6 13/8 = 1.625

21/13 = 1.61538 34/21 = 1.619047 56/34 = 1.617647

89/56 = 1.61818…

등각나선도 황금 비율이다. 조개, 껍질, 씨앗, 꽃, 등 (1+√5)/2

◎ 3 (삼) = 승리, 삼위일체. 성공. 훌륭함.

구의 외접하는 원통

구의 부피는 원통부피의 3/2

아르키메데스의 파이 비

π = 3.14 구의 외접 하는 원통.

D/ $\sqrt{2}$. ϕ = 4각형

96개의 변을 가진 다각형을 이용한 합 864 / 275 = 3.141818

◆ 신비한 수 (퍼즐의 수) 1 4 2 8 5 7

142 + 857	= 999
14 + 28 + 57	= 99.
142857^2	= 20408122449
20408 + 122449	= 142857
142857 × 1	= 142857
142857 × 2	= 285714
142857 × 3	= 428571
142857 × 4	= 571428
142857 × 5	= 714285
142857 × 6	= 857142
142857 × 7	= 999999
1/7	= 0.142857142857
2/7	= 0.285714285714
3/7	= 0.428571428571
4/7	= 0.571428571428
5/7	= 0.714285714285

○ 일본

자연과 사람이 조화되어 살아가는 섬나라.
고대부터 외래의 침략을 전혀 받지 않는 나라.
바다를 건너온 도래인들이 농사와 어업으로 살아가면서 하늘의 태양
바람과 비 그리고 태풍이나 지진 또는 화산폭발 등의 자연 재해
외에는 외부의 침략전쟁은 한 번도 당해본 적은 없다.
바다를 건너면서 죽을 고비를 넘기고 일본 땅에서 동화되어 살기
위해서는 무엇보다 자연에 순종해야 하고 기존에 자리 잡고 있는
원주민과 마찰 없이 살아가기 위해 머리를 숙여 인사하는 법을 배우고
생선을 잡듯이 칼을 사용하는 소수무사집단이 상위 지배계급이고
변하지 않는 상하 계급사이에도 자연과 같은 힘의 논리만 있었지
갑자기 변화하는 계급변동에 의한 지배변화가 없었다.
그래서 서로간의 묵시적 형식과 배려와 조화를 유지하고 있는 것이다.
태어나서 끝가지 한길만 가도 잘 살아 갈 수 있는 사회문화변동이
적은 나라, 그래서 글을 잘 쓰면 서도, 칼을 잘 쓰면 무사도
힘을 잘 쓰면 유도, 차를 잘 마시는 것은 다도,
죽은 다음 세계보다는 현실 세계를 더 중시하며 죽은 이를 현실로
불러내서 함께하려는 생전과 사후의 삶이 공존해 있다.

◎ 일본고사기 : 저자 안만려. (백제인 소아씨의 후손) AD 712년.
일본서기 : 안만려와 천무천황의 왕자 토네리시노우. AD 720년.
천무천황은 백제계. 스진천황(崇神天皇)은 신라계.(일본화)

◇ 소잔명존전설 : 일본 소잔이 대마도에서 한국으로 건너가 단군이 되었다.
일본 측 주장. 일본시조 천조황태신(天照皇太神)은
고조선에서 일본으로 건너감. - 한국 측 주장 -

◎ 일본불교

자력 : 수행을 통하여 신앙을 돈독히 해나가는 것.

타력 : 염불을 외어서 내세에 대한 구제를 받음.

정신 : 극한까지 밀고 간다. 길을 끝가지 간다.

◇ 일본미학

와비 : 간소하고 소박한 것에서 찾아내는 아름다움.

사비 : 오래되어 낡은 것에서 발견하는 아름다움.

쓰야 : 세련된 멋.

미야비 : 우아하고 고상한 분위기의 아름다움.

이로 : 성의 아름다움.

이게 : 이로나 쓰야의 세계를 이해하는 사람.
작지만 센스가 있고 악센트가 되는 것.

요 : 이 세상에 존재 하지 않는 섬뜩한 아름다움. 죽음의 미학.

유겐 : 와비나 사비의 소멸을 바라보는 것.

청초 : 깨끗이 하는 행위. 주변을 정리하고 쓸모없는 것을 몸에 지니지 않는다.

시가라미 : 물의 흐름을 막는 것. 인간관계의 표현.

못타이나이 : 물건은 끝가지 사용한다.

이사기요이 : 결백 . 청렴.

격언 : 신은 물건에도 있다.(물건과 정신일체.다도.유도.검도)
떠나는 새는 뒤를 어지르지 않는다. 게지메(유종의 미)
배를 다 채우지 않고 알맞게 먹는다.
벼는 익을수록 고개를 숙인다. (겸손, 겸허.)
튀어나온 말뚝은 먼저 맞는다.

대나무의 상하연결 (가지는 절단)

내부와 외부(가이진)의 중요성. 본심과 겉치레의 중요성.

◐ 神道 : 日(신토). 가미노미치 (신의 길). 上(가미).

◑ 일본의 선악 : 깨끗함이 善이요, 더러움이 惡이다.

▤ 일본인의 예절 : 좌례의 구품례

① 지건례 ② 절수례 ③ 척수례 ④ 쌍수례

⑤ 목례 ⑥ 수례 ⑦ 조갑례 ⑧ 합수례

⑨ 합장례

◈ 일본의 신앙 : 신도. 천지제신(약800만 신령)과 신불 혼용이 이루어짐.

본지수적설(本地垂迹說)(부처가 본체이고 신령은 부처의 환생이다.)

신본불적설(神本佛迹說)(신령이 본체이고 부처가 환생이다.)

명치유신 때 변함. 천신 + 지신 + 천지제신

현세(우쓰시오)는 태양의 후예 아마테우스.(천조)의 후손이 지배권.

유계(가쿠레요)는 대국주명(오꾸니누시)가 지배권을 갖음

예스와 노가 분명하지 않는 것은 감성으로 알고 암묵적으로 약속 함.

사람이 좋아하는 것은 신도 좋아한다.

귀신이 사는 곳은 다른 곳보다는 사람이 하는 말속에 있다.

귀신은 사람이 지은건물 속에 있다.

종교를 믿는다가 아니고 종교를 느낀다.

사후의 내적인 것보다는 현실적으로 연관해서 생각한다.

◒ 태양신 : 아마테라스의 후손이 천황이다. 명치유신 때 만듦.

◔ 묘법연화경(妙法蓮華經) : 나무(귀의한다.) 묘호렌게교.(묘법연화경)
나무묘호렌게교 (묘법연화경에 귀의한다.)

◈ 왔소이! 왔소이! : (일본신을 모시는 가마꾼들의 외치는 소리.)

◕ 佛樣(호토게사마) : 부처처럼 죽은 사람 (호토게)

◖ 화혼양재(와콘요사이) : 佛壇 불단(부츠단) 侍(시. 사무라이를 모시다)

◈ 조직 : 일본의 조직문화는 조직안의 남을 도와주는 것은 민폐이다(이지매)
한국의 조직문화는 우리안의 우리를 도와주는 것은 인정이다(파벌)
일본을 무시하거나 폄하 하지마라. 우리는 일본의 속국이었다.

● 구경일승보성론(究竟一乘寶性論) : 모든 중생의 마음속에는 여래의 성품이
갈무리 되어 있다.

▧ 온고이지신 가이위사의 (溫故而知新 可以爲師矣)
과거를 알고 현재를 이해한다면 사람들의 스승이 될 수 있지 않는가?

☜ 동양의 지식권력자들은 인간의 노력과 정성으로 신을 배움으로서 신의 언어와 믿음을 깨우친다고 가르치며, 서양의 지식 권력자들은 신에게서 직접 듣고 깨우침을 받는다고 한다.

⊙ 일본

일본이 천지의 중심이다. (중국의 신화 + 그리스 신화)
이자나기(남신) + 이자나미(여신)두 신이 일본 열도를 만들었다.
열도에서 튀어나간 땅이 동서양 땅을 만듦.(조선은 일본이 만든 땅)
태양의 여신(아마테라우스) 직계후손 진무텐노(신무천황神武天皇)
AD 700년 일본설화기록 신대문자. 야마토국가(일본 최초국가 AD250년경. 씨성제도국가.) 일본 단일 민족.

♉ 일본서기 : 720년. 공적 역사서. 30권. 승자의 역사서.

호족에게 성씨 배분.

신대(神代)부터 지토천황[持統天皇, 재위 645].

702년까지를 편년체(編年體)로 기록하였다.

♈ 고사기 : 712년. 천황가의 사적 제기. 히쓰기(일기) 3 권.

☹ 진신의난 : 서기 672년에 일어난 고대 일본사 최대의 내란이다.

덴지 천황의 태자 오토모 황자에 맞서, 황제(皇弟) 오아마

황자가 지방 호족들을 규합해 반기를 든 사건.

⊙ 코모리こもり : 숨다. 칩거하다. 태양이 숨다. 미고모리(임신).

쓰고모리(달이 숨음)

성덕태자(聖德太子) : (574년 2월 7일 ~ 622년 4월 8일).17조 헌법.

12관위. 일본정신의 지주. 1만원권의 인물.

소가씨 : 후지와라노카마타리. 율령국가 건설. 공지공민제 도입.

후지와라 귀족성씨(가토, 사토, 가이토, 이토,)

☆ 초복 (하지 후 3번째 庚(경)일)　중복(4번째 경일)

말복 (입추 후의 庚(경)일)　※ 伏(복) 엎드릴 복

☆ 깨에 소금을 넣으면? 깨소금.　깨에 설탕을 넣으면? 깨달음.

♓ 암수가 없는 꽃 = 수국. (불두화.)

암수가 없는 곤충 = 달팽이

세상에서 제일 작은 씨앗 = 우란 = 에비비틱란(서양난. 110만개/1g)

♑ 나쁜사람? : 나쁜이라고 생각하는 사람.(박 근혜 등)

해해 : 년. + 년. (쌍년)

게세끼다요 : 결석이네요 (일어)

바카　: 馬 鹿 (마록. 일어)

지록위마 : 환관 조고가 사슴을 말이라고 우긴 야사에서 유래

시벌노마(施罰勞馬) : 말이 밭을 갈 때 채찍질로 벌을 받는 말.

어주구리(魚走九里) : 붕어가 메기를 피해서 달아난 거리. (약 3.5km)

☺ 일개미 = 암컷. 병정개미 = 수컷. 여왕개미 = 알을 낳는 개미

▽ 일본국의 속국생활 36년 후유증

일본국에 의한 속국생활의 장기화로 인하여 두 동강난 한반도는 정치 경제 문화 모든 분야에서 일본국,소련국,중국,미국 등에 의하여 헌법부터 사회규범에 이르기까지 좌·우향으로 치우친 외국의 질서형태로 변하였다. 특히 남한은 일본국의 법과 질서를 유지하는 정도로 일본국의 가치평가, 질서유지, 일본교육자의 교육 경제 지식과 그 카테고리(일제) 사회질서가 오늘의 정치권력 경제권력 등의 불평등을 초래 하였다.

우리당을 만든 파벌정치가! 재벌들의 경제 권력자! 언론인의 권력화! 일본순사와 같은 검찰! 경찰! 등 공무사유화(공무원의 권력집중현상)! 하나의 문제가 제기될 때마다 법을 바꾸어야하는 대한민국의 법질서! 기준이 무었이다는 원칙을 이분시켜 놨다.(우리와 다른 저리)

이제는 헌법 원칙에 의한 각 법률과 규칙을 새로이 하여야 한다.

법을 만드는 국회의원이 위법과 탈법을 하고, 정직과 공평을 감사하고 심사하도록 특례가 적용되지 말아야 하며, 공무원으로 퇴직 이직하고도 공무연관 직업으로 권력의 연장선에 설수 없는 가치기준이 필요하다.

학연, 지연, 혈연이 가치기준! 평가기준! 선별기준이 되는 사회!

(이력서에 졸업학교명, 호적, 주소, 추천인, 성적증명서등)

세무, 법무, 경제관련 공무원이 퇴직 이직하고 곧 바로 동일업무, 동일이해관계에서 이득을 본다면 도덕적 법리적으로 처벌해야한다.

일본국 제법의 골격을 준용하지 말고 우리 헌법에 맞추어 개정해야한다.

○ 대한민국 공무원 개혁 :

㉠ 이력 경력증명 등에 출신학교명, 과거 주소지 본적지의 표시금지.

㉡ 지방자치단체장.국회의원.등 선출직은 임기기간정도 주소지인 출마. 당선 후 이직금지(다른 공적직무에 임명, 출마 금지)

㉢ 공무원 퇴직, 이직 후 일정기간내의 관계사업, 동일지역 업무금지. (예 : 전관변호. 퇴직이직공무원의 관계업무 창업 또는 연관기업 취직)

㉣ 행정고시 사법고시 기술고시 공무원과 일반공무원의 진급평등(능력)

㉤ 공무원의 공무연관성을 가진 정치,사회,지역,학교모임의 활동 금지.

¢ 도 중에서 최고의 도는? = 냅도. 나도. 너도. 해도 아니해도.

£ 내시조합이 없는 이유는? = 발기인이 없고, 정관도 없기 때문이다.

¥ 몸살은? = 몸이 살려달라고 하는 소리.

♂ God is now here. = God is no where. (님 & 남)

♀ 내일이 있어야 내 일이 있다.

◇ 석사 → 박사 → 밥사 → 술사 → 감사 → 봉사. → 생사.

♒ 광기란?

앎의 비밀. 무지한 자만. 자신을 찬양, 착각, 집착함. 균형의 상실.

※ 도리도리를 배우고 윗도리를 입고 나중에는 아랫도리를 벗어야 한다.

▽ 풍천 : 보통의 강은 동출 서류. 북출 남류이고 바람은 겨울에는 북풍. 여름에는 남풍이다.

물과 바람의 방향이 반대로 이루어진 강과 바람이 있는 곳.

예) 선운천과 주진천. 와탄천과 구수천이 만나는 곳.

∬ 장어 : 민물장어 = 뱀장어

바다장어 = 먹장어(곰장어. 턱이 없고 깊은 바다에 산다)

붕장어(참장어. 아나고. 흰줄이 있다.)

갯장어(하모. 잘 무는 성질을 갖고 있다)

♝ 몽사 : 뱀의 상징. 꿈의 뱀. 우로보로스(자신의 꼬리를 무는 뱀)

★ 1月 January : 야누스(janus. 두 얼굴을 가진 로마의 신)

♕ 계산주의 마음이론 : 의미와 의도로 된 정신세계와 물질로 구성된 물리적세계로 연결된 뇌의 연결 이론이다.

행동에 대한 설명과 믿음에 욕구를 포함 시키는 동시에 믿음과 욕구자체를 물리적 세계에 포함시킨다.

☣ 마음은 뇌의 작용이다.뇌는 기억과 신체의 신호를 선택하는 결정체이다.

☸ 로봇공학의 3 원칙 : 아이작 아시모프 (Issac Asimov)

제1원칙 : 로봇은 인간에게 해를 입혀서는 안 된다.

그리고 위험에 처한 인간을 모른척해서도 안 된다.

제2원칙 : 제1원칙에 위배되지 않는 한, 로봇은 인간의 명령에 복종해야 한다.

제3원칙 : 제1원칙과 제2원칙에 위배되지 않는 한, 로봇은 자기 자신을 지켜야 한다.

⊗ 북은 동쪽이나 서쪽에서도 북이고, 오리는 십리를 가도 오리이며,

할미새는 어제 낳아도 할미새. 自知면 晩知고 補知면 무知라!

절 좋아 합니까? 그래도 당신은 성당해! 갑니다.

나는 흥분대! 나왔고 , 너는 놀부 먹고! 나왔잖아!

◐ 신 : 신은 다른 신을 만들지 않고, 원리나 법칙을 만들지 않으며, 새로운 물질을 만들지 않는다.

신은 인간의 법칙 사용방법을 하나하나 바꿀 뿐이다.

인간 : 인간은 개별적 개성을 부여받은 정신과 자유의지의 선택권을 갖는 자유를 갖고 있다.

인간이 자연법칙의 사용방법을 하나 둘 알아 가면서 자연을 지배해 간다. 고로 인간이 신을 닮아 간다.

▣ 우주대삼위일체 : ① 정신. 말씀. 절대자. → sprit.

② 생명. 영혼. 진리. → soul.

③ 물질. 구성. 법칙. → body.

☞ 하나님이 인간에게 계명을 준 것은 ?

① 공의와 공평.

② 성실.

◎ 성경 말씀 :

이사야 45 : 22 - 땅 끝의 모든 백성아! 나를 앙망하라!

그리하면 구원을 얻으리라!

나는 하나님이다! 다른 이가 없음이다.

마태복음 8 : 13 가라 네 믿은 대로 될지어다.

마태복음 8 : 22 부친의 장사를 지내지 말고 죽은자들로 저희 죽은자를 장사케 하고 너는 나를 따르라.

히브리서11 : 3 - 믿음으로 모든 세계가 하나님의 말씀으로 이루어진 줄 우리가 아나니, 보이는 것은 나타난 것으로 말미암아 된 것이 아니니라.

전도서 7 : 29 - 하나님이 사람을 정직하게 지으셨으나, 사람은 많은 꾀를 낸 것이다.

고린도전서2 : 9 - 하나님이 예비하신 것은 인간이 보지도 듣지도 생각지 못한 것이다.

▣ 하나님 (= 스스로 있는 자. 출애굽 3 : 14) soul(영혼). 카르마(업)

God 신 = 좋다. Good (신은 연역적 추론이다). 더욱 더 신이다.

※ 예수 : 나는 ㄱ 이요, 나는 ㅎ이다. 처음과 끝이다. 사랑. 有.

부처 : 원인과 결과가 나이다. 인과응보(因果應報)이다. 지혜. 無.

◐ 시간은 영원과 모순이 아니고 영원의 일부이고 모순의 척도이다.

* 삶에는 끝이 있지만, 앎에는 끝이 없다. - 장자 -

▣ 인간의 삼위일체

영적이상	창조. 영혼. 신의 원리. 마음. 우주법칙. 믿음. 無에서 창조
인간판단	육체. 생각. 자연의 원리. 자연법칙. 비교. 有에서 없앰
물질구성	물질. 형상. 순서와 조합. 물질법칙. 선택. 有無를 확인

☞ 신과 인간은 본성 안에서 하나이다.(예수) 내안에 살고 계신 아버지 나와 아버지는 하나이다. 인간 나와 예수가 하나이면 나와 하나님도 하나이고, 부처님, 공자님과도 하나이다.(의미는 다를지언정)
우주의 근원성은 하나이고 무한한 것도 하나이며 일체가 된 진리도 결국 하나로 귀결 된다.
고로 신과 악마는 따로 공존한 것이 아니고 악마란 인간의 의식에서 서로 다른 비교와 다른 측면의 시각일 뿐이다.

하나의 근원, 무한이나 유한의 하나에서 태어나고 없어 질 뿐,
새로운 창조는 없다.
물질과 자연 원리는 영원한 존재이고 의식은(말씀) 물체와 자연 법칙의
선택이 시간에 따라서 각각의 형상이나 진리 원리가 나타난 것이다.
신의 영역에서는 혼란이 없고, 선택의 주저함이 없다.
자연의 원리와 물질의 형태를 통하여 신을 이해 하고져 하는 인간의
생각이 자연 원리와 새로운 물질의 이름을 만든다.
"I am that I am " 신은 존재한다. 내안에 내가 존재한다.
생물이나 광물이나 사람의 몸이나 구성요소는 물질이지만
원리와 시간은 각각의 존재로서 다르게 나타난다.

2016.08.19.

- note. -

⊗ 성경은 가르치지 마라. 하나님 말씀을 인간이 다른 이에게 가르치면
인간의 교육이다. 성경교재를 따로 만든 최초의 인간이다.(사이비)
성경은 함께 읽을 수 있다. 각각의 장마다, 절마다 개인의 지혜를
서로에게 표시하는 것으로서 긍정의 믿음과 진리를 교류 할 뿐이다.
불경이나 유교관련 서적은 인간의 지식과 깨달음을 인간이 교육해도
서로 배우고 가르쳐서 깨우치기 쉽다. 반면에 성경은 서로 다른 해석과
믿음의 정도가 제각각이다. 고로 성경은 가르치지 마라!

- note. -

◇ 진실은 공정한 진리의 실재한 모습이다. 언제든지 어디서든지
실재 하는 것은 누구나 공유 할 수 있다.
거짓과 오해는 부정하는 것으로 실재 하지 않는(진실 하지 않는)것을

실재 하는 것으로 생각하니까 언제든지 변하고 누구든지 다르게 본다. 부자의 어깨에 짊어진 부동산이나 동산의 가치! 가난한자의 신발과 손에 묻은 땀의 궁핍한 무게의 차이를 어느 누가 다르다고 단정 할 수 있을까? 지금은 자신에게 유익한 것을 행하라.
진실한 생각의 긍정적인 마음을 따르라.
긍정하는 자유와 평가와 믿음이 있는 마음을 선택하라.
회당에서 설교하고 찬송하고 기도하는 말과 행동은 자신의 마음에서 수긍하는 진리를 따르라.(설교자의 방법이나 생각은 믿지 말라.)
세상의 무대를 연출한 사람집단의 의식적인 기도, 믿음행위는 경전의 소리에 맞추고, 단체행동의 군중심리에 따른 높은 모든 소리 같은 함성이 되기 쉽다.
하나님께 기도하고 간구 할 때 소리 높여 외치고 있는가? (들으라!)
말이나 문자로서 하나님 말씀이라고 단정하여 말하였는가? (보라!)
남의 귀에 대고 기도하고 주문하여 은혜를 받았다고 하였든가?(미신!)
예수님 부처님 공자님의 말씀이라고 하여 마치 함께 공부한 것처럼 설명하고 강조하며 반복 설명을 하지 않았는가? (녹음기!)
인간은 자신의 과거를 스스로 심판하고도 신의 뜻이라고 우긴다.
인간은 현재를 자신의 과거 때문에 존재한다고 생각하며,
미래는 모든 것을 자신이 소유하리라 믿는다. (구원과 영생!)
진정 하나님, 예수님의 권능으로 은혜와 기적이 어디에서 누구에게 오는가? 하늘 저 높은 곳에서 내려오는 것도 아니오, 저 먼 미래에서 오는 것도 아니오, 오직 당신의 마음에 계신 하나님의 의중이오, 예수님, 부처님, 공자님의 너를 향한 사랑일 것이오. (자연)
성인은 사랑의 법칙에 따라 인간에게 자연의 법칙으로 주시는 자신의

하나님, 예수님, 부처님의 영접에 따른 영적인 믿음과 자연의 긍정적인 진실에 의하여 스스로 보고 듣고 얻는 것이리라!
종교적 경전들은 책 중에서 가장 완벽하고 진실한 책이다. 그러나 자신의 눈으로 읽고 소리로 배우면, 듣기는 들으나 알 수 없으며, 보기는 보았으나 다르게 본 것이라. 세상에서 가장 오류가 많은 책으로 침이 묻고 때가 묻은 경전이 되리라. (금장가죽의 성경책. 불경책)
진리의 영원함은 시작에서부터 즉시 영원함이 있다.
끝이 영원한 것은 결과만의 한계이고 과정의 한 부분이다.
시작 다음의 중간도 영원한 존재이고 인간의 구분된 시각이리라.

2016.09.01.

- note. -

♡ 카리스마(Charisma) : 신으로부터 특별히 부여받은 재능.(그리스어)

◬ 자유는 처음에 보고 느끼고 기억하는 긍정적 감탄이 시작되는 순간이다.
두 개를 같이 비교하고 선택을 결정하는 것은 부자유의 결정이다.
상대와 논쟁을 할 때 상대의 주장에 내가 부정하는 것은 상대에게는 긍정의 진실이 아니고, 단지 논쟁의 반대측면으로 일부분으로 부자유의 하나가 된다.
소유하고 싶은 시작마음과 진짜 소유한 것과 아주 소유하지 못한 것은 어떤 차이가 있을까?
입으로 먹고 손으로 만지고 눈으로 보고 귀로 듣는 오감에 의한 소유와 생각으로 만족하는 소유와 무엇이 다를까?
먹는 것은 배설하며 듣는 것, 보는 것, 만지는 것, 생각하는 것의 크기와 남는 정도에 따른 가치의 기준은 무엇이며 그 소유의 가치 정도를 어디에 기준 할 것인가?
처음과 끝이나 중간 어디든지 그 긍정의 진실한 가치는 다 있으리라.
그 중 어느 것을 선택 하느냐?는 인간 개인의 선택 기준이다.
과거를 찾으면 현재의 심판이오, 미래를 찾으면 구원이오,
현재의 기도와 과거의 깨우침은 미래의 사랑과 구원이 함께 하리라.
성경 책자에서 따온 한 구절의 진리가 부적처럼 깃발로 세우면
새로운 성경 감옥에 진리를 가두는 것이리라.
"수고하고 무거운 짐진자들아 다 내게로 오라"
"나는 ㄱ 이요, ㅎ 이라."" 나를 믿으라 그리하면 구원을 얻으리라"
"네 시작은 미약하였으나 네 나중은 심히 창대 하리라"

◈ 성경의 장수와 절수

장 : 12 C 영국 랭드 대주교가 처음으로 구분. 1189장.
절 : 15 C 신약 인쇄하면서 구분함. 구약 23,026. + 신약1,957.
개역한글성경 : 구약 39권 929장 23,144절. 신약 27권. 260장. 7,957절.
66권. 1,189장. (31,083. ~ 31,103절.)

◇ 전도 : 누가 5 : 4 깊은데로 가서 그물을 내려라.(생각의 깊이)
마가 4 : 3 ~ 14 말씀의 씨앗을 뿌려라. (외인은 비유.)
마태복음 13 : 천국의 비밀은 비유.(인간의 눈으로 비교 불가)

卌 이슬람 : 복종, 굴복, 순종. (이스마엘 후손.)
모슬렘 : 이슬람을 믿는 사람.
유대교 : 예수를 구세주로 인정하지 않음. 구약의 약속을 믿고
메시아를 기다림.

☞ 수니파 : 마호메트는 불완전한 인간예언자. 칼리프는 세속적 윤리.
코란을 누구나 해석 가능.
시아파 : 마호매트를 신적 속성으로 믿음.후계자 이맘만 코란 해석 가능.
칼리프 알라의 후손만 이맘이 됨. (11대 이맘 호메니.)

◐ 릴리트 : 아담의 첫 번째 부인(유대인의 전설)올빼미소리를 내는 여인
악마의 여인.

‡ 막달라마리아 : 성적으로 타락한 여자. 예수부활을 처음 본 여자.

⊗ 신의 능력 : 1) 신은 전능하지 않다.
2) 신은 완벽하지 않다.
3) 신은 공평하지 않다.
4) 신은 선하지 않다.
5) 신은 동일하지 않다.
6) 신은 가르치지도 않고 배우지도 않는다.
7) 신은 언어와 표시와 문자를 정하지 않는다.

⊖ 신의 반증 : 1) 도덕적이지 않다.
2) 악의 존재와 양립하면 신이 아니다.
3) 완벽한 창조가 아니다.
4) 초월적인 존재의 위치는 없다.
5) 인격적인 비물리의 존재를 확인하지 못한다.
6) 신이 들어 올릴 수 없는 돌을 창조 하지 못 하면
신이 아니다.(절대신)

☼ 인간이 신을 설명한 것은 과거의 패러다임이고 종교이다.

신이 인간을 설명한 것은 미래의 창조이고 새로운 과학의 발견이다.

신은 창조하고 진화하는 과정을 창조하였다.

신은 진화를 개입 한 것이 아니라 진화를 창조하였다.

신은 無(무)를 먼저 창조하고 진화를 창조하였다.

고로 신은 신을 창조 한 것이다. - note -

⌧ 신의 속성 : 절대의지. 일체주의. 아나로그. 이기심과 이익.시공일체.질서

악의 속성 : 자유의지. 분리주의. 디지털. 고통과 손해. 시공초월. 무질서

♗ 스티븐와인버그 : 종교가 있든지 없든지 선한 사람은 선하게 행동하고 악한 사람은 악하게 행동 할 수 있지만, 선한사람이 악하게 행동 하려면 종교가 필요하다.

♈ 이사야 45 : 7 하나님의 선악 창조.

나는 빛을 만드는 이요, 어둠을 창조하는 이다. 나는 행복을 주는 이요, 불행을 일으키는 이다. 나 주님이 이 모든 것을 이룬다.

♉ 무릇 슬기로운 자는 지식으로 행하여도, 미련한 자는 자기의 미련함을 나타내느니라. - 잠언 13 : 16 -

내가 지혜 있는 자들의 지혜를 멸하고 총명한자들의 총명을 폐하리라. 하였느니,,, - 고린도전서 1 : 19 -

♕ 메시아 : 기름 부은 자. 구세주. 상처의 치유. 본인을 위함.

♉ 기독교 일신신앙 : 고대사회의 왕권은 제사장이 신과 같은 지위이고 왕들도 제사장의 신권과 왕권을 동시에 갖고 있었다.

왕권은 수시로 변하지만 신권은 지속된 권력이었다.

제사장들은 신의 권력 중 최고의 신을 원하는 가운데 일관되게 지속적인 유일신이 바로 유대의 신, 야훼가 현실과 미래의 모든 영역에서 최고의 신이 되었다.

이스라엘의 지배자인 페르시아인의 이원론(선.악)신에게서도 살아남았고 바빌로니아의 바알신(다신.)들 보다 강력한 신으로 선택한 유일신 야훼를 절대적으로 신봉했다.

유일신 야훼를 위하여 인간이 고난과 제물이 되었으므로 그 보상이 메시아(구원)가 되어 오리라 믿었고 예수가 인간을 위하여 원죄를 대속하여 인간을 구원하였다.

이제는 인간의 죄를 심판하여 하늘의 세계와 땅의 세계로 나뉘리라.

▦ 과학은 인간 개개인의 오감으로 인식하는 공감표현이다.
종교는 개개인의 오감을 공감으로 인식하는 믿음의 표현이다.
과학은 왜? 에 대하여 답을 할 수 없고 어떻게? 에 답을 한다.
종교는 어떻게? 는 답이 없으나 왜? 에 대해서는 답을 한다.
종교는 목적을 말하지만 결과는 숙제로 남는다.
과학은 결과를 말하지만 목적은 숙제로 남는다.
종교는 마음의 정보와 선택이 불확실하고
과학은 물리의 정보와 선택이 불확실하다.
과학은 욕망의 실현수단을 알려줄 수 있으며
종교는 어떤 욕망이 좋고 나쁜지 알려준다.
과학은 다른 사람도 반복 할 수 있다.
종교는 다른 사람하고 함께한다고 믿을 뿐이다.

- note -

◪ 유신론 : 신의 의지. 도덕적 판단.모르는 것을 보여줌. 믿음을 믿음.
복잡계의 선택은 지적설계. 왜? 의 이유와 답.
무신론 : 인간의 자유의지. 물리적 판단. 보여주는 것을 알다.
보인 것을 믿음. 어떻게? 의 결과와 과정. 복잡계의 다양성인정.
◫ 아비달마 (阿毘達磨, Abhidharma) 자기자신이 고통이다. 열반을 지향.
☿ 예언자 : 다른 이를 위하여 말하는 자. prophctcs. 남을 위함.

◐ 신약 교회의 집회

① 만찬집회 (고전11 : 23) ② 말씀집회 (고전14 : 3,26)
③ 복음집회 (행13 : 42,49) ④ 기도집회 (행2 : 42)
⑤ 장로집회 (행20 : 17,38) ⑥ 보고집회 (행14 : 26,28)
⑦ 징계집회 (고전5 : 3,5)

◈ 성경지식은 세상의 앎을 위하여 자신에게 밝히기보다
남에게 알리고자 애쓰는 것은 남에게 성경을 가르치고 수정하고
반복확인하고 신에게도 확인받고자하는 어리석고 교만한 지식이다.

◎ 만찬집회 : ① 화체설 : 그리스도교에서 성찬식 때 빵과 포도주의 외형은
변하지 않지만, 그 실체가 그리스도의 살과 피로
변한다는 교리. (카톨릭 성찬식.)
② 공재설 : 예수님의 몸이 실제로 성찬식의 빵과 더불어
함께 있다고 주장한다. (신자가 이신칭의 구원) 루터교

◎ 고린도전서11 : 3 : 각 남자의 머리는 그리스도요, 여자의 머리는 남자요,
그리스도의 머리는 하나님이시라.
성부(하나님) → 성자(예수님) → 성령(말씀. 성경)

☆ 성경의 순서 : 성경말씀의 순서는 신의 절대적 차례가 아니고
사람의 귀로 들리는 순서이다.(성경의 선택 결정)

☢ 안수 : 머리에 손을 얹다.

침례(浸禮) : 침례가 물에 잠김에 의해 시행되었을 때에만 그 예식의
충만한 의미가 나타난다. 물에 잠기는 정화의식이다.
현재의 회개.

세례(洗禮) : 물로 씻는 예절을 통하여 이루어짐. 물로 씻는 정화의식이다
삼위일체를 믿는 자. 하나님이 믿는 자를 택함.
과거의 죄를 씻음.

♅ 장로교 : 칼빈. 쯔빙글리. 목회장로와 평장로.

☉ 권사 : 롬(12 : 8) 권위 하는 자. 평신도 설교자.

☸ 장로교의 직분 : 평신도 → 권찰→ 서리집사→ 안수집사→ 권사→
장로→ 수석장로 ◎ 전도사→ 부목사→
수석부목사→ 담임목사

♋ 감리교 : 존웨슬리 창시. 감독체제.
알미니안주의 (사람이 자유의지로 하나님을 택함).
구원은 노력이 아니라 믿는 순간에 이루어짐.
하나님의 뜻이 실현된 현세가 천국이다.
금난교회 김홍도목사 (배임 횡령죄)

♀ 성결교 : 19c 감리교의 완전주의 성결운동.
사중복음 (중생, 성결, 신유, 재림)중 성결을 중시함.
오중복음 (사중복음 + 부활) 이재록목사 연합성결교회로 분파.

♉ 침례교 : 청교도주의. 4대 : 기한침. 대기침. 한성침. 대선침.

기독교복음침례회 : 구원파 (권신찬. 권신찬의 사위 유병언.)

대한예수교침례회 : 권신찬 제자 이요환.

기쁜소식 강남교회 : 권신찬 영향의 박옥수목사)

성경침례교회 : 이송오목사

기독교남침례회 : 성락교회 김기동 목사의 귀신론.

♈ 순복음교회 : 미국 성결교회에서 분리. 오순절교회.

방언. 신유. 통성기도. 귀신쫓기. 회심과 성령세례의 구분.

여의도순복음교회 (조용기 오중복음.= 사중복음 + 축복)

♕ 카톨릭교회 : 베드로의 참교회. 교황은 예수를 대신한다.

구원은 믿음으로 시작해서 선행으로 완성해야하며

카톨릭교회를 통해서 완전한 구원이 있다.

☠ 칼빈주의 : 하나님이 믿는 자를 택한다.

알미니안주의 : 사람이 자유의지로 하나님을 택한다.

엡 1 : 13 (구원을 받는 순간 성령님이 우리 안에 들어 옴.)

오순절교회 : 거듭난 후에 성령세례를 받아야 구원을 받음.

☢ 종교적인 경전은 종교적인 인간 권력자들의 지식을 여기 저기 모아서 신과 인간의 관계를 어렵고 어둡고 어지럽게 보이도록 하여(3난) 믿음을 잘 모르는 신의 영역으로 간주하고 지식은 눈에 잘 보이는 인간사의 징표로 (문자,돈,역사,시간.)평가하여 경전 여기저기에 신의 말일 뿐, 권력자들은 단지 신을 대신하여 전달 할 뿐이라고 겸손하게 대답하는 이면에는 인간의 욕심이나 평화를 가장하는 협박적인 미래를 신의 예언으로 포장되어 있다.

- note -

▣ 칼빈 : 나는 하나님 말씀의 종이었다.

루터 : 여태껏 내가 한일이라곤 하나님 말씀을 외치고 전하고 쓰는 것 뿐이었다.

♕ 야훼 : 우리의 구원. 여호와의 다른 이름. 알라(이슬람교도)

♣ 죄 : 그리스어 결함(hamartia). 활쏘기처럼 핵심에서 벗어나다.

♕ 하나님과 인간의 약속이란 직접적일 뿐, 인간이 하나님께 드리는 약속을 선견자(선지자)라고 하는 종교권력자들은 자신의 약속을 하나님이 나(인간)에게 해준 약속이라고 포장지만 전달한 것이다. 경전 하나 하나 다른 것처럼, 인간에게 하나님이 어찌 일일이 다른 약속을 한단 말인가?

인간이 절대적 하나님께 인간 대표적인 믿음 하나를 진리라고 말하면서 그의 제자(추종자)들은 사사로운 명예나 경제적 욕심이 없다고 해서, 하나님의 말씀이니, 신의 뜻이니, 혹은 진리이니 이를 시비 하지 말라고 가르친다.

신의 영역에서 보고 듣고 깨달았다고 외치는 인간들!(신의 언어) 우상화의 언어와 문자의 찬미가를 보라! (모두 인간의 소리다) 한국의 무당은 단순히 굿을 해주지만, 종교지도자들은 남의 미래를 자기감옥(우리右籬)으로 보낸다.

서양종교는 인간과 신의 공존에서 인간이 신과 피조물 관계이지만 인간은 신을 선택하고, 신은 절대적인 권력으로 시공을 초월하여 사람을 개종하고 새로운 신을 만든다.(부활. 재림. 독생자) 반면에 동양은 신과 인간의 동등한 범주의 이상세계에서 신을 인간의 지식과 같은 세계로서 타인과의 관계를 개선하고자 한다.(도인道人)

- note -

♝ 이스라엘 : Israel. 신이 다스린다. 야곱(Jacob)의 이름을 신이 개명

☢신유 등, 기적을 행한 목회자 :

조용기 (여의도순복음교회). 유재열.

김우현 (사랑의교회) 손기철 (온누리교회)

유기성 (선한목자교회) 박옥수 (기쁜소식교회)

박태선. 권신찬, 유병렬, 유병언. 이만희.등, - note -

♅ 성경

Ⓐ 구약 39권 : AD 90년경 얍니아공의회 히브리어를 그리스어로 번역

Ⓑ 신약 27권 : AD 397년 카타르공의회

Ⓒ 70인경 : AD 2C후 ~ 3C 이스라엘12지파 72인이 그리스어로 번역

Ⓓ 트리엔트공의회 : AD 1500년경 종교개혁 시 장로교 성경 66권

카톨릭 성경 78권(외경12권)

☼ 인간은 사건이 발생한 후에야 항상 그 이유를 찾고자 한다.

결론은 여러 사람들과의 관계를 위하여 하나님과 같은 신에게 결론의 책임을 지운다. 고로 신보다는 인간이 위대하다. - note -

◑ 성경번역 : 세계 6,909개의 언어 중 2,400여개의 언어로 번역함.

♣ 한글성경 : 1,877년 스코틀랜드선교사 존 매킨타이어, 존 모리스,

이응찬, 등 만주청년의 도움으로 복음서 번역.

1,938년 성경개역(신구약)

2,007년 하나님말씀 바른성경

▣ 대속 : 예수님이 인간의 죄를 대신 갚다.

중보 : 하나님과 인간관계의 회복을 위해 대속죄함. 중재함. 기도함.

임마누엘 : 하나님이 우리와 함께 계시다. 예수그리스도.

헤롯왕시절 베들레헴 탄생.

◈ 모세의 초막 : 하나의 등대에 일곱 등잔.

☻ 사이코패스 : 광차가 철로 위를 달려오는데 선로 변경지점에서
두 방향 중 하나를 선택해야 할 때,
가 선로에는 5명의 사람이 있고
나 선로에는 1명이 있을 때 1명이 있는 선로를 택하는 사람.
(보통은 선택 하지 않는다.)

♈ 스피노자 : (유대인) 신과 자연은 동일하다. 정신과 신체도 동일하다.

♥ 신과 인간 사이에 약속,예언,기적 그리고 복이나 재앙을 누가 누구에게
주고받는 것일까? 성경 불경 코란 등의 경전에서 신이 인간에게
무었을 주고 신은 인간에게 무었을 받는 것일까?
세상의 모든 경전은 신이 인간을 향함이 아니고,
인간이 신을 향해 구하고 있음이다.
인간이 신께 기도하고 믿으며 신을 위하여 최선의 길을 향함이
선이고 사랑이고 깨우침일 것이다.
그러나 요즈음 종교지도자들은 신이 인간을 선별하여 생명과 미래의
권력, 사랑, 복 등을 나누어주는 심부름꾼으로 만들었다.
그 종교지도자들의 눈과 말이 신의 뜻으로 둔갑하여 전한 것인데도
자신들만큼은 아무런 욕심도 사심도 없는 경전의 참 말씀이라고 한다.
경전에 씌여 있는 말씀 하나 하나 인간의 말이 아니고 신의 말씀을
영적이고 계시적 대필(대언)이라고 강조 한다.
인간은 경전의 선택도 신이 정한 뜻으로 한 것이지,
인간 개개인이 구한 것이 아니라고 한다.
그렇다면 이세상의 수많은 경전이 있는 것은?

여러 많은 신들이 각각의 경전을 직접 만든 것이라고 해야 할 것이다.
그러면 유일신은 누구이며, 절대적인 여호와는, 또는 부처님은, 마호멧트는, 왜? 다른 민족, 다른 나라, 다른 사람들이 다르게 믿고, 다르게 따른단 말인가?
인간이 스스로 자기의 신을 향하고, 기도하고 믿고, 신의 뜻을 찾아 신에게로 찾아가는 것이 신앙인데 거꾸로 신이 인간을 선택했다고?
선견자 선지자들은 모두 신을 향하여 있었는데 그 제자나 추종자들이 문자로 혹은 의식으로 전하면서 선지자와 선견자들이 신의 지식권력을 이어 받은 양, 말과 문자를 영감이나 신의 명령이라고 주장한다.
그 명령과 뜻을 전하는 신앙권력이 작금의 종교지도자들의 행태다.

2015.04.19. - note -

⊙ 공의로운 하나님 진리가 곧 하나님이고 말씀이 곧 하나님이시며, 처음이고 끝이신 하나님! 어떤 인간을 지정하고, 어느 때를 누구에게 보여 준단 말입니까?
예수님 제자와 예수님의 영적인 제자들의 성경해석 또는 계시 등 성경의 문구를 해석하는 이들의 설교와 가르침은 결국 자기의 지식 인간 자신만의 선택적인 주장일 뿐입니다.
예수님이 살아서 생전의 목소리를 녹음한 것처럼 예수님의 사후 그 제자들은 너나없이 모든 것은 하나님 말씀이고 곧 예수님의 말씀이라고 한다.
성경에 씌여진 문구 하나 하나 예언적인 것은 곧 이루어진다!
다른 사람들이 모르는 예언을 성경에서 보았으며 또는 꿈이나 다른

계시로 마치 하나님특혜를 자신만 받은 양 믿으며,
성경에 비유로 계시 된 것,
그 하나님이 준비하였다고 주장하는 이들은 하나님 보다 위에서
혹은 예수님 보다 더 위에서 본 것처럼 말한다. - note -

● 예언하는 교회들.
하나님께서 계시록을 봉하고 여는 것은 바로 너 자신 혼자로다.
너 이웃과 함께 소리 내서 보라고 계시한 것은 아니다.(계시록)
현재의 너 자신을 심판 하는 것일 뿐, 네가 심판의 소식을 전하고
알리라고 함이 아니다.
너의 눈으로 보는 너의 심판의 소식을 너의 하나님이 너에게 준걸
다른 사람의 심판으로 소식을 전해서는 안 될 일이다.
어제도 있고 지금도 있으며 내일도 있을 하나님이 너를 사자로
삼겠느냐? 보혜사로 보내시랴? 예수님이 너희한테만 재림으로
보이시랴? (예수님의 기적, 예언, 말씀의 진리는 시공간 없음)
하나님의 심판을 너희가 본 것처럼 너희가 막아 줄 것처럼,
너희만 알고 있는 것처럼, 너희의 주장이 아니고 성경 몇장
몇절의 은유로 삼아, 너희의 입 때문에 너희의 침이 묻고, 너희의
귀로 듣고, 너희의 배설물을 버리는 것처럼 녹음기와 같이 반복된
저주의 주문 일뿐이다.

2015.09.15. - note -

♨ 계시 : 뚜껑을 열다. & 커튼을 열다. 시작을 열다.

⊙ 영지주의 : 영적지식. 신비한 지식. 신앙보다 높은 지식.

악한 세계에서 영적인 세계로의 탈출. 구원.

예수님은 절대적 신이다.

▣ 요한의 계시 : 밧뫼섬 감옥에서 본 (요한의 환상) 하나님 모습. 말씀.

일곱별이 있고 일곱 금 촛대 사이에 인자가 서있다.

가슴에는 금띠. 머리와 털은 흰 양털. 눈은 불꽃.

발은 달군 주석. 오른손에 일곱 별. 입은 양날의 검.

큰 나팔소리 같은 음성. (성경)

◈ 인 첫째 인 : 흰말을 탄자 (면류관. 승리. 교주의주장)

둘째 인 : 붉은말을 탄자 (멸망. 심판)

셋째 인 : 검은말을 탄자 (저울. 지혜)

넷째 인 : 청황색말을 탄자(사망. 물질)

다섯째 인 : 흰두르마기 (순교. 사랑)

여섯째 인 : 큰 지진 (심판. 멸망)

일곱째 인 : 일곱 천사 (일곱나팔. 소식)

첫 번째 천사(나팔) : 우박, 불 (초목 1/3 멸망)

두 번째 천사(나팔) : 불붙은 큰 산 (바다 생물1/3 멸망)

세 번째 천사(나팔) : 횃불 같은 별 (강 생물 1/3멸망)

네 번째 천사(나팔) : 침 (달과 별 1/3 어두어짐)

다섯 번째 천사(나팔) : 독수리의 화 (땅이 3번 화를 당함)

여섯 번째 천사(나팔) : 4천사의 죽임 (사람1/3 죽임)

일곱 번째 천사(나팔) : 하나님의 책 (42달 동안 마귀에 잡힘)

▩ 한국의 장막성전 : 경기도 시흥군 과천면 청계산 초막(서울대공원 근처)

100일 동안 성령으로 기도와 믿음생활 7인이 동맥을 잘라 서약.

신종환(유재열 외삼촌. 모세. 제사장역).

유재열(18세.임마누엘.삼손.호생기도원 김종규의 영향. 싸이의 장인)

김창도(미카엘. 여신도와 추문으로 추방)　　신광일(여호수아)

백만봉(솔로몬. 재창조교회. 자칭보혜사 하나님. 이만희 스승격)

김영애(디라). 정창래(사무엘)　　- note -

♨ 장막성전의 이탈자

1) 천국복음전도회 : 구인회. (재림예수) 신앙촌→ 장막성전 →

2) 신천지안양교회 : 이만희. (이희재.) 무료성경신학원.

대언의 사자. 인을 받은 자) 1931.08.15.출생

양자(이만희 셋째형님의 아들) 이전우 마태지파장.

3) 이삭교회　　: 오평호

4) 새빛등대중앙교회 : 김풍일 (자칭 보혜사. 사명자)　　- note -

‡ 계시록의 일곱교회

1) 에베소교회　(될대로 대라. To relax or let's go.)

2) 서머나교회　(짓이겨 놓은 방부제. 핍박.)

3) 버가모교회　(결혼)

4) 두마디라교회　(계속적인 제사)

5) 사데교회　(도망쳐 나온 사람들)

6) 빌라델비아교회 (형제의 사랑)

7) 라오디게아교회 (평민권력교회)

♣ 죄 : 그리스어 결함(hamartia) 활쏘기 핵심에서 벗어나다.
회개하다 : 심경의 변화 (mentanoia. 관점을 바꾸다.)
기억을 되살리는 회개.

◈ 예수님의 사랑 : 진심으로 신을 사랑하고 다른 사람을 자신처럼 사랑하라.
아인쉬타인의 존경 : 권위에 대한 무조건적인
존경은 진리의 가장 큰 적이다.

◐ 부활하다(resurrect) : 자각하다.(awaken) → 예수의 부활
예수는 안 보이는 것으로 보이는 것을 가렸으며
불멸의 길을 보여 주셨다.(믿음의 부활)

※ 구원받다. : 보존되다. 영속하다의 뜻.

★ 바울의 구원 : 자신 안에 구세주(메시아)가 드러날 때까지 노력하는 것이다.
잠든 자를 깨우고 깨우라. 죽음으로부터 일어나라.
구세주가 당신을 깨닫게 하라.
예수의 십자가 죽음은 우주 삶의 표현이다.
모든 생물은 다른 생물의 죽음으로 새 삶이 실현 되는 것이다.
인간의 육체적 죽음은 영생의 새 삶의 증표이리라.
나쁜 것이 없이 좋기만 한 것이 없으며 좋은 것이 없이 나쁘기만 한 것 또한 없다.
죽기 전에 죽어야 부활 한다.(정신의 변화. 깨달음)
매일 죽어야 매일 부활하는 것을 알라.(생명의 순환)
죽음을 두려워하는 것은 아기가 잠을 자기를 거부하는

것과 같다. (죽음은 새 생명의 탄생)
문자는 생명을 죽이나 영적인 믿음은 생명을 살린다.

§ 영지주의 : 영적 혹은 깨달음으로 이끌어 가는 철학.
영혼은 선하고 아름다운 것이며,
육신(물질)은 악하고 천한 것이다.
구원이란 악하고 천한 물질세계를 탈출하여 선하고 고상한
영적 세계로 회귀 하는 것이다. (개인적인 이상세계)

■ 구세주 : 기름 부은 자. 왕이나 정신적 지도자.
메시아 : 크리스트 (그리스어)
여호수아 : 예수. 예수의 복귀. 구약의 영웅.

※ 종교의 적은 이기심이다. (헌금. 십일조. 회당건축. 봉사활동표시)
경전의 앎과 모름은 자신의 시간이다. (경전의 공부보다 행동 믿음)
앎의 이기심에 빠지면 모르는 것을 알고 있는 것처럼 확신이 생겨서
새로이 알 수 있는 기회마저 삼킨다. (종교지도자의 결정론)

∈ 고대의 신 : neter 네테르 (영적 본질. 원리) 신(god) 외.
∋ 이교도(pagan) : 빠간. 촌놈(시골 거주자를 경멸) BC 8 ~ 5세기
이교도의 신. 디오니소스(부활의신) 미스테리아 의식.
동정녀가 7개월간 임신 후 태어난 황제들도 신의 아들이며
부활을 예언함.(예수 이전)
미트라스의 탄생축일 12월 25일. (예수탄생 축일)
동방박사는 페르시아의 미트라스의 사제.

ㄷ 세례요한 : 늙은 여인이 임신하여 하지(물 축제일)에 태어남. 물의 세례.

예수 : 동정녀 마리아가 임신하여 동지(불 축제일)에 태어남.
불의 세례.

♀ 십자가의 상징 : 십자가의 네 갈래는 물. 흙, 공기, 불. (4 원소설)
사지를 박은 못은 인간의 욕망을 상징. (4 방향)
십자가는 구원과 평등을 상징. (하늘.땅)

∬ 플라톤 : 지혜를 사랑하는 사람이 철학자이다. 하나님은 선이다.
끝과 중간과 시작은 삼위일체인 전체의 수이다.(아몬-라)

※ 삼위일체

1) 모노께네스(monogenes) = 독생자.
2) 프로토고스(protokos) = 장자(첫아이)
3) 로고스(Logos) = 말씀(하나님)

∬ 미스테리아(mysteries) : 비밀. 유일신(oneness)
미스타고기아(mystagogia) : 미스테리아의 전수자.

☆ 문자주의 : 성경 문자 그대로 하나님의 모든 것을 이해.
성부. 성자. 성령. 바울의 편지(수차례 개작)

★ 영지주의 : 영적으로 하나님과 개인적 일체.
성부. 성자. 성모. 베드로 계시록. 야고보 계시록.
고대 미스테리아 사제.
피스티스 소피아(pistis sophia)= 믿음 + 지혜.위대한유랑자
너희를 순결케 하는 비밀을 찾을 때 까지 밤낮으로
멈추지 말라. - 예수 -

너는 너이고 나는 나다.(I am thou and thou art I)

너 자신을 알라. (Gnothi Seauton) - 소크라테스 -

육체는 무덤이다. (플라톤의 영지주의)

영지주의 단계 :

1) 육체적인 수준 = 흙. 육체. 눈으로 보는 수준. 물질.

2) 심적인 수준 = 물. 가짜적인 영혼. 우상. 세례. 정신.

3) 영적인 수준 = 공기. 영혼. 믿음. 구원.

4) 신비한 수준 = 불. 영지적. 그리스도(아는자). 회개.

영지주의 깨달음

1) 문자적 : 역사적, 심적, 물 세례. 공개적인 죽음의 부활,

2) 신화적 : 비유적, 영적인 수준. 공기세례.은밀함. 비유적. 암호.

3) 신비적 : 영적 원리. 불의 세례. 그리스도. 가르침을 초월.

◎ 예수 : Jesus 그리스어 Iesous(10 + 8 + 200 + 70 + 400 + 200 = 888)

= 모든 이름위의 이름.

여호수아를 그리스어로 번역하면 = 예수.

∽ 문자는 죽이는 것이나 영은 살리는 것이다. - 고린도후서 3 : 6 -

혈과 육은 하나님 나라를 유업으로 받을 수 없다. - 고린도전서 15 : 6 -

※ 콘스탄티누스 : 현재의 교황청 자리에서 베드로의 묘지를 발견함.

콘스탄티누스 어머니 헬레나가 예수십자가와 동굴을

발견하여 공회당 지음.

니케아 종교회의에서 사도신경과 성경. (70인역)

강제로 성경을 집대성.

★ 악마의 수 666 : 네로의 이름. 신약성경에서 악마의 수는 (실제 616.)

○ 미신 : 라틴어 superstes(super저쪽 너머에 + stes 일어서다.)

보이지 않는 것을 세우는 것이다. (육체의 부활)

★ 고린도전서(14장36~37) : 하나님의 말씀이 너희로부터 난 것이냐? 또는 너희에게만 임한 것이냐? 만일 누구든지 자기를 선지자 혹 신령한 자로 생각하거든 내가 너희에게 편지한 것이 주의 명령인 줄 알라. (바울의 하나님)

● 밀의종파 : (mistery cluts) 상위세계는 영혼불멸. 하위세계는 물질종말.

구원자의 신. 부활의 신. → 바울시대의 구원으로 정착.

‡ 장미십자회 : 은비학의 7대원리. 은비학의 아버지 = 헤르메스트리스메기스

Ⓐ 유심(마음) Ⓑ 일치 Ⓒ 진동

Ⓓ 극성 Ⓔ 율동 Ⓕ 인과 Ⓖ 탄생

♀ 영혼 : 영은 인간의 육체에 깃들어 있는 영원불멸의 신성 불꽃이다.

혼(의식. 이성)이란 지성을 지닌 동물적인 부문의 인격.

◎ 중기플라톤주의 : BC 1세기 하나님과 닮아짐(Likeness to God) 우주의 안에서 신과 합일을 이루는 것이 곧 구원이다 라는 철학정신.

아, 이 땅을 떠나는 것이여! 하늘로 날아오르는 것이여!

신들과 닮아가서 그들의 희열에 참여하는 것이여! 라고 노래함.

▣ 개신교 : 죄의 고백을 하나님께 직접 고백하다. 그리스도 은총 남용.

주일마다 회개. 연옥은 없다.(천당과 지옥)

카톨릭 : 널리 알려진 공의. 죄의 고백은 신부님을 통함.

그리스도의 은총은 교회로부터. 보속행위. 연옥을 믿다.

※ 한국교회 협의회(2015)

1) 한기총 (한국기독교총연합회) : 71개 교단.

2) 교회협 (한국기독교협의회) : 10개 교단

3) 한장총 (한국장로교총연합회) : 25개 교단.

4) 한교련 (한국교회연합회) : 38개 교단

☆ 한국교회신도(2015)

1) 예장합동(대한예수교장로교합동) : 285만. (칼뱅주의.)

2) 예장통합(대한예수교장로교통합) : 280만.

3) 기감 (기독교대한감리회) : 148만.

4) 기하성 (기독교대한하나님성회.) : 103만. (여의도순복음교회)

◎ 회개의 3단계

1) 심령의 통회 (회개)

2) 입술의 고백 (고해성사)

3) 선행의 보속 (형벌. 면죄부.)

※ 회개 불가능한 죄 : 우상숭배. 살인. 간음. - note -

☆ 세계교회

1) WCC (세계교회협의회) : 에큐메니컬(만물이 살고 있는 온 누리).
다양성속의 일치. 진보. 자유주의. 예수는 인류의 해방자. 현세구원.
네 이웃을 사랑 하라. 사회구원. 종교다원주의 인정.
2013년 WCC부산총회. 개종전도금지.
성공회. 예수교장로회. 예장통합. 감리회.

2) WEA (세계복음주의연맹) : 성경무오주의. 보수 복음주의. 근본주의.
반지성주의. 영혼구원. 사후구원. 하나님을 사랑하라.
2014 WEA총회무산. 예수는 인간의 죄 대속자.
한기총. 한교련. 예장합동. 구세군.

★ 한국 목사의 죄(2015)
박사학위논문 표절 : 사랑의 교회 오정현목사
교회세습 : 왕성교회 길자연목사. 3형제 목사의 감독 및 세습
(㉠광림교회 김선도 ㉡금란교회 김정민 ㉢임마누엘교회 김정국)
성범죄 : 홍대 새교회 전병욱목사 (삼일교회목회).
생명교회 정준모 목사(노래방도우미)
교회 돈 횡령 : 제자교회 정삼지목사. 사랑의교회 오정현목사.
여의도순복음교회 조용기목사.
(조용기의 동생 은혜와 진리의 교회 조용목 목사)
아버지폭행 : 예인교회 황규철 목사 (가스총사건) - note -

☆ 리차드 헬버슨 (미국)
처음 교회는 살아 계신 그리스도를 중심에 둔 사람들의 교제 모임이지만, 그리스로 이동해서는 철학이 되고, 로마로 옮겨가서는 제도가 되었다. 유럽으로 넘어 가서는 문화가 되었고 미국으로 건너가서는 기업이 되었다. (한국에 와서는 재벌이 되었다! - 悟南 -)
◈ 로마인의 악수법 : 서로 상대방의 손목을 잡고 악수를 한다.
한사람이 손을 놓더라도 악수는 풀리지 않는다.
하나님과 인간의 약속은 로마인의 악수법과 같다.

◐ 한국기독교회의 악 : 신도의 악행을 비판하고 정죄하는 것은 악이다.

인간은 원죄가 있기 때문에 죄를 지은 것이지,

회개한 악행자를 비판하고 정죄 하는 것은 더 큰 죄이다.

◑ 야훼 : 나는 나다. 나는 규정 할 수 없는 신이다.

⊙ 철학과 기독교

철학	기독교
논리적인 진리	인격적인 진리
인간의 사유와 관조로 도달	인간은 무능. 진리의 하나님이 주관
대응적 보편적 진리	오직 신과 나
관계적 원리적 진리	진리 (하나님의 요구와 명령)
일치함과 불일치의 규명	양자택일 (믿고 안 믿음.)

◎ 성배 : 최후의 만찬 시 예수의 술잔. 예수와 막달레나의 결혼 술잔.(혈통)

⊙ 숙명 : 자신의 의지로 행한 것도 실은 신이 예정하고 있었던 것이다.

◐ 기독교 주의

칼뱅주의(원리주의. 칼빈 주의) : 5 C의 아우구스티누스. 영혼 유전설.

(유아세례) 장 칼뱅의 신학주류(1509 ~). 예정론(구원. 은총).

오직 성서주의. 하나님이 인간에게 믿음을 준다.

믿음도 하나님께서 예정하심. 죄인이기 때문에 죄를 짓다.

(제한 속죄론.)

아담타락 전에 하나님이 타락예정. 하나님의 본성(예정→예지).

이중예정. 하나님이 인간에게 믿음을 준다.

※ 5대 교리 튜립 (TURIP)

ⓐ T : 전적타락.Total Depravity (원죄. 구원은 하나님의 주권)

ⓑ U : 무조건적 선택(Unconditional Election(구원은 하나님의 선택)

ⓒ L : 제한속죄.Limited Atonement(예수님은 택자를 위해 피 흘리심)

ⓔ I : 성도의 견인Irresistible Grace (한 번 구원 받은 자는 영원히 구원 받는다.)

ⓓ P : 거부 할 수 없는 은혜Perseverance of Saints (하나님의 구원을 인간이 거부할 수 없다.)

☆ 알미안주의(보편주의)

5 c의 펠리기우스. 원죄부정. 믿음은 인간의 선택.

(야코부스 아르미니우스1,560 ~1,609). 선행 은총론.

구원을 받느냐 못 받느냐는 인간의 책임. 조건적인 견인.

죄인이기 때문에 죄를 지은 것이 아니라 죄를 지어서 죄인이다.

영접, 회심은 인간의 선택. 보편 속죄론(요한계시록3 : 20)

▣ 형벌 대속설 : 예수께서 인간이 받아야 할 죄 값 형벌을 대신 받았다. 고로 인간은 예수를 믿고 회개하며 예수를 구주로 영접하라.

◑ 그노시스성서 : 예수와 막달레나를 부부로 판단)

시온수도회 : 예수가문의 혈통을 수호하는 비밀결사대)

템플기사단 : 순례자보호. 성당기사단. 신전기사단. 성전기사단.

▩ 인간의 모습

자연인 : 하나님의 형상으로 귀속 (이성능력)

구원받은 인간 : 하나님의 모양으로 귀속 (율법순종)

◎ 복음은 샘물과 같다. 목마른 사람에게는 생명이고 진리이다.
샘물을 생명으로 또는 진리로서 감싸고 퍼 날리고 나누어 주면
없어지거나 부패해서 마시지도 못한 샘물이 되고 만다.
목마른 자에게 샘물은 진리이나 배부른 자에게는 독이 된다.
여기 저기 좋은 샘물이라고 자랑하는 목회자들의 입에는 샘물이 아니고
그들의 침(독)만 고여 있구나! 2016.01.18.

- note -

◆ 1) 소 명 : 죄인을 향한 하나님의 구원 초청.

2) 중 생 : 택함 받은 성도가 영적 죽음을 벗고 거듭남.

3) 회 심 : 중생한 자가 자신의 죄를 떠나 돌이킴.

4) 칭 의 : 회개한 자를 하나님이 의인으로 인정하심.

5) 성 화 : 신분상으로는 의인이나 아직 그 존재 자체가
온전한 의인이 아닌 성도가 점진적으로 성결케 되는 것.

6) 견 인 : 하나님이 한번 성도된 자를 끝까지 지켜주심.

7) 성례전 : 세례와 성찬 (죄 사함과 구원의 징표)

● 에덴 : 지상에 존재 함 . 먹기 좋은 과실과 4개의 강.
에덴동산에서 아담과 하와가 쫓겨난 곳은 에덴의 동쪽.
카인이 아벨을 죽이고 쫓겨난 곳도 지상의 동쪽.(신의 감옥)

아담 : 흙. 그리스어 adama.

천당 : 하늘의 집

천국 : 하늘나라. 하느님의 나라.

낙원 : 파라다이스. 이상적인 삶의 공간.

⊙ 완전한 신은 어떤 종교의 교리에도 온전하게 일치하지 않으며 다른 신과
비교되거나 증거로 나타나지 않는다.

- 悟南 -

◐ 이신론 : 理神(deism) 이성적인 진리에 한정시킨 합리주의 신학.
신이 세계를 창조한 뒤에는 직접 관여하지 않음.
기적부정. 삼위일체 부정. 계시 부정.

☆ 스피노자 : 신은 자연법칙과 함께 신비롭게 하나가 된 존재이다.
(네델란드 유태인)

▣ 프리메이슨 : free stone mason 자유로운 석공. 신전건축.
신성함을 숭배하는 것이 아니라 신성한 걸 체험하는 것이다.
직각자(땅). 컴퍼스(하늘) 망치(창조). 통과제의(initiation)
미래의 7일간을 위한 7년 과정.
33세의 예수생애(30년의 사생애. 3년의 공생애. 3일의 부활)
히랍아비프(솔로몬성전 건축 최고 감독관)부터 시작.
피타고라스학파. 다빈치. 모차르트. 괴테. 조지워싱턴.
빅토르위고. 프랭클린. 볼테르. 록펠러. 로이스차일드.

▨ 하나님의 역사 : ① 사람을 통하여 (영감)
② 물질과 정신을 공유 (설득. 과정)
③ 혼돈의 세계를 움직인다. (진리. 우주창조)

■ 지적설계론 : 신이 우주삼라를 직접설계. 유일신론자.
(theos. 신이 인격적으로 관리)

설계옹호론 : 자연의 기능과 신의 창조개념을 균형적으로 인정.
(이신론)

창조과학론 : 창세기의 대홍수가 과학적인 창조의 증거이다.
헨리모리스와 존위트콤

▼ 종교체험(제임스)

1) 불가형언성 (不可形言性) (표현불가)

2) 순수 지성적 특성 (심오한 진리)

3) 일시성 (기적, 신비함은 지속이 불가)

4) 수동성 (스스로 자신의 의지 생성불가)

☆ 창발론 : 경험적 지식의 설명이 복잡해지면 새로운 관계가 창조되고 발전되는 새경험인 지식이 발생한다.

◎ 현대종합설 : 진화는 자연선택을 통하여 일어나며, 자연세계에 존재하는 생명체를 창조하는 힘이다. - 에른스트 마이어 -

※ 운동에 의한 신의 증명 :

움직이고 변화하는 것은 최초의 원인인 부동자(신)가 있다.

고로 우주의 존재는 신에 의존하면서 존재한다.

신은 제2의 원인을 통하여 행동한다. (아퀴나스. 1,225)

▽ 사람 (person) : 가면(mask)에서 유래.

너 자신을 알라! : 자신을 알아야 신을 안다는 뜻이 내포.

⌧ 신의 속성 : 절대의지. 일체주의. 아나로그. 이기심과 이익.시공일체.질서

악의 속성 : 자유의지. 분리주의. 디지털. 고통과 손해. 시공초월. 무질서

▨ 유신론 : 신의 의지. 도덕적 판단. 모르는 것을 보여줌. 믿음을 믿음. 복잡계의 선택은 지적설계. 왜? 의 이유와 답.

무신론 : 인간의 자유의지. 물리적 판단. 보여주는 것을 알다. 보인 것을 믿음. 어떻게? 의 결과와 과정. 복잡계의 다양성인정.

¤ 기독교 일신신앙 : 고대사회의 왕권은 제사장이 신과 같은 지위이고
왕들도 제사장의 신권과 왕권을 동시에 갖고 있었다.
왕권은 수시로 변하지만 신권은 지속된 권력이었다.
제사장들은 신의 권력 중 최고의 신을 원하는 가운데 일관되게 지속적인
유일신이 바로 유대의 신, 야훼가 현실과 미래의 모든 영역에서 최고의
신이 되었다.
이스라엘의 지배자인 페르시아인의 이원론(선.악)신에게서도 살아남았고
바빌로니아의 바알신(다신.)들 보다 강력한 신으로 선택한 유일신
야훼를 절대적으로 신봉했다.
유일신 야훼를 위하여 인간이 고난과 제물이 되었으므로 그 보상이
메시아(구원)가 되어 오리라 믿으니 예수가 인간을 위하여 원죄를
대속하여 인간을 구원하였다.
이제는 인간의 죄를 심판하여 하늘의 세계와 땅의 세계로 나뉘리라.

▦ 과학은 인간 개개인의 오감으로 인식하는 공감표현이다.
종교는 개개인의 오감을 공감으로 인식하는 믿음의 표현이다.
과학은 왜? 에 대하여 답을 할 수 없고 어떻게? 에 답을 한다.
종교는 어떻게? 는 답이 없으나 왜? 에 대해서는 답을 한다.
종교는 목적을 말하지만 결과는 숙제로 남는다.
과학은 결과를 말하지만 목적은 숙제로 남는다.
종교는 마음의 정보와 선택이 불확실하고
과학은 물리의 정보와 선택이 불확실하다.
과학은 욕망의 실현수단을 알려줄 수 있으며
종교는 어떤 욕망이 좋고 나쁜지 알려준다.

과학은 다른 사람도 반복 할 수 있다.

종교는 여러 사람에게도 공평하고 반복한다고 믿는다.

- note -

⌷ 아비달마 (阿毘達磨, Abhidharma) 자기자신이 고통이다. 열반을 지향.

§ 칼람증명 : 시작이 있는 곳에 반드시 원인이 있다.
우주의 존재는 시작이 있고 존재하는 데에는 원인이 있다.
그 원인이 신일 수 있다. (아랍의 중세 철학자)

§ 목적론적 증명(설계론) : 자연 만물이 그 목적을 향하게 만든 지적존재의 설계로 창조함.
패일리의 시계설계 목적과 같은 지적설계이다.

※ 과학이 탐구하는 우주의 풍요로운 역사 및 놀라운 질서의 배후에 신성한 창조주의 정신과 목적이 자리한다. - 폴킹혼(존재론 철학자)

▲ 인간은 과거의 지식이 (문자와 역사) 현재의 지식을 가르치는 것이 아니라, 현재의 지식을 깨닫게 하는 비교지식일 뿐이다.

음식을 먹는 것은 현재이고 메뉴를 말하는 것은 과거의 기억이나 미래의 추측이다.

문자로 된 역사가 진리라고 하여도 현재의 진리는 아니다.

지나간 진리는 역사적인 문자 일뿐이다. - note -

▼ 욕망은 만족을 얻기 위한 충동이고,

만족은 욕망을 잊기 위한 여유인 것이다.

욕망은 시간을 빨리 느끼고 만족은 시공간을 느리게 생각하는 것이다.

욕망은 간단하고 거대하며, 만족은 부족하고 항상 적다.

☆ 칼융 : 양극이 없다면 실재는 없다.

⊇ 내가 나를 믿는 것은 신념! 남이 나를 믿어 주는 것은 신의!
내가 남을 믿는 것은 신뢰! 남이 신을 믿는 것은 종교!
내가 신을 믿는 것은 신앙이다!

● 사랑하는 사람에게 화를 내는 것은 너와 나에게 늘 무서운 확인이다.
자식이나 부모에게 또는 타인에게 사랑하기 때문이라고 변명 하는 것은
무지하고 게으르며 이기적인 사랑이다.

◎ 인간의 삶을 반복적인 노동으로 채우면 고통이 남고,
더 갖고 싶은 욕망으로 채우면 더러운 기억만 남겨지고,
물 흐르는 것처럼 살다보면 꿈처럼 느끼지 않는 행복이 남는다.
고로 날아야 하는 새가 뱃속에 똥을 채우지 않는 것처럼,
사랑은 배고플 때와 같이 과하지 않게 서로 주고 받을 줄 알라. - note -

∞ 아름다움은 신의 찬미이다. 우리는 전체를 보고 아름다움에 감탄한다.
일부분이나 단면의 기계적인 원리에는 감탄하지 않는다.
잘 만든 기계의 성능과 외모에 감탄을 할지언정 아름답다고 말하진
않는다.
인간의 상상력은 신의 창조와는 다르다.
믿음은 신으로부터 인간이 받을 수 있는 최고의 선물이다.
지식은 인간이 신에게 바칠 수 있는 최후의 선물이다.
인간이 타인에게 지식을 선물로 바칠 수 없다. 지식은 공유할 뿐이다.
지식을 타인에게 선물로 확정 할 지식 또한 이 세상에는 없다.
인간이 신에게 받은 최고의 선물! 믿음을 자신만이 가질 수 있는데,

그 믿음을 타인에게 나누어 준다면 그것은 신을 대신하는 행위이다.
신과 인간은 하나이면서 멀고도 긴 공간과 시간으로 떨어져 있다.
신을 찬양하고 찬미하는 경전과 찬송으로 타인에게 지식을 전달하는
인간들의 믿음은 자신만의 지식으로 신께 바치는 선물이 되게 하라!
신은 하나인가? 절대적인가? 상대적인가? 단순한가? 복잡한가?
인간이 신을 알 수 있는가? 없는가?
이러한 의문은? 신은 과연 존재 할까? 아니면 불분명한 존재일까?
나는 정답이 없는 물음을 시간과 크기와 형체나 확증의 무지함을
쉬운 방법으로 찾으려는 우를 범하고 있는 것 같다.
신이 창조한 우주 삼라만상 속의 인간이 조물주에 대하여 의심한다는
모순이 모든 의문을 없앨 것이라고 생각한다.
신은 창조하고, 미래의시간도 창조하고, 우주의 무한과 초미립자의
존재까지 창조하니 인간은 과거의 기억과 현재의 지식을 동원하여
신과 인간의 관계를 믿음으로 깨우치니, 지식이 신앙이 되어 버리고
인간이 신과 같이 상상한 것만을 자랑 하니라!
인간이 신을 설득하여 신이 행하는 모든 창조를 미래계시의 표식으로
인간이 스스로 습득하였다.(제2의 예수, 부처, 공자 등) - note -

ʃʃ 신이 행하는 진리와 질서의 존재 원리 배후에 인간의 지식이 시간의
배열과 순서로 제한적으로나마 영구히 보존되리라는 인식을 신에게
되돌려버린 선물이 바로 믿음이다.
인간은 인간생명의 과정과 규칙을 따르는 믿음의 신앙과 의심의 지식을
인간에게 스스로 받은 선물인 신앙을 빚으로 떠안은 신이시여!
우리 인간을 새로이 창조하소서!

자연의 목적을 인간이 말 할 순 없지만,
신은 신의 목적을 인간에게 말한다.(믿음으로, 또는 선택으로)
인간이 갖는 신앙적인 목적은 신의 이름을 빌리면 신의 목적보다 더 위대해진다.
인간의 육체는 자연적 진화에 의해 변화 하지만 영적인 진화는 신을 찾는 인간의 주문과 기도 의하여 믿음으로 승화 된다.
인간의 육체, 사물의 모양 그리고 빛과 그림자의 다양함은 신의 목적으로 창조된다.
인간의 목적을 신의 이름으로 바꾼 것은
신에게 받은 믿음을 타인에게 준 것이고 신을 대신하는 행위이다.
진화는 시간을 갖고 변화하는 것이고, 창조는 신이 새로운 시간을 인간에게 공간으로 반증해 줄 뿐이다.
과학은 변화과정을 논리적으로 간단하게 표현하는 단면이기 때문에 시기적으로 장소적으로 영원히 고정되는 것이 아니다.
창조주는 인간의 목적을 모두 알지만, 인간은 창조주의 목적을 부분적 지식으로 바꾸어 보는 항상 부족한 지식이다.
고로 인간은 신의 이름으로 타인에게 창조주의 목적을 주지도 말고, 받지도 말아야 한다. 다만 지식(기억)으로 공유하고자 할 뿐이다.

2016.04.07. - note. -

○ 진리를 알찌니 진리가 너희를 자유롭게 하리라. (요한복음 8 : 32)
사실대로 하여금 승리하도록 하라. (볼테르)
인간이란 인간이 자신의 경험으로 만들어 낸 것이다. (로크)

♁ 소크라테스의 의문 : 너 자신을 알라!

"나는 내가 알지 못한다는 것을 안다." 인가?

"나는 내가 아무 것도 모른다는 것을 안다"일까?

나는 예수님, 부처님, 공자님, 스승님을 알고

그의 정신적인 권력을 얻었을까? 지식을 알았을까!

묻는 이에게는 지식이고, 듣는 이에게는 권력이 될까? - note. -

▣ 善은 베풀 대상을 알아라.(최선)

베풀지 말아야 할 善을 남발하면 惡이 가중 된다.(최악) - note. -

☞ 인간은 정보기계이다. 인간은 수면상태에서 시작한다.

깨어있는지 자는지를 모르면 수면 상태와 같다.

의식이 없는 수면상태를 자기수양이라고 착각하는 것은 의식의 퇴보와

심리적 충돌을 피한 상태일 뿐이다. 예) 칩거, 기도, 수양, 등.

구하라 그러면 주어질 것이요, 주어라 그러면 너희에게 주어질 것이다.

남을 이해 할 수 있는 사람이 남에게 이해를 받을 것이라. - note. -

◈ 아리스토텔레스의 논리학

1) 동일률 (A = A) 2) 모순율 (A ≠ B) 3) 배중률 (A도 B도 맞다.)

♉ 관점이란 반지름이 0 인 지평선과 같다. - 다비트 힐베르트 -

동양적인 관점은 전체에서 부분으로 위에서 아래로, 전부창조 다음은

부분창조이며 더 미세부문으로 간다. (연역적 사고)

서양적인 관점은 부분에서 전체로 나부터 시작해서 가족 사회 국가로

발전하는 사고방식이다. (귀납적사고)

Å 괴테 : 서두르지 말고 쉬지 말고 신이 당신에게 준 본분을 채우기 위해

노력해라.

△ 창조의 발산은 빛이나 열과 같은 자연이다.

창조와 건축은 다르다.

있는 것을 새로운 방법과 순서와 위치의 변경으로 만든 것은 건축이다.

● 종교 없는 과학은 절름발이며 과학 없는 종교는 장님이다.

과학은 오직 이것이 무었인지(what)에 대해서만 확증 할 수 있을 뿐,

이것이 무었이어야(should be) 하는지에 대해서는 확증 할 수 없다.

종교는 인간의 사고와 행위에 대한 가치평가만을 다룬다. -아인쉬타인-

♥ 여성은 여성스런 부드러움과 순결 사랑의 헌신을 남성에게 되돌려 받을 수 있으며 남성은 언제나 소리 없는 강함과 엄격한 부드러움으로 대하면 여성에게 똑같이 되돌려 받을 수 있다.

아내를 바라볼 때는 처음 사랑을 고백 할 때의 신부처럼 바라보고, 방금 사랑에 빠진 마음으로 대하라.

타인의 의견에 대한 독립성이 있어야 자기의 의지력(절제되고 끊임없는 의식의 열정)으로 욕망을 제어한다.

욕망은 강력한 힘이지만 채우면 곧 없어지는 불꽃과 같다.

그러나 열정은 꺼지지 않는 장작과 같은 것이다.

육체의 감각기관에서 얻은 정보에 의한 상상은 자신의 기억에서 정리되어야 한다.

신은 자체가 사랑이고 선이다.

신은 인간을 따로 선택하여 벌하지 않는다. (인간이 신을 선택함)

고로, 인간 스스로 자연법칙에 의하여 죄와 사랑을 받는 것이다.

자신의 상상력을 지배하는 자와 지배 받는 자의 차이는 인간 개개인의 성공과 실패의 차이뿐이다.

행복의 적은 인간 개인의 자만심과 이기심이다.
자만심은 열등의식을 갖고, 이기심은 욕망을 향한 동물적 애착이다.
고로 인간은 동물적 성질을 가진 육체의 야수적인 욕망을 갖고 있다.
동물적인 욕망을 갖고 언어와 문화적요소로 정돈되어 갈뿐이다. - note. -

○ 과학은 바위들의 시대를 다루고, 종교는 시대들의 바위를 다룬다.
하늘이 어떻게 움직이는지를 연구하면 과학이고,
하늘에 어떻게 올라가는지를 묻는 것은 종교이다. - 스티븐 제이굴드 -

◎ 과학은 어떻게 대하여 묻는 반면, 종교는 왜에 대하여 묻는 것이다.
- 랭던길키 -

♣ 중보 : 화해와 일치.
하나님과 인간 사이를 화목케 하고
화평을 가져다주신 예수그리스도를 중보자라 한다. (딤전2 : 5)
보통 신자들이 하는 기도를 중보기도라고 해서는 안 되며,
도고(禱告)기도 또는 중재기도라고 해야 한다. - note. -

◎ 진화와 종교의 차이는 진화는 우연이고, 종교는 필연이다.
진화는 시간적인 선택이며, 종교는 미래의 환상을 발견 한 것이다.
진화는 과학적인 논리로 설명하고, 종교는 기적적인 믿음으로
가르친다.
진화는 우연과 자연선택으로 오직 현존하며, 종교는 필연과 설계의
과거가 남아 있고 미래의 추정이 준비되어 있다.
패일리의 시계공은 과거의 설계자이고 도킨스의 눈먼 시계공은
현재의 설계자이다.
두 시계공은 미래의 설계를 알고 있을 뿐, 미래를 본적이 없다.
미래의 시간설계는 과거와 현재의 시간을 동시에 필요로 한다. - note. -

▣ 3수 성경 : ㉠ 하나님. 몸. 정신. ㉡ 성부. 성자. 성신.

㉢ 노아의 방주는 3층 ㉣ 노아의 홍수 3차.

㉤ 출애굽 3일. ㉥ 동방박사 3인. 3예물.

㉦ 예수님 3대 시험. : 3일 부활. 승천 전 3일의 어두움.

◎ 예수님의 사랑 (찾고. 회복. 함께.)

▦ YHWH : 야훼. 하나님의 이름. 부를 수 없는 이름. 자음으로만 표기.

아도나이의 발음. 히브리어로 야훼.

☞ 그리스 신화에서 땅의 신 가이아의 뱃속에 있는 크로노스가 잠자고 있는 하늘의 신 우라노스의 생식기를 잘라 바다에 버렸다.

그때부터 하늘과 땅이 섞이지 않고 시간이 생기게 되는 원죄가 있게 되었다.

바다에 버린 생식기에서 미의여신 아프로디테가 나오게 되었다.

- note. -

♨ 염불은 왕생의 인과를 얻고, 경을 읽으면 총명해지며, 계를 지키면 하늘에서 태어나고, 보시를 하면 복된 과거를 얻는다.

(보시 : 자비로운 마음으로 조건 없이 베풀어 주는 것.)

삼종시 = 재보시. 법보시. 무외시. - note. -

¤ 창조하다. : 히브리어 1) 바라 : 무(無)에서 유(有)를 창조함. (0 > 1)

2) 아사 : 있는 물질에서 물체를 만듦 (1 = 1)

3) 야찰 : 특정목적으로 만듦.

▣ 창조와 깨달음, 믿음 등 신앙에 대하여 종교지도자들의 언표(언어적 표현), 문표(문자 표현), 물표(물질적 표현)로 단정하고자 하는 것은 결국 우상으로 변질된 것과 같다.

요즈음 종교인들은 경전을 학원에서 교재처럼 가르치고 예수님 부처님 등을 유명강사의 강연처럼 이름을 빌려 영혼과 미래의 심판을 위임 받은 것 마냥 신도들에게 강의료를 받아내는 이익단체가 늘고 있다.

- note. -

▧ 과학은 존재의 재확인이고, 종교는 존재해 가는 변화의 믿음이다.
종교는 시간적인 경험이고, 과학은 공간적인 시각이다.
하나님은 시간을 갖고 나타나며, 과학은 공간을 갖고 나타난다.
하나님은 과거를 만들고, 과학은 미래를 준비한다. - note. -

£ 인간이 웃는다면 이는 다른 사람에 대한 웃음이고,
인간이 운다면 이는 자신에 대한 울음이다. - 인도 속담 -

⊙ 모르는 것을 안다고 말을 하는 것은 겉모양을 안다든지 다른 측면을 안다고 생각 한 것을 묻는 이와 같은 것을 아는 것처럼 말하기 쉽다.
안다고 말한 것이 잘못은 아니다.
무얺을 물었느냐? 가 더 중요하다. 가령 신제품 A를 알아?
하고 물으면 신제품 광고를 봤거나 겉모양을 봤다면 안다고
대답 할 수 있다.
그러나 묻는 이가 신제품의 기능이나 내부구조에 대해서 물었다면
모르는 것이다. 그래도 안다고 주장한다면 실제 아는 것이 아니라
안다는 겉모습만 기억 한 것이다. - note. -

○ 믿음은 심리적인 측면이고 지식은 형이상학적인 논리일 뿐이다.

※ 합치되지 않는 모든 요소를 이론 배격의 요소로 삼는다면 모든 이론은 거부 될 것이다.
최상의 설명도 변칙과 난제를 수반한다. - 쿤 -

■ 최후의 쾌락은 끝이 없는 운동 속에서 단하나의 과정에 종지부를 찍을 뿐이다. 끝나지 않는 행위에서 스스로 소비하는 것이 시작과 끝으로 나눌 뿐이다. - note. -

▣ 아람어 : 페르시아 여러 민족어 예수의 사용 언어. 유대인이 많이 사용.

▲ 아랍어 : 페르시아의 문자 공용어, 번역어. 히브리어의 원조.
인도문자의 원조.7 ~ 14C 아랍국가어. 신생어.
과학과 수학의 언어. 번역의 언어. (바그다드 도서관의 번역)
바그다드 지혜의 전당. 아라비아숫자.
인도의 전리품(인도수학). 십진법의 이해(인도에서 수입)
11C 십자군 전쟁으로 아랍어로 된 그리스서적, 아랍문화,
인도아라비아수학을 라틴어로 다시 번역하여
고대그리스학문이 전해짐.아랍인의 아베리아반도(스페인)점령
711년부터 500년 동안 이슬람문화 영향.

∞ 낙엽이 떨어지는 것을 볼 때 여자는 낙엽과 바람을 본다.
그러나 남자는 낙엽이 떨어진 가지와 방향을 본다.

☆ 카발라 : 히브리어 (수용하다. 맞이하다.)

※ 마음장상 (馬陰藏相) : 색욕을 삼가 하여 성기가 오므라들어 말의 성기처럼 몸 안으로 들어간 상태.(부처)

구축불거 (龜縮不擧) : 부처님처럼 색욕을 삼가면 평소에 성기가 자라목처럼 들어가 있다가 사용 할 때만 말의 성기처럼 나오는 것.

도태도 (道胎道) : 도를 배안에 배다.

十月道胎 (아기를 10달 동안 배에서 키우듯이 도를 깨우치다)

☆ 인간의 4계통 : 1) 번식계통(탄생)　2) 소화기 계통(육체의 생명유지)
3) 혈액순환(감정)　4) 호흡계통(지력)

▲ 이론 : 인간의 방대한 관찰과 경험을 간결하게 결정하려는 논리이다.

● 체질은 한, 열, 허, 실에 따르고, 병세는 경, 중, 완, 급에 따른다.

⁑ 글은 말을 다 담을 수 없고 말은 마음을 다 담을 수 없다.　- 공자 -

♆ 방법서설(데카르트)

㉠ 선명하고 정확한 사고를 하라.　(성급함과 선입견 배제)

㉡ 문제를 부분적으로 분리해서 볼 것.　(전체적인 편견 배제)

㉢ 쉬운 문제에서 어려운 문제로 이동 할 것 (난관은 쉬운 일 다음에)

㉣ 잊어버리지 말 것.　(완벽주의)

♗ 파레토법칙 (2080법칙) : 소득분배 등 현대사회에서 일어나는 일반적인
현상의 80퍼센트는 20 퍼센트의 원인으로 발생한다.

▣ 오컴의 면도날 : 무언가를 다양한 방법으로 설명 할 수 있다면
그 중에서 가장 적은 수의 가정을 사용하여 설명해야 한다.
신의 존재에 대하여 모든 가설을 면도날로 잘라내어라.
신은 인간의 증명대상이 아니다.

※ 인간의 평생 기억용량 : 28해 (28×10^{21} 비트)

☆ 칼융 : 양극이 없다면 실재는 없다.
양극은 시작과 끝. 삶과 죽음. 전자의 + 와 - . 음과 양.
남극과 북극의 지구. 지식의 앎과 모름.

☆ 인체의 단백질분자 하나에 물 분자는 1만개가 존재한다.

≒ 스펙트럼영역 : 파동들 사이의 관계를 시간도 공간도 없는 에너지로
측정한 하나의 표현.
위상과 진폭의 진동수로 이루어진 영역.

☪ 마태효과 : 무릇 있는 자는 받아 풍족하게 되고, 없는 자는 그 있는 것까지 빼앗기리라. 마태복음 25-29 부익부 빈익빈.

⊙ 네트워크 효과 (network)

다른 사람들이 많이 사용하는 것을 사용하고자 하는 욕구.

⊙ 맥락효과 (contextual effect)

어떤 기억을 해야 할 때 사전에 노출된 단서가 영향을 줄 수 있다.

예(김사장님은 스윙시 나보다 더 팔을 쭉 밀어 주시니까! 굿샷!)

(지난 홀에서 50 m는 더 나갔지요?)

⊙ 도미넌트 균형 (dominant)

상대방이 어떤 전략을 택하든지 자신에게 가장 유리한

전략이 존재하면 그 전략을 택할 것이라는 예측.

⊙ 포칼포인트(focal point)

참가자들이 한쪽으로 쏠리게 되는 균형.

예) 탄생설화. 권력형 제2인자.

⊙ 골프는 초정신의 요가요, 명백한 다음단계로의 이전이며,

혼자서 다른 혼자로의 이동이다. - note. -

¢ 디보트 : 갤러리들에게 위험한 저능아.

펄시 : (pulsy) 중풍. 첫 티에서 떨고 있는 사람. (관객기피증)

올드레드 : 골프채를 탓하거나 화풀이하는 사람. 지난 카페트 대우.

§ 골프공 : 42.67mm(1.68인치)이상. 1m = 7.5회전. 45.48 ~ 45.93g

딤플수 (350 ~ 450)

∂ 달에서 골프 : 1971.02.06. 아폴로 14호 앨런 세퍼트 선장이

6번 아이언으로 200야드, 60야드. 2회 스윙.

◎ 캐럼 샷 : 자신이 친 공이 상대방의 공을 맞추는 샷.

▣ 골프에서 마음을 비워라. 힘을 빼라! 고개를 들지 마라.

과연 맞는 말일까? 마음을 비우면 기계나 동물이 되고

힘을 빼면 환자가 되며, 고개를 들지 못하면 목 디스크 환자가 된다.

◈ 골프를 잘하려면 골프공에다 클럽을 먼저 맞추고 다음은 클럽에다가

몸을 맞추며 몸은 다리 위에 균형을 유지해야 한다.

몸에다가 클럽을 맞추고 클럽을 공에다가 맞추어 스윙하는 것은

연습장에서 보통 하는 연습일 뿐이다.

연습장에서는 공갈치지(공을 가르치지)말고 몸을 가르쳐야 한다.

몸이 배워야지 팔이나 클럽이 배워서는 안 된다. - note. -

◐ 골백번 연습 스윙의 횟수는?

골(1만번)× 100 = 100만회(골백번)

하루 200번의 스윙 = 13년 100타 실력 라운딩은 (매일 27년 라운딩)

◈ 골프연습장에서는 몸의 회전과 균형을 연습해야하며 공을 보지 말고

몸을 봐야한다.(공갈치지말기)

필드에서는 자세나 스윙 등을 교정하지 말고 공을 집중해야 한다.

▽ 페리오 방식 : 임의의 6홀 24타 (성적 × 3) - 24 × 0.8

신페리오 방식 : 임의의 12홀 48타 (성적 × 1.5) - 48 × 0.8

≒ 3독 :

1) 탐욕 (탐. 음식. 장비. 거리.)

2) 성냄 (진. 혈액. 남. 캐디 탓.)

3) 어리석음 (치. 물. 무조건 투온.)

◈ 천하위공(天下爲公) : 하늘아래 모든 것은 공유된다.(공자. 중국공산당)

□ 건강

감기 : 보양식 금지. 표피를 열어주고 배설을 해야 함.

피부병 : 자극적인 음식 금지.(파, 고추, 생선, 술, 새우, 등)

수종 : 소금 섭취주의

혈지 : 지질음식 섭취금지

간염담낭 : 지방성 음식 금지

치질 : 매운 음식 금지

위궤양 : 배, 고구마, 금식

설사 : 느끼한 음식 금지. 배, 바나나, 고구마 금식

☆ 음료는 정신을 맑게 하기도하고 또 흥분도 시킨다.

단백질은 흥분과 긴장을 일으킨다.

탄수화물은 마음을 진정 시키고 우울하게도 한다.

지방은 초조, 피곤, 우울하게 하며 또한 힘을 나게 한다.

당은 정서를 불안케 하고 정신부진과 만족을 느끼게 한다.

● 모든 생물은 춘생, 하강, 추수, 동장(春生 夏强 秋收 冬藏) 한다.

☆ 약식동원 : 약과 음식의 근본은 같다.

병은 입으로 들어가고, 건강은 배변으로 나온다.

육류를 먹으면 용감해지고,

곡류를 먹으면 지혜로워지고,

풀을 먹으면 힘이 생기고,

물에서 난 음식은 자유로워지고,

음식을 많이 먹으면 대소변이 많고 수면장해가 생긴다.

독성이 강한 약물은 병의 50 %를 치료하고,

독성이 적은 음식은 병의 70 %를 치료한다.

음식량을 늘리면 비장과 위장이 손상 된다.

★ 망막 이미지 : 망막에 맺힌 이미지의 감각 특성.

지각 이미지 : 두뇌에서 변형 하거나 체계화한 이미지 지각특성.

☤ 리플리 증후군 : 거짓말을 계속 하다보면 그 거짓이 자신에게 진실이라고 여기는 증세.

♀ 연소 증후군 : 한 가지 일에 지나치게 몰두하다가 어느 순간 불에 타버린 연료처럼 무기력감에 빠진 증세.

☦ 스마일 증후군 : 겉으로는 웃고 있지만 속으로는 절망감으로 우는 증세.

☧ 오델로 증후군 : 특별한 이유 없이 자신의 배우자가 성적으로 부정을 저지르고 있다고 믿는 증세. 예) 의부증, 의처증.

▣ 황도12궁 : 한 해 동안에 천구를 가로 지르는 태양의 외견상 경로.

황도 25,920년.(한괘 2,160년×12 = 25,920) ※ 360×60=2,160

1) 염소자리 : (12/21~1/21)AD 2,040 ~ 마갈궁. 북반구 동지점. (뱀)

2) 물병자리 : (1/21~2/18) BC. 0년. ~ AD 2,040년. 보병궁. 바다.(말)

3) 물고기자리 : (2/19~3/20) BC. 4,000년.~ BC. 40년. 춘분점. 종말. 쌍어궁. 예수.(양) 2,150년마다 쌍어궁 변화

4) 양자리 : (3/21~4/20) BC. 4,000년. ~천구의 기준점 (황도와 적도의기준) 원숭이. 백양궁. 아브라함

5) 황소자리 : (4/21~5/21) BC. 6,000년 ~ 금우궁. 아담.(닭)

6) 쌍둥이자리 : (5/22~6/21) (개)

7) 게자리 : (6/22~7/22) (돼지)

8) 사자자리 : (7/23~8/22) (쥐)

9) 처녀자리　: (8/23~9/23)　(소)

10) 천칭자리　: (9/24~10/23)　(호랑이)

11) 전갈자리　: (10/24~11/22)　(토끼)

12) 사수자리　: (11/23~12/21)　(용)

■ 영점장(zero point field) : 물질들 사이의 공간에서 진동하고 있는 가상입자쌍들의 바다.

◎ 진공 : 양자전자기동역학에서 입자는 충분한 에너지가 있으면 다른 입자쌍이 되었다가 다시 결합할 수도 있다.
광자가 아주 짧은 시간 동안 전자와 양자로
나누어졌다가 다시 결합할 수 있으므로 진공은 전자 양전자 입자쌍으로 가득차 있는 것이다.

☆ 세포 하나에서 1초간 약 10만회의 화학반응이 일어난다.
그 화학반응의 제어는 dna가 한다.

※ 은비학 : 위에서도 그러한 것처럼 아래에서도 그러하다.
아래에서 그러한 것처럼 위에서도 그러하다.

▽ 양자의 입자성과 파동성을 동시에 지닌 상보성의 원칙과
예수의 인성과 신성의 일체적 상보성이 비슷하다. 시공간의 상보성.

▣ 산소 : 약 28 % .비등점 (-182.97) 산소의 양면성 (생명.부식)
질소 : 약 78 % .비등점 (-195.8) 보존. 유지.

◈ 쾌락 : 벌에 쏘이면서도 꿀을 얻을만한 가치가 있다.
육체를 사원처럼 경건하게 할 것인가? 클럽처럼 즐겁게 할 것인가?
선택은 자신에게 있는 줄 아는 사람과 모르는 사람 둘 뿐이다.

■ 옴파로스 : 배꼽(그리스어). 예루살렘. 아담과 이브는 배꼽이 없다.

예수 = (똥 오줌을 어떻게 처리 하셨을까?. 예수의 배꼽?)

▧ 아포메니아 : 임의적이거나 무의미한 사건에서 연결패턴을 찾아내는 것.

사고주입 : 외부의 생각이 자신의 정신에 들어온다.

관계사고 : 타인의 행동 또는 주변의 현상이 항상 자신에게 영향을 주기 위해 일어난다고 생각하는 증상.

욕망충족이론 : 어떤 것이 참이기를 바라기 때문에 우리가 그것을 믿는다고 가정하는 것.

◇ 역행카논 : 음의 진행을 역으로 연주하는 음악.

△ 리튬이온전지 : 코발트산리튬과 탄소소재로 이루어진 리튬이온의 전자 이동으로 전류가 흐름.

다른 축전지에 비해 열화가 적음.

※ 핵융합 : 1500만도이상에서 수소원자 4개가 융합하면 헬륨 원자핵으로 변환 되면서 많은 열이 발생하고 그 질량은 감소한다.

수소 1g이 핵융합하면 석유 8ton의 열이 발생한다.

♣ 긍정적 피드백(positive feed back) : 자신이 정해 놓은 가설에 부합하는 현상이나 결과만을 채택하는 심리적인 현상.

결과가 좋으면 선순환. 나쁘면 악순환.

⊙ 베타의 원리 : 한 원자에서는 같은 양자상태에 두 개 이상의 전자들이 함께 존재 할 수 없다.

◈ 제로섬게임 : 경쟁하는 두 사람 중 하나가 이득을 보면,

반드시 상대방은 손해를 본다.

반대측면은 윈윈 상태. 루즈루즈 상태.

◐ 내쉬균형(평형)이론 : 처음에는 협력하고 그 다음부터는 상대방이
행동한 대로 따라서 행동한다.
담합. 또는 이에는 이.

내쉬균형(Nash equilibrium) : 경쟁자 대응에 따라 최선의 선택을 하면
서로가 자신의 선택을 바꾸지 않는 균형상태를 말한다.

☸ 공유결합 : 두 개의 원자가 결합.
삼중결합 : 공유결합이 동시에 일어나는 결합.

◎ 세상에 전문가는 많고 전문가가 되기도 쉽다. 그러나 全人(전인)은 적고 全人(전인)이 되기는 어렵다.

▲ 하들리 : 과거는 외국과 같다. 거기에는 사람들이 다르게 행동한다.

☞ 빛은 전자기파이다. 무지개의 스펙트럼은 옥타브의 스펙트럼과 같은 7계

※ 세계 3대 사건

1) 천문학 논쟁 (16~17세기)

2) 뉴턴적 세계관 (17~18세기)

3) 다윈의 논쟁 (19세기)

※ A 의 관찰자가 ㉠ 세계를 관찰하며 B의 관찰자가 ㉠의 관찰을 포함한
㉡ 의 세계 관찰하며 C의 관찰자가 B와 A를 포함한
㉢ 의 세계를 관찰한다.

C 보다 더 무한한 존재의 관찰이 신이라고 한다면,

㉠ 의 세계보다 더 미세한쪽의 무한대의 관찰자가 초미립자의 세계이며 시작이고 처음인 신일 것이다.

고로 창조는 처음과 끝이고 시간과 물체와 간격일 것이다. - note. -

◐ 의대생증후군 : 새로운 병을 공부 할 때마다 그 병에 걸리지 않을까 하는 두려움.

◈ 영점에너지 : 텅빈 공간에 존재하는 에너지.
더 이상 에너지를 제거 할 수 없는 낮은 에너지 상태.
아원자 물질의 운동이 0 에 가까운 상태.

○ 매란국죽은 공맹장노이다. (공자, 맹자, 장자, 노자,)

▣ 지프의 법칙 : 출현빈도 2위는 1위의 1/2. 3위는 1위의 1/3.
4위는 1위의 1/4로 나타난다.(유사 2배 배팅)

◈ 대수법칙 : 횟수가 늘어날수록 통계적 확률에서 수학적 확률에 가까워진다.

◐ 2배 배팅 : 승리할 때까지 계속 배씩 배팅을 해도 최초 배팅금액만 찾는다. 예) 1만원 ⇒ 2만원 ⇒ 4만원 ⇒ 8만원(-7만원)

▣ 2대 6대 2법칙 : 개미집단에서 부지런한 개미가 20%, 보통개미가 60%, 게으른 개미가 20%일 때 상.중.하 어느 집단을 제거해도 다시 그 비율대로 나타남.

☆ 세븐히트이론 : 3회보면 인지하고 7회를 보면 구매하게 된다.

◈ 빛의 굴절율 : 물(1.3) 유리(1.5) 다이아몬드 (2.4)
다이아몬드 브릴런트절삭법 (58면의 각도)
빛이 다이아몬드에서 전반사하는 각도 24도에서 황홀하게 반사.

◈ 란체스타 법칙 :
전투기의 싸움에서 전투기 다소의 차이의 제곱만큼 유리하다.
병력이 많을수록 성능이 우수 할수록 더 유리하다.

제1법칙 (약자의 전략. 무기성능×병력 수. 틈새시장.)

제2법칙 (강자의 전략. 무기성능×병력 수. 대량전략.)

쿠프먼의 목표치(영향력 있는 시장 점유율. 26.3%.√3법칙)

♣ 자욘스 법칙 : 자주 볼수록 호감은 증대된다. 미운 얼굴도 3일을 보면 예뻐 보인다. (숙지성의 법칙)

§ 하인리히 법칙 : 1대 29대 300.

하나의 큰 사고 이전에 경미한 사고가 29건이 있고

경미한 사고 이전에 300건의 실수가 있다.

※ 메라비언 법칙 : 사과를 할 때. 표정과 태도가 55%. 목소리가 38%.

내용은 5%의 영향을 미친다.

容恕의 말은 容恕 같은 마음의 얼굴이어야 한다.

☆ 초두효과(primary effect) : 처음 만났을 때 3분 시간의 이미지가 강함. 첫사랑.

최근효과 : 최근에 들어 온 정보가 강함. (마지막 사랑)

득실효과 : 초두효과와 최근효과가 다르면 차이가 더 크게 느낀다.

★ 손실 회피성 : 뭔가를 얻었을 때의 기쁨보다 손해를 당했다는 억울함이 더 크게 느낀다. (손해를 보면 잠을 못 잔다)

○ 프로스펙트이론 : 이익은 확실한 쪽을 택하고 손해는 불확실하더라도 손해가 적은 쪽을 택한다.(높은 금액 차이는 손해가 더 크다)

● 민감도 체감성 : 이익이나 손실이 늘어날수록 그 정도에 대해서 둔감해진다. 예) 10원과 110원 중의 10원 느낌.

10원과 10,010.원의 10원 차이 비교

◆ 시간 할인율 : 시간이 지남에 따라 본래의 가치가 줄어드는 비율.
시간이 지날수록 시간할인율은 높아진다. 예) 이월상품.

◎ 플래이밍 효과 : 질문하는 방법에 따라 선택이 달라진다.
5번 식사하시면 1번 무료와 식대 20% 할인은 같지만,
다른 느낌. 6번 중? 예) 조삼모사(朝三暮四)

□ 지네법칙 : 100살 때의 1년은 1/100의 시간흐름이고(빠르고)
10살 때의 1년은 1/10의 시간(느림) 흐름이기 때문이다.

- 프랑스 철학자 지네 -

§ 촘스키이론 : 말을 하는 능력은 선천적으로 결정된 능력이다. 생득이론.
몸이 자라나듯이 말을 습득 하는 것이 자라난다.

★ 문장구조는 타고난 것이지만 울음소리는 습득된 것이다.

※ 태도우마 : 시각 청각장애로 태어난 태도와 두우마의 이름을 딴 언어
학습능력. 진동과 촉감의 조음동작으로 언어학습을 함.

● 진화의 목표는 순수한 지식이다.

♣ DNA를 전사하면(단백질을 만듦) RNA가 되고(리보핵산)
RNA를 해독하면 단백질이 된다.
DNA(데오시리보헥산이라는 염색체) DNA 핵 안에 수납되어 있음.

▽ 심장 : 신체의 중앙에 위치한 장기로서 신체의 생과 사를 결정함.

◐ 과학은 거시적 우주에서 미립자에 관한 단편적이고 분리적인 각각의
원리나 연관성의 한 측면만을 위한 논증이고 종교는 미립자와 거시영역
각각의 집합적인 원리와 관계의 조절을 간단한 영역으로 규정 하고
싶은 것이다.

▤ 이중양태이원론 : 물질과 정신이 다르지만 물질의 한 측면과 다른 면이 정신의 양쪽측면으로 이루어진 모습이다. 의식을 갖고 있지 않는 원자들이 결합하여 의식적 존재를 탄생시킨 우주를 설명함. 먹이사슬적으로 상승하는 존재의 질서가 물리학에서 생물학으로 심리학으로 인간학으로 사회학으로 상승하는 논리이다.

▥ 카오스(chaotic) : 미세한 입자의 교란이나 파동에서 그 효과가 증폭되어 불예측으로 비기계적으로 변하는 혼돈의 세계. 과학적인 증명은 확률로만 가능.

☆ 쌍둥이패러독스 : 우주여행에서 빛보다 빠른 가속도여행 상태에서 돌아오면 다른 쌍둥이의 나이가 달라져 있다.

▼호문클로스문제 : 뇌 속에 난쟁이가 움직여서 마음이 있는데 난쟁이의 뇌 속에 또 작은 난쟁이의 뇌가 있으므로 연속해서 더 작은 뇌가 있다.

△ 마취제 : 분자구조가 없다.

① 진통제 (통증 억제)

② 근이완제 (근육의 수축을 막음)

③ 전신마취제 (의식을 잃게 함)

■ 4사법 : 인사 - 감사 - 찬사 - 헌사

안녕하십니까? 00입니다. 오늘날씨나 자리를 마련해준 신 등에게 감사드립니다.

그동안 조상님, 등의 정신을 찬양하고 업적을 자랑스럽게 여기며 그동안 열심히 참석해주신 일가님 등등 복 받을 것입니다.

☆ 사랑은 완전한 자기몰입의 상실을 수반하는 기쁨과 고통의 연민이다.

내가 대접을 받고자 하는 대로 남을 대접하는 것이 사랑이다.

◎ 마음 : ① 유물론(물질이 원칙이다. 사실이 우선. 色卽是色)

② 유심론(마음이 우선. 모든 것은 깨달아야 한다. 空卽是空)

③ 동일설(마음과 신체는 같다. 공즉시색.空卽是色)

창발주의 : 부분이 상호작용을 통해 전체로서 새로운 작용이 생겨나는 현상.

암묵지 : 지식을 습득 할 때 신체에서 일어나는 과정과 활동 메카니즘.

알았다! 찾았다! 라고 했을 때 신체내부에서 일어나는 것.

- 플라니 -

▣ 칼루자클라인 이론 : 5차원(x. y. z.의 축 + t 시간 + w 공간)

◈ 지질시대 : ① 명왕누대(46~38억 년 전) ② 시생누대(38~25억 년 전)

③ 원생누대(25~5억 년 전) ④ 현생대(5억~4200만 년 전)

◑ 의원증 : 의학전문용어를 사용하고 싶어 안달하는 병적증세.

☆ 가장 행복 할 가능성이 있는 결혼은? = 귀머거리 남자와 장님 여자.

◐ 지구생명의 멸종의 원인 : ① 운석 충돌설 ②슈퍼플롬설(화산폭발)

③ 대륙이동설 ④스노볼어스설(원생대)

◑ 인간의 종

진핵생물 - 동물계 - 척추동물문 - 포유강 - 영장목 - 사람과 - 사람속 - 사람종

◇ 칸트 : 아름다움은 판단하는 능력이 취미이다.

⊙ 블랙홀 : 슈바르트슐츠 반지름. (질량. 전하. 자전.)

블랙홀에는 털이 없다.

광속으로도 탈출 할 수가 없다. 블랙홀 주변은 뜨겁다.

☞ 진화론 : 종은 시간에 따라 변화한다. - 라마르크 -

① 용불용설(사용하면 발달하나 사용하지 않으면 퇴화한다.) 다윈 등.

② 획득형질의 유전(형질은 부모로부터 자식에게 유전된다.)

멘델스의 유전법칙.

○ 다윈 : 갈라파고스제도에서 핀치새 14종류를 보고 신은 왜 완전한 1종을 만들지 안했을까?

⊙ 양자이론 : ① 불확정론(닐스보어. 하이젠베르그) ② 결정론(데이비드봄)

③ 파동역학(K 슈뢰링거) ④ 행렬역학(WR 하이젠베르그)

※ 11차원의 중력 : 원초적인 중력. 1개의 시간과 10개의 공간.

초끈이론의 설명.

우주의 시작은 점(무한)이 아니고 끈(유한)과 같은 공간을 갖고 있어야 한다.

D 막이론 : 끈의 경계에 먼저 벽이 있다는 이론.

※ 원자 : 원자의 크기 10^{-10}m 원자핵 10^{-15}m

원자의 무게 예) 탄소 1.66605 × 10^{-27}kg

전자의 무게 10^{-22}플랑크

중성미자의 무게 전자질량의 10^{-6}배

양자의 무게 전자 질량의 1,836배

힉스입자(가상입자)의 무게 중성미자보다 작음

⑲ 19 : 양력과 음력이 겹치는 해 19년마다. 19년 동안 달은 235번 회전. -7

부활절 계산식 19×7×4 = 532일(춘분 뒤 첫 만월일이 지난 일요일)

♣ 긍정적 피드백(positive feed back) : 자신이 정해 놓은 가설에 부합하는 현상이나 결과만을 채택하는 심리적인 현상.

결과가 좋으면 선순환. 나쁘면 악순환.

☞ 빛은 전자기파이다. 무지개의 스펙트럼은 옥타브의 스펙트럼과 같은 7계

◈ 제로섬게임 : 경쟁하는 두 사람 중 하나가 이득을 보면, 반드시 상대방은 손해를 본다.

반대측면은 윈윈 상태 혹은 루즈루즈 상태.

◐ 내시균형(평형)이론 : 처음에는 협력하고 그 다음부터는 상대방이 행동한 대로 따라서 행동한다. 담합, 또는 이에는 이.

♣ 열역학 제1법칙 : (에너지보전의 법칙) 에너지는 형태가 변 할 수는 있어도 새로 만들어지거나 없앨 수 없다. 가역의 법칙.

열역학 0 의 법칙 : (열평형의 법칙) 물체 A와 B가 다른 물체 C 와 열평형을 이루었다. $Q = G \times C \times (t_2 - t_1)$

1kw = 860Kcal. = 427Kg.m

열역학 제2법칙 : 에너지 이동의 법칙. 엔트로피의 비가역성.

저온에서 고온으로 열흐름 불가. 열에너지에서 일의 에너지로 100% 변환 불가능.

제2종 영구기관 비존재.

열역학 제3법칙 : 절대온도에서 엔트로피가 0 이 되는 법칙.

엔트로피 = K(1.38×10^{-23}) J/K절대온도 0 으로 접근 할 때 엔트로피가 어느 일정한 값을 갖는다.

⊙ 베타의 원리 : 한 원자에서는 같은 양자상태에 두 개 이상의 전자들이 함께 존재할 수 없다.

⊙ 마음 : 생각하는 마음이 없다면 생각 할 수 없는 몸의 각각의 기관을 생각하라. 생각이 나를 만들고 기억하게 한다.

몸 각 기관의 감각에 맞춘 생각은 몸을 따르는 습관이 된다.

◈ 카페인 : 메틸화크산탄. 신경향상제. $C_8H_{10}O_2N_4 \cdot H_2O$

☮ 이스라엘 : 1,897년 시오니스대회(시오니즘)유대인이 고국 팔레스타인에 국가건설을 목표로 삼음. 영국이 아랍인국가와

이스라엘 국가건설을 이중으로 인정

1,917년 벨푸어선언 (영국 아서 밸푸어가 팔레스타인에 유대국가건설을 인정)미국을 1차 대전에 끌어 들이기 위함.

영국 고등판무관 맥마튼이 팔레스타인에 아랍인

국가건설지원 약속으로

이스라엘과 팔레스타인 아랍인과 현재까지 전쟁 중.

예루살렘 : 유대인은 솔로몬 성지.

아랍인은 마호매트가 백마 타고 승천한 곳.

◻ 시간 : 과학에서 시간은 일직선의 빛과 같고

철학에서 시간은 끊어지지 않는 실과 같다.

◻ 감옥 : 감옥에 갇힌 사람이나 병원에 입원한 사람, 직장에 매인 사람, 학교나 군대처럼 여럿이 함께 있는 사람, 또는 남들에게 욕먹고 있는 사람 등,등, 서로 다른 울타리에 갇힌 감옥생활이다.

감옥은 죄책감을 나누어 갖는다고 생각한다.

㉧ 몽테뉴 : 우리는 가장 모르는 것을 가장 잘 믿는다.

✺ 댐건설 피해 : 생태계 파괴.기온변화(대기중 수분 함유량 변화)수압변화.

☼ 지구 온난화 : 지구공전 10만년 주기설. 이산화탄소는 가시광선은 통과하고 적외선은 열을 흡수 한다.

♋ 톡소플라지마 : Toxoplasmosis 고양이 창자에 기생하는 원생동물. 설치류(쥐.등)가 고양이 배설물을 먹으면 고양이 배설물 냄새에 이끌려 가게 된다.톡소 플라즈마가 쥐의 뇌 속에 들어가 고양이 냄새에 성적 흥분상태에 빠져서 고양이를 찾게 된다.

⤧ 커피 : 커피나무를 처음 발견한 곳의 지명이름. 에디오피아.
아랍어 카파(coffa)= 힘.
로브스타종 (일반적인 커피) 카페인량이 두배 많음.
아라비카종(고급 커피)

𝍸 인간의 빅뱅 : 5만년 전 거울뉴런의 모방 학습이 비약적인 발전. 언어 소통이 시작. 인간뇌의 빅뱅.

⯐ 광우병 : 전염성소해면상뇌병증. 구루병.(크루족 식인풍습) 프리온 단백질 원인 (초식동물이 육식)으로 뇌가 스펀지화 됨.

◬ 생물과 무생물 기준 : 유전자(DNA, RNA)가 있으면 생물 없으면 무생물.

✺ 낙천가의 원리 : 평가 받을 때 부정적인 말보다 긍정적인 말을 더 잘 받아들인다.

◆ 도파민 : (dopamine, C8H11NO2) 신경화학물질. 쾌락, 흥분, 끌림, 기대감. 뇌의 흑질·기저핵·선조체에서 주로 신경충격의 전달을 억제하는 신경전달물질이다.

◘ 짝 고르기 : 암컷이 수컷을 고른다. 아름다움은 건강과 번식력의 지표다.

친절. 창의성. 지능. 상상력은 미래개척능력의 지표다.

여자에게 가장 필요한 것은 친절함과 지성이다.

성선택은 장식용 언어가 제일(칭찬. 음악. 율동. 유희.)

♨ 역사 : (6회× 6년 = 36년) (6+6+6)×2(음양)=36년(1회) BC 2,333년 시작.

—2,060년. (122회. 한국이 세계의 중심.4,392년.) → 2048년 →2,036년

—2,024년. (121회.기준통일.전염병.—1,988년(한류시작.4,320년.120회)

—1,952년. (72년전.민족전쟁.119회)—1,898년(120년전. 일제.117회반)

—1,880년. (144년전.열강침략.117회)—1,592년(432년전.일본침략.109회)

—1,232년. (792년전.몽고침략.99회)—872년(1,152년전.후삼국분열.89회)

—656년. (1,368년전. 삼국멸망. 당나라개입. 통일신라.83회)

—296년. (1,728년전. 낙랑축출 대륙팽창.73회)

—BC 65년. (2,088년전. 삼국건국.63회.) AD 1년±BC 1년

—BC 245년. (2,268년전. 단군조선멸망. 부여탄생.58회)

—BC 1,109년. (3,132년전. 팔조. 고조선 신국.34회)

—BC 2,333년. (4,356년전. 단군조선 국가탄생 원년. AD 2024년 기준)

- 悟 南 -

※ 사건

1910.8/29.	한일 합방.	1919. 3/1.	3.1운동.
1945.8/15	일본 항복 선언일	1945. 9/2.	일본 항복 서명일
1953.6/25	6.25 전쟁 발발	1953. 7/2.	6.25전쟁 휴전일
1960.4/19.	4.19 학생의거	1961. 5/16	5.16 구테타
1970.12/15	여수 남영호 침몰(319명 사망)		
1972.10/17	유신헌법.	1974.8/15	육영수 사망 (문세광)

1979.04/29. 박근혜 (1952.02.02.) 구국선교단　　최태민(1912.05.05.)

1979.10/26. 박정희 사망 (1917.11.04.) (김재규가 저격1926.03.02)

1993.10/10 서해훼리호 침몰　　(292명 사망)※ 위도 동쪽 4.5km

1994.10/21 성수대교 붕괴　　(32명 사망)※ 성수대교

1995.6/29 삼풍백화점 붕괴　　(510명 사망)※ 대림 아크로비스타

2003.2/18 대구지하철 화재참사 (192명 사망)※ 중앙로역

2010.3/26 천안함 침몰　　(46명 사망)※ 백령도 남방 37-54-20N

1917.11/14. ~ 1979.10.26.박정희. 1926.1/6.~ 2009. 8/18. 김대중

1946.9/1. ~ 2009. 5/23.노무현. 1912.5/2.(5)~ 1994. 5/1.최태민.

2014.04/16. 세월호 침몰 (최태민 사망 20주기 4/27)※ 진도 병풍도 앞

2013.02/25. 박근혜 대통령 당선 ~ 2017.03/10.박근혜 탄핵.(1476)

미르& K 재단 설립일 2014. 10/27. (박정희 사망일 1979.10/26)

정윤회 문건유출 사건 2014. 11/28. (최순실 사건 2016.10/24)

경주지진 2016.09/12.(8 : 33.) 진도 5.8 2016.09/19.(8 : 32) 진도4.5

서문시장화재 2016.11/30. 02시.

박근혜 공주18년 1961. 5/16.~ 1979.10/26.~은둔18년 1997.12/10. ~

정치활동 18대대통령 2012.12/19. (51.6.3%당선)~탄핵 2016.12/09.

2017.04/27. 탄핵 & 사망(세월호 사망)

2019.일본강제징용 개인보상판결.(일본 민간기업)

☃ 동양인 : 내용과 상황의 인과성을 중시. 개인의 차이를 무시.

사회의 잘잘못을 선험적 믿음으로 판가름.

서양인 : 사물의 인과성을 중시.

개인의 잘잘못을 중시. 개인차이 인정.

♣ 숙지성의 법칙 : 못생긴 얼굴도 사흘이면 좋아 보인다. (자욘스 법칙)

☂ 작화증 : 자기의 공상을 실제처럼 말하면서 자신은 그것이

허위라는 것을 인정하지 못하는 병.

☙ 바넘효과 : 일반적인 점괘를 자신의 일인 것처럼 받아들이는 현상.

☃ 노세보 효과 : 플라시보 효과의 반대. 부작용에 대한 두려움이 몸이

아프거나 불쾌한 증상으로 나타나는 것을 말한다.

☂ 박테리아 섹스 : 수평적 유전자이동.

사람의 사타구니 피부에는 100만/1㎠ 박테리아

✺ 알몸은 있는 그대로의 모습이고, 누드는 다른 사람들은 벌거벗었다고 생각하지만 자신은 그렇게 인식하지 않는 상태이다.

◬ 몸은 영구적인(원자)것 들의 일시배열이다.

◭ 탄소와 질소 등의 원자가 박테리아 등에 의하여 이산화탄소 암모니아 등으로 전환되어 단백질 또는 배설물이 되어 생명의 순환을 이룬다.

⧨ 진화의 비밀은 죽음과 시간이다. - 칼 세이건 -

◉ 심장과 뇌의 세포가 다른 장기세포보다 수명이 더 길다.

⊙ 비용은 지독한데 쾌감은 덧없고 자세는 바보 같다. - 체스터필드 -

▣ 죽어가는 신체는 계속 소멸하는 반면에 좋은 성적인 충동에 의하여 유지되고 존속한다.(생산. 음식소화. 성기능. 피부재생)

◈ 환경이 진화하기 때문에 유기체들은 존속하기 위하여 진화한다.

유전자생식을 하는 감수분열섹스로 유전자 섞기에서 기생충을 더 잘 따돌린다.

복잡계에서 존재하는 이유는 자연의 에너지 역할을 수행하기 위하여 존재한다. 엔트로피의 변류가 열역학 제2의 법칙에 따르는 것이다.

생물학적인 섹스는 둘이상의 출처에서 나온 유전자들의 결합이다.

바이러스는 곧 우리의 증가하는 RNA, DNA.의 자식이기도 하다.

우리는 얼마간의 박테리아다. DNA파편의 종간 수평적 섹스의 산물이다.

처녀생식을 하는 편형동물도 종간 수평섹스이다.

감수분열은 염색체수를 감소시키고 수정은 염색체수를 두 배로 늘린다.

◐ 릴리트 : 아담의 첫 번째 부인(유대인의 전설). 올빼미소리를 내는 여인.
악마의 여인.

‡ 막달라마리아 : 성적으로 타락한 여자. 예수부활을 처음 본 여자.

☞ 공자 : "위령공" 군자구저기(君子求諸己) 소인구저인(小人求諸人)
군자는 자기에게서 구하고, 소인은 다른 사람에게서 구한다.

허버트 : 소인은 특별한 것에 관심을 갖고,
대인은 평범한 것에 관심을 갖는다.

♨ 쿠골(Cuckold) : 유뷰녀의 서방질. 부정한 아내의 남편.

㉧ 믿음 : 언제인가 필요한 것 같고 기적으로 남겨진 선택이며 비밀이다.
가치와 선택의 기준을 평균이상으로 갖는 것이 믿음이다.
믿음은 의심의 울타리이고 벽이다. 여러 사람이 구별 할 수 없는
경험의 하나이다. 신뢰하는 진실을 계속 유지하고 싶은 욕심이다.
비교하거나 선택으로 달라지지 않는다.
표현하는 대로 따라서 행동하려 한다.
외부세포의 반응에 따른 밈의 신경세포반응에
유리한 신경의 방향에 따라서 두뇌의 신경이 진화 한다.
식물은 이동이 불필요하여 두뇌신경의 발전이 없고 동물은
움직임에 따른 신경세포의 발달이 이루어져서 빛을 보기위한
눈이 생기고 다른 감각기관의 발달이 이루어졌다.

감각을 인지하는 두뇌 발달이 선택의 순간 믿음으로 선택하는 경향이 생겼다.

신이 실제로 존재 한다.라는 두려움과 공포를 경감해주며 의심의 꼬리를 감추게 한다.

행동으로 나타나는 종교행위는 종교병의 증상이며 종교에 관한 믿음을 확인하려는 욕심이다.

믿음은 알지 못하는 것 때문에 믿으려고 이유를 찾는 선택이다.

종교는 믿을 수 없는 것을 믿는다고 주장하는 행위이다.

종교 활동에서 신이 직접 기적과 위안을 주기보다는 동료에게 위안과 격려를 인정받고 싶어 한다.

자신이 소유한 경전에서 신의 모든 것을 자신만의 소유물처럼 찾는 기도와 찬송의 기적이다.

과학이 아무리 확실한 증거와 이론으로 설명 한다고 해도 항상 의문은 존재한다. 그 의문을 종교로서 해결하고자 할 뿐이다.

◈ 설계 : 생명의 진리를 역설계 할 수는 없다. 잘못된 유전자를 발견 할 수는 있어도 완전한 유전자를 구별 할 수는 없기 때문이다.

두 사람이 동일한 의견으로 동일한 행동을 할 때 각 개인의 뇌와 몸에서 유전자군들이 활성화 되거나 불활성해지는 정도가 동일 하지 않다.

두 사람이 동일한 생각과 행동으로 동시에 같은 장소에서 같은 일을 하더라도 각개인의 심장박동수도 다르고 혈류량이나 호흡양이 결코 같을 수는 없다.

하나님의 말씀을 귀로 듣는 것은 세상의 모든 소리중 하나를 나 홀로 듣는 것이요. 하나님을 보거나 만났다는 것도 혼자서 세상을 만난 것과 같음이라.

사람의 눈과 귀와 꿈 등으로 하나님을 안다고 한 것은 세상의 지식을 처음 만난 것과 같음이라. 그것은 아는 것이 아니라 단지 알았다고 믿는 것이다.

- note. -

◑ 이해하는 것은 용서 하는 것이 아니라 용서 할 수 있는 첫째 요건이고 용서는 남에게 주는 것이 아니라 자신에게 베푸는 아량이다.

▣ 도킨스 : (이기적 유전자) 사람이 이기적으로 자신의 유전자를 퍼트리는 것이 아니라 유전자 자신이 자신을 이기적으로 퍼트린 것이다.

♨ 컴퓨터는 역설적인 설계를 반복하고 시간을 거꾸로 읽을 뿐이다. 믿음은 메모리 된 문장이고, 욕구는 그림이며, 지각은 센서의 감각이며 노력은 목표를 향한 입력이다.

- note. -

※ 신은 시작을 창조한다. 인간은 창조 후의 시작을 이어가는 현재이다. 인간이 시작과 끝을 알 수 없으니 신에게 시작과 끝을 창조하게 했다.

☆ 인간의 진화 : ① 시각 ② 집단생활 ③ 손
④ 귀의 균형 ⑤ 피부의 열 조절

Σ 인간은 자신이 믿을 수 없는 것을 믿으려고 한다.
자신이 알고 있는 것은 믿지 않고 모르는 것은 신에게 넘긴다.
인간이 알 수 있는 것은 자연선택이나 우연이다.
신이 지적설계로 우주를 창조하고 인간에게 마음이라는 영혼을 자궁 안에서 만들었을까? 우주의 진리 안에서 선택하도록 했을까?
하나만 확인하면 신은 없으나, 여럿을 선택하려면 신이 필요하다.

- note. -

¤ 종교는 성공의 기술이다. - 루스베네딕트 -

종교에서 믿음은 모든 자연법칙을 이기는 법칙이다.

성공하는 법칙중의 최고의 법칙이다.

몸은 침대에 있지만, 영혼은 잠잘 때 다른 세상을 돌아다닌다.

신학은 알 수 없는 것을 설명하려는 노력으로 더욱 알 수 없게

축소내지는 확대 하는 것이다.

마음을 해결 할 장비나 기술은 없다.

필요인식에 의하여 마음의 결정이 내려진다. - note. -

♠ 책임감 분산 : 사건을 목격한 사람이 많을수록 개인이 느끼는

책임감이 분산된다.

⊙ 베르터 효과 : "젊은 베르테르의 슬픔"처럼 유명인의 자살사건이

다른 자살을 부추기는 효과.

♨ 음악은 신체적 상상력을 가진 신체와 마음이 일치되는 시간의 그림과

신체의 호읍이다.

음계와 음색이 목소리로 발현되고 눈으로 감정을 읽고

몸의 동작으로 음정을 따른다.

음계에 감정의 색채를 담는다.

선율은 소리의 그림을 그리고 리듬은 운동신경의 변화를 준다.

박절은 신체의 강약을 호읍으로 바꾼다.

☜ 지구의 평균 온도 : 14.4℃ 1년에 0.02도씩 상승 중

◐ 인간의 행동은 보상을 받으면 강화되고 처벌을 받으면 소멸된다. - 스키어 -

Π 유머의 3요소 : ① 부조화 ② 해결 ③ 모욕 - 케스틀러 -

♣ 樂(락) : 즐길 낙. 음악 악. 좋아할 요.

나무 받침 위에 큰북과 작은 북이 있고 좌우에는 돈이 있다.

◈ 웃음소리는 다른 사람이 들을 수 있도록 알려주고 간지럼을 태울 때 웃는 것은 공격과 방어의 본능적 표현이다.

웃음은 무의식적인 공격이고 유머는 음란하고 야비한 자극과 성적인 공격이다.

☏ 모든 약은 중독성이 있는 것이 아니라 중독된 사람들의 습관만 있다.

아편 : 아기를 달래는 약(영국19C)

◑ 인지부조화이론 : 자신의 믿음에 일치하지 않는 행동에 대한 보상으로 사소한 것을 받으면 받을수록 자신의 믿음을 바꿀 가능성이 높다.

\- 레온패스핑거 -

자신이 꾸며낸 거짓말을 돌이킬 수 없다면 아예 자신의 믿음을 바꾸어서 더 이상의 부조화를 느끼지 않으려고 한다.

☜ 신경적응모델 : 신체에 도파민, 세로토닌과 같은 신경화학물질이 자기신체에 들어오면 뇌에서는 신경물질을 만들지 않는다.

☞ 기억은 정확하다. 그러나 그 기억의 장면은 확실해도 그 기억을 선택하거나 무시하는 것은 마음이다.

▩ 하나의 선택을 확인하면 과학으로 표현하고 어려운 여러 문제가 생기면 종교로서 해결 한다.

우주의 창조를 신이 설계하였다고 주장하는 것은 인간이다.

신은 인간을 위하여 우주창조를 한 것이 아니고 신을 위한 창조이고 신의 절대성이 존재한다.

신이 인간을 위하여 인간을 창조한 것은 아니다.

인간은 자기 2세를 위하여 생산 하고자 했을까?

식물은 꽃을 피울 때 열매와 씨앗으로 번식을 위해 피었다고 할 수 있을까?
신이 인간한테 무얼 메시지로 보낼까?
누구를 선택할까? 무작위일까? 신의 언어로 표현 하였을까?
영어로? 히브리어로? 고대 원시언어로? 한국어로?
인간이 신의 언어를 해독한다. 영적감흥으로? 신의 계시로?
자신의 입이나 글자로 바꾸는 것은 인간의 몫일까?
인간의 입으로 말하면서 신의 뜻이라고?
글로 씌어진 문자를 신의 뜻이라고?
여러 제자들은 영감을 어디에서 언제? 무슨 영적인 감으로 신의 뜻을
표현 할까? 내 귀에는 인간의 소리요, 글자인지라. 다른 이에게는
전해서도, 전 할 수도 없는 인간 개개인의 소리이리라.
신이 경전에서 인간에게 직접 표현 하였다고 한 말은 인간이 신에게서
듣고 싶은 인간의 믿음이고, 인간욕심의 반대급부이다.
인간이 인정하는 위대한 신은 창조를 통하여
인간어머니의 칭찬과 인간아버지의 잔소리를 신격화한 신의 목소리이다.

- note. -

▦ 화엄경 : 일즉다 다즉일(一卽多 多卽一) 하나가 전체이고
전체가 하나이다.

▽ 태초이전에 영(零.靈.無)님이 있어 하나님의 창조를 시작케 하였니라.

▣ 천상의 왕국 : 신의 뜻이 온 누리에 퍼질 때 예수의 부활.
죄의 삯이 없을 때.(눈 뜬 장님들아! 천상이 여기다!)

천국의 수문장 : 베드로. 예수가 천국의 열쇠를 베드로에게 주었다.
(마태복음) 진주의 문.

코란의 천국 : 코란 13교리를 완수. 8만 명의 하인과 72명의 처녀보상
(포도의 변신이라고도 함).

♨ 욥기 8장7절 : 네 시작은 미약 하였으나 네 나중은 심히 창대 하리라.
(너의 술잔의 첫잔은 미약하게 마셨으나 나중은
너의 술버릇으로 말미암아 자신의 입만 창대하리라)

☆ 마가 16 : 18 믿는 자는 뱀을 잡으며 무슨 독을 마실지라도 해를
받지 아니하며,

≒ 믿음은 교육을 받고 믿은 자는 그 믿음을 다른 사람에게 교육하려 하며,
스스로 믿은 자는 자신을 위하여 자신에게만 교육한다.

믿음 (히브리서 11 : 1) 바라는 것들의 실상이요,
보지 못하는 것들의 증거라!

남을 위하여 증거 하지 않고 자기를 위하여 스스로 옳음을
증명 하는 것. 아무증거도 없이 함께 믿는 것은 거짓 믿음.

복(요한복음20 : 29) 나를 보지 않고 믿는 자가 복되도다. -도마의 불신-

화엄 : 하나가 전체요, 전체가 곧 하나이다. (一卽多 多卽一)

아는 것은 곧 모르고 있는 것이다.
모르고 있는 것은 곧 알 수 있다는 것이다.
아는 것을 아는 것은 있다는 것을 아는 것이다.
모르는 것을 모르는 것은 없는 것을 아는 것이다.
아는 것을 모르는 것은 실재이다.
모르는 것을 아는 것은 믿음이다. - note -

★ 영적경험, 몰입, 의지의 관철, 깨달음, 등은
누구나 경험 할 수는 있어도 타인에게 가르칠 수는 없다.

□ 복이 있는 자 (산상수훈) : 심령이 가난한자. 애통한 자.
온유한 자. 의에 주리고 목마른 자. 긍휼히 여기는 자.
마음이 청결한 자. 화평케 하는 자. 의를 위하여 핍박 받은 자.
소금이 된 자.

■ 과학의 이론은 옳다는 것을 절대로 증명 할 수 없고
틀리다는 것 또한 증명 할 수 없다는 것뿐이다.
종교이론은 옳다는 것을 믿음으로 증명하지만,
다르다는 것은 절대로 믿음으로 증명 할 수 없다. - note -

△ 절대적인 미스테리(셀링); 생각과 감정이 질적인 특성을 갖고 있는
미스테리는 우주의 존재에서 無이상의 무언가가 있어야 한다.

▼ 두뇌 : 100 ~ 150억개의 신경세포(뉴런).
뇌신경세포 1개에 1,000개의 수상돌기 (전선 기억용량 10^{14})

※ 소금알갱이 하나 : 10^{16}개의 원자(염소독성. 나트륨 부식성)
은하계의 별 150억개.

▨ 감각기관 : 눈. 코. 귀. 혀. 피부.
행위기관 : 성대. 손. 발. 항문. 생식기.

▩ 오온五蘊 : 色(색. 물질. 땅. 물. 불. 움직임)
受(수. 감수기능. 느낌. 락. 고.)
想(상. 사유기능. 지각. 육감각.)
行(행. 의지의 욕기능. 지음. 상의 행동과 육감의 의지)
識(식. 식별력 기능. 상의 의식.)

☏ 창조 : 창조이전을 전시(前時)적 상태.

창조이후를 통시(通時)적 상태.

고스의 주장 창조전의 존재는 선 존재에 창조적인 개입이 있다.

순환고리의 설명으로 창조의 개입은 모든 강은 바다로 흐르지만 바다는 넘치지 않는다. 강물은 나온 곳으로 다시 돌아간다.

순차적인 진행존재와 한번에 창조된 존재를 동일한 존재로 인식.

인간이 음식을 먹고 소화되어 그 영양분이 혈액에 함유되어 폐에서 산소를 공급 받아서 단백질 등으로 몸에 축적되고 탄소는 몸 밖으로 배출되어 식물의 광합성작용의 영양분이 되어 열매 등이 되어 계속 순환한다.

- note. -

▧ 범아일여(梵我一如) : 범(우주의 근원. 단일한 원리. 전일성. 일원론.)

아(감각영역의 경험의 주체활동 다양성. 이원론)

◐ 부동지 : 몸, 입, 뜻의 변화를 의지하지 않고 일심을 얻은 지혜.

땅으로 넘어진 사람은 땅을 짚고 일어선다.

▤ 붓다의 가르침 : 일체를 오온, 12처, 18계, 등이 무상이고 무아이다.

용수의 관육정품. 중관학 : 눈은 스스로 그 눈을 볼 수 없고,

칼날로 그 칼을 자를 수 없으며,

손가락으로 그 손가락을 가리킬 수 없다.

◑ 대승신기론 : 不覺 (불각. 깨닫지 못한 상태)

本覺 (본각. 본래의 깨달은 상태)

視覺 (시각. 깨달음이 현실화된 상태)

▥ 대승불교 : 큰 수레. 전문 수행자 + 재가신자. 강을 건너면 뗏목을 버림.

소승불교 : 작은수레. 전문 수행자. 원리주의. 강을 건너서도 뗏목을 짐.

◈ 보살의 수행단계 : (인왕반야경소. 51 ~ 52단계)

① 십신 (외범.초발심) : 신심(信心) 염심(念心) 정진심(精進心) 혜심(慧心) 정심(定心) 불퇴심(不退心) 호심(護心) 회향심(廻向心) 계심(戒心) 원심(願心)

② 십주 (내범) : 발심주(發心住)치지주(治地住) 수행주(修行住) 생귀주(生貴住) 방편구족주(方便具足住)정심주(正心住) 불퇴주(不退住) 동진주(童眞住) 법왕자주(法王子住) 관정주(灌頂住)

③ 십행 1. 환희행(歡喜行) 2. 요익행(饒益行) 3. 무진한행(無瞋恨行) 4. 무진행(無盡行) 5. 이치란행(離癡亂行) 6. 선현행(善現行) 7. 무착행(無著行) 8. 존중행(尊重行) 9. 선법행(善法行) 10.진실행(眞實行)

④ 십회향 1. 구호일체중생이중생상회향(救護一切衆生離衆生相廻向)
2. 불괴회향(不壞廻向)
3. 무진공덕장회향(無盡功德藏廻向)
4. 지일체처회향(至一切處廻向)
5. 입일체평등선근회향(入一切平等善根廻向)
6. 등수순일체중생회향(等隨順一切衆生廻向)
7. 진여상회향(眞如相廻向)
8. 무박무착해탈회향(無縛無着解脫廻向)
9. 입법계무량회향(入法界無量廻向)
10. 등일체제불회향(等一切諸佛廻向)

⑤ 십지 1. 환희지(歡喜等)　2. 이구지(離垢地)　3. 발광지(發光地)
4. 염혜지(焰慧地)　5. 난승지(難勝地)　6. 현전지(現前地)
7. 원행지(遠行地)　8. 부동지(不動地)　9. 선혜지(善慧地)
10. 법운지(法雲地)

⑥ 등각(等覺) : 보살의 제일 높은 개달음의 자리. 등정각(等正覺)이라고도 한다. 곧 불타를 말한다.

⑦ 묘각(妙覺) : 미묘하고 심오한 깨달음.
보살의 52위의 맨 뒷자리.

◈ 육조단경 : 마음을 알고 본성을 알아 스스로 부처의 진리를 이룬다.
(六祖壇經)본성을 보는 것이 곧, 부처가 되는 것이다.

▣ 금강경 : 마음이 부처다. 부처가 부처가 아니라야, 진짜 부처이며
마음이 마음이 아니라야, 진짜 마음이다.(그림자도 없다)

⊙ 보살의 수행 5 단계

① 자량위 : 10주. 10행. 10회향의 진전 단계.

② 가행위 : 10회향의 마지막. 자량위를 가속하는 단계.

③ 통달위 : 보살 10지의 환희지 경지 후천적 번뇌는 소멸 단계

④ 수습위 : 무분별지. 보살십지의 둘째이후 단계 . 수도위.

⑤ 구경위 : 대열반과 대보리의 경지. 무학도. 불과 얻음.

☆ 불법의 수행법 : ① 견분(사물을 눈으로 인식. 현상은 주관으로 인식)
② 상분(사물을 주관적 마음으로 인식. 보는 달.)
③ 증분(사물의 인식을 증명. 현상은 객관. 상분 + 견분)
④ 증자증분(1 2 3을 인식하는 것. 자기의 증분을 봄.)

※ 화엄경 : 일즉다 다즉일 (一卽多 多卽一)

하나가 전체이고 곧 전체가 하나이다.

理事無礙 事事無礙(이사무애 사사무애)

이론과 실제는 다른 것이 아니고

사물과 사물간의 작용도 다름이 아니다.

이상의 깨달음과 진실의 깨달음이 연기의 법이고

현실과 사물의 진리를 깨달음이 연생의 법이다.

산은 산이요, 물은 물이다.

산에 오르고 내려가는 마음이 바로 마음이다. 마음먹기.

▣ 엑카르트 : 신과 신성을 구별한다. 신은 성부 성자 성령의 삼위 일체이고

신성은 일체의 속성을 떠난 하나님, 삼위의 옷을 벗은 하나님

신성의 하나님과 인간 영혼의 근저가 지성으로 볼 때는

완전히 하나이다.

지성은 본래 신의 것이며 신은 하나이고 인간은 지성이나

사유능력만큼 신을 가지고 있다. (마이스터 신비주의 신학)

¤ 무소유 : 아무것도 가지지 않고, 원하지 않고, 알지 않고, 버리지 않고,

사랑하지도 않고, 미워하지도 않고, 싫어하지 않는 것이다.

가난한자는 복이 많다.(무아無我의 하위단계)

일심염불. 돈오돈수. 자성청정심. 불심. 부처. 미륵.

☎ 道는 마음의 부처이다.

일상의 마음이 도道이다.

마음도 아니고 사물도 아니고 부처도 아니다.(道可道非常道)

⊙ 무명과 지혜는 시작도 없고 끝도 없다.(善을 不善으로 알면 無明↔知慧)

▣ 일체지(一切智) : 사물의 공성을 투철하게 아는 지혜.

차별지(差別智) : 세간을 자세히 관찰하는 지혜.

일체지지(一切智智) : 사물의 이치와 작용을 일치시키는 지혜.(물질정신)

☏ 믿음 : 전도서(11 : 1).　　사도행전(10 : 후반).　　디모데후(4 : 17)

로마서(10 : 14~15) 벧 전(2 : 9) 고전(1 : 21) 사도(43 : 7)

◐ 나의 사주 때문에 잘잘못이 결정된 것이 아니고 서로 다른 잘하거나 잘못한 과거가 있을 뿐이지 과거 때문에 미래가 정해지지 않는다. 미래는 현재의 설명으로 대신할 수 있어도 현재의 결과는 아니다.

- note -

◆ 치킨게임 : 경쟁자의 마지막 선택. 비겁함의 선택. 자동차 정면충돌게임.

게임의 필승법 : 자신의 정보는 주지 않고 상대의 정보만 손에 넣는 것.

◘ 귀인왜곡(attributional distortion)

이전에 축적된 자극들은 사람에게 영향을 끼쳐

유발된 자극이 된 사건이 의도적으로 벌어 졌다고 귀인하게 된다.

귀인왜곡이 더해진 사건의 효과를 곱셈효과라고 한다.

유발자극으로 화풀이 강도가 커져간다.

⌸ 로마노프 야마가타 의정서 : 1,896. 6.러시아와 일본외무장관과의 조약

조선으로 군대파견 시 양국협의와 양해.

Ⓠ 외국인의 간섭 : 원세계. 이토오히로부미. 하우스만.

⌧ 잘못을 저지르는 것은 인간이고 용서 하는 것은 신이다.　　- 페럴만-

⌨ 3 R : 화풀이(resentment) 보복(retaliation) 복수(revenge)

■ 창조 : ① 날시대이론 (6일 창조) 성경원리. 근본주의.

② 간격이론(회복이론. 파괴이론) 여러번의 창조. BC 4004년.

③ 창조과학이론(홍수지질학) 지적설계(ID).BC 4,000 ~ 8,000

⊙ 창발적 진화 : 무기물에서 인간에 이르기까지 신의 창조개입이 진화과정의 개입과 같다.

♣ 인간의 세포 : 세포의 핵에는 23쌍(46개)의 염색체가 있다.
1 ~ 22 번까지는 상염색체(외모와 행동)
23번째는 성염색체(XX는 여성. XY는 남성)
하나의 세포는 쌍염색체 유전자.

⍄ 하이퍼그라피아 : 글을 쓰고자하는 주체 못할 욕구.
블록현상 (block) : 자신의 블록을 채우려는 욕구와 판단이 다른 현상.
작가의 블록현상 : 작가자신의 의지와 상관없이 글을 쓰지 못해서 고통스러운 현상.
자메뷰(Jamais Vu) : 이미 경험한 것을 처음 경험한 것으로 느끼는 현상.

⊞ 측두엽 간질 : 바이런. 모파상. 파스칼. 단테. 고흐. 바울. 모세. 등.
조울증 : 변덕스러운 기분을 나타내는 현상. 양극성 장애.
우울증 : (수렴적 사고.) 조증. (단극성 우울. 조증 없이 우울.)
다변증 : 병적으로 말을 많이 하는 사람. 슈만.

▣ 거울뉴런 mirror neuron : 인간의 뇌는 모방 학습과 행동 학습에 의하여 마음의 정보처리 능력이 발현 된다.

◈ 탈억제이론 : 알콜이 판단영역(피질부분)을 억압하고 동물적 욕망부분을 관여하는 영역은 억압 하지 않는다.

◐ 갈망과 선호 : 알콜이나 다른 약은 간절히 원하는 것을 갈망하는 뇌영역과 복용의 즐거움을 선호하는 뇌의 영역은 다르다.

※ 예언자 : 풍수설, 음양설, 방위설, 상서설, 운수설. 점지설.

도선(827~898) : 옥룡기.도선답산가. (백두산=북=물. 남=나무.지리산. 동=푸른 산 몸통)산은 양. 땅은 음.(산이 많으면 낮은 집) 좌향론.

신지(神誌) : 고조선의 6세 단군 달문님 재위시 신지 발리. 형국론.

천부경, 삼일신고, 366사 등 원리 인용.

해동고현유훈 : (海東古賢遺訓)동지가 갑자일이 되면 수화목금토가 정북에 모인다.

삼국사기 : 최치원. 계림(신라)은 누런 잎이 되고 송악은 푸른 소나무다.

태종실록 : 하륜. 고려가 송악에 도읍하니 480년(8세×60)이 유지 되고 조선이 한양에 도읍하니 8천세를 누리리라.

정감록 : 정감= 영기군 금남면 금천리.(금빛 병풍산 아래. 세종시)

보신의 적지 : 풍기금계촌. 안동화곡. 봉화춘양. 무주무풍.
합천만수동. 예천용궁. 공주유구.
영월상동. 남원운봉. 보은속리.

정감록 인물 : 정몽주. 정도전. 정여립. 차경석손자 정동영)

◎ 정감록 예언

평양(960년16갑) 송악(480년8갑. 왕씨회귀) 한양(李씨 420년 7갑)
계룡(鄭씨780년 13갑) 가야(趙씨720년 12갑) 전주(范씨 600년 10갑)

■ 격암유록 : 남사고 (1,509 ~ 1,571) 백두산맥설. 궁궁을을.
말운론 (이성계 임신년1,392 ~ 을사년 1,905년) 512년.

☆ 삼각산명당기 : 북북서를 등에, 남남동을 향하니 명당이로다.

★ 파자 : 李(이)씨 木子. 弓弓乙乙. 崔 (山隹). 鄭(尊 阝.존읍)

⊙ 동양의 덕목 : 仁(인). 義(의). 禮(예). 知(지).信(신) 五行

서양의 덕목 : 용기.슬기로움.절제.정의.(4원소. 믿음. 소망. 사랑.= 7대 덕목)

◐ 중용(中庸) : 장차 어디에도 치우치지 않는 것을 中(중)이라하고

다른 것으로 바뀌지 않는 것을 庸(용)이라 한다.

◑ 잠언(공자) : 지혜로운 사람은 산을 좋아하고

인자한 사람은 물을 좋아한다. (성경 = 솔로몬의 잠언)

§ 지구의 역사 : ①선캠브라기 38억년~5.8억년 전.다세포 식물.태평양 생성.

②고생대 5.8억년 ~ 2.45억년 전. 대서양 인도양 생성.

③중생대 2.45억년~ 0.66억년 전. 육식동물 온난화.쥬라기.

④신생대 0.66억년 ~ 100만년 전. 현재의 대륙

⑤빙하시대 100만년 ~ BC 7,500년 전.

⑥온난화시대 BC 7,500년 전 ~ AD 2,900년(5,200년주기설)

† 성경 : 에덴동산(BC 8,000 ~ 4,004년 전.)노아홍수(BC3,000 ~ 2,348년 전)

◈ 미륵하생경 : 미래의 다가올 사바세계의 세상살이.

석가의 유언(내 법을 받아 도통하지 마라. 나를 믿지 말라.)

미륵상생경 : 현존하는 도솔천의 세상살이. 수미산 위 꼭대기.

미륵보살이 사는 지상낙원.

◐ 창조과학 (Creation Science Foundation. C S F)

창세기안의 대답 (AiG : Answers in Genesis)

창조경제 (Creative Economy) 지식과 정보를 이용한 새로운 경제

▣ 근본주의 : 성경의 무오류. 다원주의 임종. 진화는 과학이 아니다.

진화는 종의 경계를 넘을 수 없다.

▣ 지진 : 1,556년(중국 관중대지진 산시성) 1,923년(일본간토)
1,815년(인도네시아 탐보르화산) 1,960년(칠레 9.5)
1,964년(알레스카 9.2) 1,976년(중국탕산)
2,004년(인도네시아 9.0) 2,008년(중국쓰촨성)
2,011년(일본 후꾸시마) 2,016년(경주 5.8)

☆ 박근혜 : 1952.02.02. 출생 ~ 1961.5.16.1/2 18년~ 1979.10.26.청와대18년.
~1998.04.공주18년 ~ 2016.11.정치18년.~ 18범(1/3의18년감옥)

□ 선형시스템 : 작은 원인이 작은 결과를 가져오고
큰 원인이 큰 결과를 가져 온다.
비선형시스템 : 작은 원인이 큰 결과를 가져오고
큰 원인이 작은 결과를 가져오는 현상.

■ 과학계 : 제1종오류(존재하지 않는 것을 존재한다고 생각 하는 것.)
사실이 아닌 것을 사실로 받아들이는 것.
제2종오류(존재하는 것을 존재하지 않는다고 생각 하는 것.)
사실인 것을 사실이 아니라고 부인하는 오류.

▽ 지구자전속도 400m/sec. 공전속도 30km/sec.
태양공전속도 200km/sec.

@ @ : commercial at. 꼬리 감는 원숭이. 불어 상품 1개당 가격.

☜ 1해리 : 1852m. 지구둘레를 360등분하고
60각으로 분할한 거리=1.8518km

■ 바이러스 (다른 생명체에 기생하며 숙주가 필요. 변이 가능)
박테리아 (단세포 생명체. 혼자서 삶.)
노새(mule) = 암말 + 수나귀 비새(hinny) = 암나귀 + 수말

▤ 계단의 공식 : H (계단의 높이) W (계단의 넓이)

이상적인 계단 = 2 H + W = 64cm.

편안한 계단 = W - H = 12cm.

안전한 계단 = W + H = 46cm.

♨ 기온 : 기준 체온 36.6℃ (97.88˚F) 여름 기준온도 25℃ (77˚F)

▲ 황금비 : R = 1.618 (A + B)/A = R (R^2- R -1 = 0) 1 (광물)

R = 1/2 (1+√5) = 1.618 √5 = √2(식물) + 3 (동물)

황금그노몬 : 1/g = 2/(1+√5) 비밀 : √2 + √3 = Ø 3.14

※ 종이비율 : 1 : 2½(승) √2 : 1 카논비율 (유두와 배꼽. 배꼽과 음부거리)

A_0 = 1m^2 (1,189 × 841) = 999,949㎟

B_0 = 1.5㎡ (1,030 × 1456) = 14,996,8㎟

≒ 생명의 꽃 : 고대 이집트와 아시리아의 장식 19개의 원과 36개의 원호.

멜로 삼각형.

§ 지구상에 지금까지 살았던 사람의 총수 = 1,060억명

※ B M I 체질량지수 : 체중 ÷ 키 m^2 72kg ÷ 1.7^2 = 24.913

남자 표준 20 ~ 25 여자 표준 = 19~24

⊙ 합의 수 : 144,000 + 129,600 = 273,600.

216 × 144 = 31,104 216 + 144 = 360

⊗ 4원수 곱셈 : 시간 = 1차원. 공간 = 3차원. (4 = 1 + 3. 4 = 2 × 2)

◎ 지구자전축 기울기 : 22.1도 ~ 24.5도 (약41,013년 주기)

우주의 공사 129,600년의 1/3 (선.후.휴의 하늘공사 43,200년)

悟南의(한국) 후천공사 시작은 1,988년 → (2,024.+ 36 = 2,060년)

※ 숫자 : 우주의 시간. 1원 = 129,600.년.

1세(30년). 1운(12세.360년.) 1회(30운.30×12×30 = 10,800.년)

1원(12회). 《30 × 12 × 30 × 12 = 129,600.년》

창조 6일(낮)×6일(밤)×3(삼위일체)×12(제자)×100(물질)

360일 × 360도 = 129,600. (바둑판 19×19 = 361-천원1 = 360.)

상원갑자(태미원. 사자좌.小1,864~1,923. 60 × 72 = 43,200.년)

중원갑자(자미원. 북극성.小1,924~1,983. 60 × 72 = 43,200.년)

하원갑자(천시원. 뱀자리.小1,984~2,043. 60 × 72 = 43,200.년)

6근.6경. 6식.(6+6+6)× 2(음양) × 3(천.지.인.) = 108 번뇌

108×2(호 불)= 216×4(4방)×3(과거.현재.미래)×50(천지수)

곤지책수 + 건지책수 = 144 + 216 = 360도

〔곤지책수144 = (1×9)+(2×9)+(3×9)+(4×9)+(6×9〕 24×6효

〔건지책수216 = (7×9)+(8×9)+(9×9)〕 36×6효

인간의 호흡 (18/분 × 60분 × 24시간) = 25,920.회

인간의 맥박 (72/분 × 60분 × 24시간) = 103,680.회

호흡 + 맥박 = 25,920. + 103,680. = 129,600.

천수 (1.3.5.7.9. = 25) 지수(2.4.6.8.10. = 30)

천수와 지수 중 10을 뺀 합계 45가 변화의 수

(1+2+3+4+5+6+7+8+9 = 45) 45(물질)×45(정신)×64(괘)=129,600.

우주1세(30년)마다 1/60도씩 지구 기울기가 바로 선다.

30 × 60초각 × 24 = 43,200년후 (1,988년 기준)

※ 낙서 45 + 하도 55 = 일원수 100

일원수 100 × 천지인 3 = 대일원수 300

구구중 60 + 70 + 80 + 90 = 대일원수 300

◆ 건지책 : 216. (36 + 72 + 108 = 216) 요한계시록 (6×6×6 = 216)

짐승의 수 666. 육각형 내부의 삼각형 수 216개.

곤지책 : 144. (64 + 38 + 42 = 144) (요한계시록 12×12 = 144)

후천시대 (36×4 = 144) 예루살렘 성 크기 144큐빗.

이상적인 부족 수 12부족 × 12,000.명 = 144,000.명

360도 회전 : 건지책 216 + 곤지책 144 = 360

❂ 수의 주역 : 하늘의 수 (1, 3, 5, 7, 9 = 25)

땅의 수 (2, 4, 6, 8, 10 = 30)

천지의 수 (25 + 30 = 55) 대연의 수(55 - 5 = 50)

대연의 극수(북두칠성7극 × 7극변 = 49 시초수) 50 - 6 =49

사영(노음4×6=24. 소양4×7=28. 소음4×8=32. 노양4×9=36)

만물의 수(하늘6효×9변×4계절 = 216책)

(땅 6효×6변×4계절 = 144책)(216 + 144 = 360)

(64괘 ×6효= 384효) (양4×9변=36 음4×6변=24)

11,520책수 (양효192×36노양= 6,912

음효192×24노음= 4,608)

(192양×28소양 = 5,376 192음×32소음 = 6,144)

☆ 일주일의 순서 : 토성(929년주기) → 목성(12년) → 화성(687년) → 태양

(365일) → 금성(225일) → 수성(88일) → 달(27일)

日 →月 → 火 → 水 → 木 → 金 → 土

7개의 천체가 3번 돌고 (21) 토목화 다음은 태양(일요일)

태양기준 천체 3번 돌고(21) 태금수 다음은 달(월요일)...

★ 다이아몬드 : 순수탄소결정체.고강도. 빛의 굴절율 2.4 브릴리언커트 58면

○ 13일의 금요일 : 에덴동산에서 쫓겨난 날. 솔로몬신전 붕괴일.
예수 죽은 날. 1일이 일요일인 달.

◆ 아름다움 : 육신의 찬란함. 정신의 그림자. 정신이나 마음의 끝.
보이는 것과 보이지 않는 경계. 마음과 몸 사이의 그리움.
이데아의 빛. 예절과 음악. 진리와 사랑. 음양의 조화와 변화.
순간의 미학. 서로 보는 시선의 만남.
소리를 보고 그림을 들음.

□ 마방진의 합 : 3열 마방진(15) 6열 마방진(111) 9열 마방진(369)

■ 허치스 방정식 : 미덕 = (공익 + 사적이익)/ 선을 행하고저 하는 본능.

※ 크기 : 10^{25}m = 10억 광년. 퀘이사. 10^{22}m = 100만 광년 마젤란 은하
$10^{-16\sim-32}$m = 미세크기의 한계. 10^{-15}m = 양성자와 쿼크.
10^{-13}m = 원자 핵. 100페르미 (감마선)
10^{-9}m = 분자구조. 1나노m. 10^{-5}m = 세포 1㎛

♤ 삼신 : 三神. 육아 출산을 담당하는 태의 신. (태 = 삼. 순수 우리 말)
삼성 : 三聖. (환인. 환웅. 단군)

★ 삼위일체 : 나는 아버지 안에 있고 아버지는 내 안에 계시다.
(요한 14 : 20)
내가 너희를 사랑한 것과 같이 너희도 서로 사랑하라!
(요한 15 : 12)
내가 곧 길이요, 진리요, 생명이라! (요한 14 : 6)

● 3. 三(삼) : ① 작용.현상.목적. ② 처음. 중간. 끝. ③ 天. 地. 人

④ 빛.말씀.생명. ⑤ 먼저. 지금. 다음. ⑥ 온전.분리.조합.

☆ 삼각형은 다각형의 기본이고 최초의 삼원성(삼각뿔)이다.

삼각뿔은 4개의 면과 6개의 모서리 각을 갖고 있다. (합 = 10. 완전.)

현재, 과거, 미래 시간의 3분법. 삼각측량의 거리측정.

기독교의 성부, 성자, 성령의 삼위일체.

동양의 天(천). 地(지). 人(인)의 三才(삼재).

4각 입체는 6개의 면과 12개의 모서리 선을 갖고 있다. (합 = 18.안정.)

동,서,남,북.의 4방과 3차원의 형상에 시간을 가진 생명이다.

● 헤겔 : 내가 신을 보는 그 눈을 통해서 신은 나를 본다.

◎ 신 : 라틴어 deus (낮. 햇빛)에서 유래.

⊙ 예수의 가족 : 아버지 요셉. 어머니 마리아. 야고보. 요셉. 시몬. 유다.

요아킴(마리아의 아버지). 안나(마리아의 어머니).

□ 긍정신학 : 신은 절대자이고 창조자이고 선하며 완전하시다.

부정신학 : 신은 어떠한 것이 아니다. 제한적으로 표시하지 못한다.

흠숭행위를 부정한다. 신은 형용 할 수 없다.

힐라리우스 : 하나님은 영원 안에서 무한함이시고 상상 안에서 형상이시고

선물의 차원에서 유용함이시다. 삼위일체론.(Ad315~367)

■ 하나 둘 아무런 결함 없이 서로 다른 것들의 조화로움은 없다.

가장 이상적인 화음, 그림, 건축물, 영화, 소설, 등을 하나 둘

분석하면 가장 이상적인 아름다움을 찾을 수 있을까?

분석해 보면 어느 것도 완벽 할 수가 없다.

같음은 다름의 결속이고 동일성은 다름의 조화이며,

단순은 분리나 구별의 결속이다.

서양 기독교의 신은 無에서 창조자이고

동양 정신의 신은 有에서 관리자이다.

고로 서양은 분해 분석적인 칼의(一 . 일) 이분법이고

동양은 침(젓가락 . 二 .) 둘의(조화) 일체이다. - note -

▦ 예수님은 시간과 장소에 따라서 인간의 모습과 신의 모습으로

죽음과 부활의 양면성을 완전하게 이루셨다.

이사야 7 : 9 너희가 믿지 아니하면 정녕히 굳게 서지 못하리라.

▣ 모든 것을 다 아는 것은 모든 것을 다 잃는 것이다.

이것 저것 모든 것을 알고 있다면 모든 것을 다 해결 할 수 없다는 것

또한 알 수 있다.

모르고 있는 것 하나에 그 하나를 알게 되면 그 하나는 해결 할 수 있다.

그러나 또 다른 모름이 생겨난다.

☆ 귀류법 : “증명 할 명제의 부정이 참이다 ”라는 명제에서 모순을 찾아내면

'그 전제는 거짓이다.'라는 증명으로

'증명 할 명제는 참이다.'라고 주장하는 증명방법.

◎ 인간 : (탄소,산소,수소,질소 등) 삼분설(몸.혼.영) 이분설(육.영)일원론

▣ 천국 : 밭에 감춘 보화. 값진 진주. 바다에 친 그물.

심판 : 밭에 자란 곡식과 가라지.

● 체질은 한, 열, 허, 실에 따르고, 병세는 경, 중, 완, 급에 따른다.

♣ 장자크 루소 : 인간은 문명화 할수록 점점 더 부패해 간다. 사회 계약론.

⊙ 칼 마르크스 : 지금까지 모든 사회의 역사는 계급투쟁과 함께 연속 되어

온 역사이다. 공산당 선언. 유물론.

▣ 존 슈트어트밀 : 인간은 작은 원자들로 이루어진 작은 덩어리이다.
언제든지 분해되어 사라질 존재이다. 공리주의.
선은 쾌락이고 악은 고통이다.

◑ 공자 : 군자는 즐거움을 즐기고 소인은 즐거워 할 욕망을 즐긴다.

▤ 강일순 : 증산도 창시자(1,871~1,909). 진묵대사 정신을 이음. 태을.
보천교. 원불교 정신의 지주. 선천공사 ~ 후천공사.

▥ 박중빈 : 소태산. 원불교 종지. 동학 + 증산도. 정법정진. 1891~1943.
원시반본. 미륵세상. 정산종사. 유일학원. 원광대학.

▨ 최재우 : 1824~1864. 동학사상. 시천주(네 몸 안에 한울님이 있다.)
이 땅에서 도를 받았으니 동학이라.(서학의 반대)

▧ 진묵대사 : 1,562~1,623. 심법.
절은 사람을 위해 있는 것이지 중을 위해 있는 것이 아니다.

☞ 스티븐 핑거 : 마음은 정보로 작동한다. 유전적 선택의 성향에 따라서
정보를 수정 선택 하는 것으로 마음이 결정 된다.
이기는 것이 좋지만 지는 것은 더욱 싫다.

◎ 성경 : 태초에 하나님이 천지를 창조 하시니라.
땅이 혼돈하고 공허하며 흑암이 깊음 위에 있고 하나님의 신은
수면에 운행 하시니라.
In the beginning God created the heaven and the earth.
And the earth was without form, and void; and darkness was
upon the face of the deep.
And the Spirit of God moved upon the face of the waters.
: ① 빛 (음, 양) ② 물 (하늘, 우주) ③ 땅 과 바다
④ 시간(해, 달) ⑤ 생물 (생명) ⑥ 사람

☆ 시편19편

(시 19 : 1) 하늘이 하나님의 영광을 선포하고 궁창이 그의 손으로 하신 일을 나타 내도다.

(시 19 : 2) 날은 날에게 말하고 밤은 밤에게 지식을 전하니 렘31 : 35

(시 19 : 3) 언어도 없고 말씀도 없으며 들리는 소리도 없으나

(시 19 : 4) 그의 소리가 온 땅에 통하고 그의 말씀이 세상 끝까지 이르도다 하나님이 해를 위하여 하늘에 장막을 베푸셨도다 롬10 : 18

(시 19 : 5) 해는 그의 신방에서 나오는 신랑과 같고 그의 길을 달리기 기뻐하는 장사 같아서 왕상18 : 46, 전1 : 5

(시 19 : 6) 하늘 이 끝에서 나와서 하늘 저 끝까지 운행함이여 그의 열기에서 피할 자가 없도다 약1 : 11

(시 19 : 7) 여호와의 율법은 완전하여 영혼을 소성시키며 여호와의 증거는 확실하여 우둔한 자를 지혜롭게 하며

(시 19 : 8) 여호와의 교훈은 정직하여 마음을 기쁘게 하고 여호와의 계명은 순결하여 눈을 밝게 하시도다.

(시 19 : 9) 여호와를 경외하는 도는 정결하여 영원까지 이르고 여호와의 법도 진실하여 다 의로우니,

(시 19 : 10) 금 곧 많은 순금보다 더 사모할 것이며 꿀과 송이꿀보다 더 달도다.

(시 19 : 11) 또 주의 종이 이것으로 경고를 받고 이것을 지킴으로 상이 큰 이다

(시 19 : 12) 자기 허물을 능히 깨달을 자 누구리요 나를 숨은 허물에서 벗어나게 하소서

(시 19 : 13) 또 주의 종에게 고의로 죄를 짓지 말게 하사 그 죄가 나를

주장하지 못하게 하소서 그리하면 내가 정직하여 큰 죄과에
서 벗어나겠나이다.

(시 19 : 14) 나의 반석이시요 나의 구속자이신 여호와여 내 입의 말과
마음의 2) 묵상이 주님 앞에 열납되기를 원하나이다.

▽ 유대교 할라카(길) : 유대교 율법. (구약. 탈무드. 랍비법.)

613개의 계율.→ 해야 할 길 248개(인간의 몸 마디)

→ 하지 말아야 할 길 365개.(365일)

▨ 예수의 사랑 : 보복하지 말라.

복수하지 말라.

화풀이하지 말라.

⍟ 신에게 자전거를 사달라고 기도하였다.

하지만 하나님은 그런 일을 하지 않는다는 것을 깨달았다.

그래서 나는 자전거를 훔친 다음, 용서해 달라고 기도를 하였다.

- 대니얼 대닛 -

⧎ 불가역성의 곤란 : 한번 흐른 강물에 발을 두 번 담글 수 없다.

❖ W C C (세계 교회 협의회) : 에큐메니컬운동(교회의 일치운동)

네 이웃을 사랑하라. 만물이 살고 있는 우리.

바아르 선언문.(Baar Statement) 종교다원주의(宗教多元主義)

한기장(한국기독교장로회). 감리회. 성공회.

W E A (세계복음주의연맹) : 에반젤리컬. 복음주의. 하나님을 사랑하라.

예장통합. 예장합동. 한기총. 예장고신.

○ 경전 : 성경, 불경, 코란 등의 경전은 인간의 지식이 신의 이름으로

지식을 편집하고 각색하며 주석으로 설명하는 인간의 소망이다.

◈ 믿는 것을 믿는다고 판단하는 종교인들의 설명은 자기만의 믿음을 과학적인 증명보다 더 확신하는 믿음이 있을 뿐이다.

그 믿음이 현실적인 자신의 육체와 정신의 변화에 따라 달라지는 것을 스스로 알지 못한다.

믿는 것은 내 믿음의 하나님이요, 나의 믿는 하나님의 의중이오.

불신하는 것은 나의 사탄의 의중일 뿐이다.

자신만은 죄 사함을 받은 줄 알지만 절대적 하나님의 의중은 다르고 사탄의 의중과 같기 쉽다. 이기심이 없다고 다 옳은 것이 아니듯 믿음이 하나님의 말씀과 같다고 생각해도 진정 하나님의 뜻일까?

◇ 천리교 인수자 : 일본 적산건물(천리교) 인수 후 교회

† 저동 천리교 → 한경직목사.(신사참배 낭독) 영락교회

† 동자동 천리교 → 송창근목사.(한신대학) 성남교회

† 장충동 천리교 → 김재준목사.(조선신학교) 경동교회

⊲ 이건희의 명언 : ① 메기론 : 미꾸라지를 많이 살리기 위하여 한 마리의 메기를 넣어 두어야 한다.

② 한 명의 인재가 만명을 먹여 살린다.(성 인식)

◎ 신앙을 이용하여 과학의 빈틈을 채우는 것은 과학으로 하여금 참된 신앙의 후퇴를 가져오게 한다.

19만 5천년 전의 인류화석 발견. 예) 캄브라기 폭발.

DNA 이중나선의 발견. 자기복제. 지구탄생(45억 5천만년 전.)

☆ 예수는 율법의 구속에서 영원한 인류 구원의 사랑으로 승화 하였다.

절대적인 하나님의 권력과 율법에 갇힌 제사장들로부터 하나님과 직접적으로 사랑과 참 진리의 교류를 인간에게 허용 하셨다.

현재는 예수님 이름으로 새 율법적인 성경해석자들의 대변이
침을 튀겨가며 논쟁하는 조직이 되어 가고 있다.
신은 기적을 만들지 않는다. 신은 공명정대하다.
다만 인간이 신의 기적(예수님)이라고 광고 할 뿐이다 . - note -

◆ 신은 과학의 증거와 증명의 경계너머에서 과학을 창조 하였다.
자연의 원리와 과학의 설명으로 신의 존재를 증명 할 수는 없다.
오직 믿음으로 하여금 자신한테만 설명 할 수 있지,
타인에게 설명 할 수 있는 문제가 아니다.
신에 대한 의심은 그 개인의 믿음의 한부분이지 믿음의 반대는 아니다.
의심 할 수 없는 신은 믿음이 없는 신과 같다.
만족하지 못한 사람의 욕심이 믿음으로 변하여 종교가 탄생 되었다.
믿음을 알려주는 모든 행위는 종교행위 진행자의 안내일 뿐이다.
신이 인간을 심판하는 것은 믿음이요. 인간이 신에게 심판받기를
기다리는 것은 종교 진행자의 경전 읽은 소리뿐이다.
신은 가장 완전한 인간의 표상이 아니고 비교 받는 존재도 아니다
오직 믿는 자신에게 완전한 신일뿐이다.
신은 인간의 기쁨을 바람처럼 속삭이고 고통이나 불행을 칼처럼,
벼락처럼 기적적으로 나타내지 않는다.
신은 기적을 기쁨이나 슬픔처럼 인간 개인에게 속삭여 줄 뿐이다.
신은 신비하거나 무지막지하거나 특별히 다르게 표현하지 않는다.
신을 만드는 이는 인간이지 결코 신은 아니다. 신은 신이다.

- note. -

※ 사울 : 크다. 하나님에게 바치다. 기도하고 간구하다. 능력기도.

바울 : 작다. 하나님께 속하다. one and many 예수로 구원. 겸손기도.

◪ 만유내재신론 : 우주가 곧 신이다. 그 신은 우주를 초월한다.

◩ 범신론 : 자연의 법칙이 곧 신이다.

● 예수는 아람어로 설교 하였고 신약성서는 그리스어로 작성 되었다.

아람어 많다는 뜻은 40 (Many days)

⧓ 현대 종합설 : 진화의 단위를 개체유전에서 집단의 유전으로 보는 진화론.

줄리언 헉슬리.

⧖ 창발 : 물질이 자기 스스로 생명을 만들어 내는 것. 창발적 진화.

◈ 미사 mass : 서방 카톨릭 교회. 예수의 십자가 재현.

동방교회 : 예수 부활사건의 재현.

꾸란 : 읽어라. 읽어야 할 책. AD570년. 마호메트 114장.

시아파 : 마호메트의 직계후손 (신성 + 신비성)

수니파 : 표준. 관례. 마호메트의 언행 중시. 꾸란의 절대 무오성.

베드로 : 반석. 내가 이 반석위에 교회를 세우겠다.

이슬람교 : 여섯 가지의 믿음과 다섯 가지 실천사항

6 믿음 : ① 유일신 ② 천사 ③ 예언자

④ 성서 ⑤ 최후의 심판 ⑥ 정명

5 실천 : ❶ 신앙고백 ❷ 매일기도와 금요예배

❸ 재산헌납(1/40) ❹ 라마단기간 단식 ❺ 성지순례

☆ 요아킴의 예언 : 제1시대(아담~아브라함) 약 2,123년

제2시대(엘리아~그리스도)

제3시대(성베네틱~요아킴) 30×42대=1,260년

⅀ 신 : 신은 창조의 결과로 나타나는 것이 아니다. 창조자체가 신이다.
창조후의 결과에 대하여 신을 이해하고자 한다면 결코 신을 알 수 없다. 신은 창조자체일 뿐이지 창조후의 방법, 순서, 결과의 차이, 등의 변화가 아니다.
신은 창조하고 진화하는 과정을 창조하였다.
신은 진화를 개입 한 것이 아니라 진화를 창조하였다.
신은 無(무)를 먼저 창조하고 유(有)의 진화를 창조하였다.
고로 신은 모든 신을 창조 한 것이다.
창조와 진화의 차이는 시간의 차이다. 창조는 시간을 만들었으나 진화는 공간을 만들지 못한다. 고로 시간은 창조 되지 않는다.
진화는 창조 이후에 갑자기 또는 서서히 이루어 졌다.
신은 진화를 개입하지 않는다. 진화하게 할 뿐이다. - note. -

☆ 공자 : 詩 (자기를 쓰다. 자기의 계발. 시인. 개인. 언어.)
禮 (타인을 교류하다. 타인과의 관계. 예법. 물질.)
樂 (삶을 이루다. 정신과의 교감. 사랑, 생명,)

★ 예수 : proud 교만하지 않는 것은 사랑이다.
진리에, 창조에, 타인에게, 전부를 만족하지 마라.
내가 진리요, 생명이라, 나로 말미암아 이루리라.

§ 제자의 경전

예수의 12제자	: 성경
석가모니의 제자	: 불경
소크라테스의 제자	: 대화 & 국가. 영혼철학.(플라톤)

⊙ 콜롬부스 : 아들이 전기작가. (아메리고베스푸치의 전기 없음)

□ 파울 틸리히 : 의심은 믿음의 반대가 아니다.

의심은 믿음을 구성하는 한 요소에 불과하다.

◎ 신은 영웅이 아니고 내기를 하지도 않으며 경쟁하지도 않는다.
더 선하거나 더 악하지도 않는다. 때와 장소에 따라서 변하지 않으며
이쪽 저쪽의 편을 가르지도 않고 민족과 국가를 구별 하지 않는다.
알든지 모르든지 차별하지 않으신 신을 누가 원칙 없이
결정과 칭찬과 처벌을 다르게 나타내도록 했을까?
믿음이 없는 지식이 신의 이름으로, 신의 언어로, 영감으로
대신해야 했던 경전의 법으로 변하였으리라.
종교는 옳고 그름의 판단의 기준이 아니다. 다만 믿음을 강조한다.
과학은 증거와 증명의 설명이며 하나의 방법이다.
신은 진리를 들리지 않는 목소리로 알려주는데....
인간은 신의 목소리를 대신한 진리라고 큰 소리로 알린다.
"나의 신은 절대요, 완전함 입니다." 라고...... - note. -

※ 한국의 기독교내 예수이름을 빙자한 종교지도자들.

JMS 예천교회	(정명석)	영생교	(조의성)
통일교	(문선명)	전도관	(박태선)
하나님의 교회	(안상홍)	등대중앙교회	(김풍일)
장막성전	(유재열)	신천지	(이만희)
구국선교단	(최태민)	새일교	(이유성)
성락교회	(김기동)		
구원파	(권신찬. 유병언. 박옥수...)		

- note. -

❋ 삼위일체 : 만물을 만드시고 명령하신 성부. (창조)

만물을 통하여 계신 성자. (순종)

만물 안에 계신 성령. (이해)

인간의 생각과 판단으로 명령을 가진 하나님 (창조)

인간의 언어와 문자와 오감으로 통하신 하나님 (순종)

인간의 마음과 육체 안에 계신 하나님. (이해)

◆ 신은 경전을 강의 하거나 기록하지 않는다.

신은 창조자이고 절대자이다.

절대적인 진리를 경전으로 만드는 것은 인간이다.

가난한자에게 복이 있나니(인간이 신에게 위로한 언어이다)

빛이 없는 것은 어둠이고, 빛이 있는 것은 어둠의 해방이다.

이 세상에서 즐기고자 한다면 저 세상을 부정하라.

삶은 흐르는 물과 같다.

처음의 발원지나 나중의 바다를 찾지 마라.

지금 흐르는 물이 진리이고 생명이고 하나님이다. - note. -

♀ 우상숭배 : (마태13;13.사도28;26)

보고 듣고도 깨닫지 못한 것을 숭배함.

자기가 보고 듣고 깨달은 것을 신이 하였다고 주장하는 것이다.

⩡ 315 부정선거 : 이승만 장로(대통령). 이기붕 집사.(부통령)

최인규 집사(내무부장관) 진성천목사(공보실장)

⏀ 부정선거 가담 목사 : 김활난. 모윤숙.박낙준. 유호준. 윤치영.전필순.

⊙ 박정희 미화 : 김영진목사(하나님의 독재와 박정희의 독재를 같다고 미화)

김준곤목사(대통령 조찬기도 러시아공사관부지 매입.

한국대학선교회 CCC 설립. 정동빌딩)

卍 교회지도자들의 설교와 자신의 행동이 다른 것은
하나님을 알고 있다는 지식의 남용이 예수님이나 하나님 이름으로
포장 할 능력이 자신에게 있다고 착각하기 때문이다.
김홍도목사 : 이슬람포비아 업보론적 신정론.
동남아지진을 우상숭배와 이슬람 신앙 때문이라고 주장.
토마스주남 : 삼풍백화점 붕괴 원인으로 조용기 목사를 핍박한 죄.
(헌금하지 않음) 대림아크로비스타 주상복합으로 재건축.
이명박(소망교회 장로). 김영삼(충현교회 장로). 김대중(천주교)
문창극(온누리교회 장로) 성완종(서산중앙교회). 박근혜(신부흥교)

* 힌두교의 인생 :
① 다르마 (올바른 행동. 본성. 불타의 가르침)
② 아르타 (돈. 안전. 물질적 풍요)
③ 카마 (욕망. 형체가 없는 것)
④ 모크샤 (해탈. 해방.)

✟ 아담 : 하늘에서 지상으로 쫓겨남. 흙. 이브의 하나님. 이브의 죄.
✟ 예수 : Ad4 ~ Ad31 ~ 32 찬가와 신경으로 전승되어 문자로 씌여진 것은
육화그리스도. 고양그리스도 가현설(인간의 모습)
땅에서 하늘로 올라감. 하늘. 인간의 하나님. 인간의 죄.
요한1서 5장 (피. 물. 성령.)
하나님(지혜). 예수(증거). 성령(믿음)
하늘의 삼위일체 = 성부. 말씀. 성령.
땅의 삼위일체 = 성령. 물. 피.
아는 것은 하나님께 속하고, 세상은 악한 자에게 속한다.

◆ 부활 : 영적인 부활, 육체적인 부활. 식물의 부활이 있다.

인간은 씨앗의 부활처럼 육체적인 부활과 유령처럼 영적인 부활을 할 수 있다. 고대인은 물질과 영을 같은 존재로 인식하였다.

○ 맘몬 (재물. 돈). 에봇 (제사장의 의복)

◎ 다이몬(daemon) : 인간보다 우월하고 신보다 약한 존재. 천사.

느빌림 : 신의 아들과 사람의 딸 사이에서 태어난 반인반신. 장사.

악령 : 영과 육의 결합에서 태어난 이는 영원한 생명을 갖고 사람의 피를 원하는 악마.

지혜 : 하나님이 세상을 만들기 전에 만든 지혜의 숙녀. 창조자.

말씀 : 히포타시스(hypostasis.아래의 존재).로고스. 논리 .이성. 말.

공관복음 : 같이 본다.(마테. 마르코. 루가.) 본 것을 믿으라.

묵시론 : 하나님이 천상의 비밀을 인간에게 계시하다. 드러내다. 벗겨내다. (인간의 의지가 아니다.)

예수의 아버지 : 하느님 abba (아빠). 아람어 사용

예수가 읽은 성경 : 이사야 61장

✣ 수륙재(水陸齋) : 죽은 자의 명복을 비는 불교의식.

예수재(預修齋) : 산자의 사후 명복을 비는 불교의식.

✪ canon : 정경. 자. 측정. 표준. 규범.

◇ 카발라의 다섯 세계

① 일체 (ain sof. 절대의 신. 존재의 근거)

② 이체 ((Atziluth. 앗칠루트. 순수한 사고)

③ 삼체 (브리야. 색계. 창조)

④ 사체 (Yetzirah. 예치라. 형성. 세계)

⑤ 오체 (앗시아. 욕계. 구현. 물리)

※ 자연신학 : 정보의 원천은 자연이고 그 대상은 신이다.

자연의 정보를 알아내면 그 배후에는 신이 있다.

- 18c 뉴턴. 등 -

✠ 성경의 오류 : 예수의 죽음 (유월절 식사 전 = 요한. 식사 후 = 마가)

세상에서 제일 작은 씨앗 = 겨자씨 보다 작은 우란. 등.

성서의 원본은 없다.(경전은 제자들이 기록을 복사.)

✡ 하나님은 성경의 문자와 순서를 정하지 아니 하였다.(영감)

성경의 종말 : 1,836년 (요한10장) 다윈의 종말론.

적그리스도의 수 : 666 또는 616

세타와 시그마 : (디모데전서 3장 16절) 바울의 하나님.

요한의 콤마 : (요한1서 5장) 삼위일체 증명.

✞ 예수그리스도교 (태양신과 동급 능력. 타종교 측)

① 에비온파 : 가나안. 유대인. 세례 후 양자가 된 예수(신성 부정)

예수의 신성(태어날 때. 세례 받을 때. 부활 할 때.)

② 가현설 : docetists 부활 할 때 인간처럼 보이는 예수.

③ 영지주의 : 지식으로 인간과 신을 분리 한다.

예수의 죽음이 인간 예수의 죽음과 신의 탄생(분리)

✪ 스티븐와인버그 : 종교가 있든지 없든지 선한 사람은 선하게 행동하고

악한 사람은 악하게 행동 할 수 있지만,

선한사람이 악하게 행동 하려면 종교가 필요하다.

● 아리우스논쟁 : 4세기경.

종속론(예수는 하나님의 아들) 아리우스주장.

일체론(예수는 곧 하나님이다) 알렉산더. 니케아신경.

▼ 인도의 우파니샤드의 다섯가지 신체

① 물리적신체 (요가. 허브) ② 활력체 (호읍. 수도)
③ 정신체 (주문. 기도) ④ 무한한 지복체 (흡수. 수면)
⑤ 영혼체 (환희. 일체)

◆ 신을 믿는 당신은 자신의 믿음을 신이 직접 듣고 보고 있다고 믿는가? 아니면 신의 말씀을 전하는 사람의 말과 문자를 보고 듣는 지식으로 하여금 신이 듣고 보고 있다고 믿는가?

히브리서 11 : 1

믿음은 바라는 것들의 실상이요, 보지 못하는 것들의 증거이니라. 보이는 것은 나타나는 것으로 말미암아 되는 것이 아니니라.

신앙의 (경전의) 제단 밑에 도사리고 있는 뱀들의 증언으로 믿음이 이루어진 당신! 당신의 신은 모르고 뱀들의 증언으로 만들어진 언어와 문자의 신이 자신이리라.

요한복음 20 : 29 (예수가 부활하여 도마에게 옆구리에 손가락을 넣어보라 하시고 너는 나를 본고로 믿느냐? 보지 못하고 믿는 자들은 복되도다.)

마가복음 16 : 17~18 (예수님이 승천 전에 믿는 자들의 표적, 예수님의 이름으로 귀신을 쫓고 새 방언을 말하며 뱀을 집으며 독을 마실지라도 해를 입지 않는다. 병든 자에게 손을 얹은즉 나으리라.) - note. -

☒ 이신론 : (자연신론.) 경전을 통하지 않고 자연법칙을 통하여 신을 인식한다.
이성적인 신.(신의 선택)

일신론 : 절대적인 창조. 신의 계시가 이성보다 위에 있다. 감성적인 신.

무신론 : 물질적인 창발. 감정과 이성이 개입 하지 않는다.

☒ 신은 과학을 창조하였으나 과학은 신을 이해하지 못한다.

신은 인간에게 복종을 강요하지 않는다. 다만 종교가 복종을 강요한다.

신은 인간을 차별 하지 않는다. 다만 인간이 인간을 차별 할 뿐이다.

신은 인간의 믿음을 만들었다. 그러나 인간은 신의 믿음을 저울에 단다.

신은 인간에게 진리를 주었다. 그러나 인간은 신에게 인간성을 주었다.

신이 창조한 자연을 인간은 무질서한 자연으로 변화 시킨다. 그러므로

인간이 신의 자연으로 환원하는 질서를 회복시켜야 한다. - note -

▶◁ 예수님의 지복 : 심령이 가난한 자. 슬퍼한 자.

온유한 자.(권력이 없는 자). 화평하게 하는 자.

의에 주리고 목마른 자. (탐욕을 버린 자.)

마음이 정결한 자. (판단. 눈.).

궁휼히 여기는 자. 의(자비)를 위하여 핍박 받는 자.

☒ 깨달음 : 힌두교(선정. 삼매) 선불교(득도) 수피교(파나). 도교(무위).

기독교(부활). 유교(효. 인성)

▼ 하나님의 강은 비손강(정금). 기혼강. 힛데겔강. 유브라테강. 하나님이

아담에게 생물의 이름을 짓게 했다. 그러나 하나님의 이름까지 지었다.

YH WH. YH VH. JH WH. JH VH. YW YV. JW JV. H(8)Y(2)W(2)V(2)J(2)

여자는 아담의 뼈 중의 뼈요. 살 중의 살이다. (창 2 : 23)

너희가 듣기는 들어도 깨닫지 못 할 것이요, 너희가 보기는 보아도

알지 못 할 것이다. (이사야6 : 9. 마태13 : 13. 사도28 : 26.)

내가 그리스도의 지체를 가지고 창녀를 만들겠느냐,

창녀와 합하는 자는 그와 한 몸인지 알지 못하노니

주와 합한 자는 한 영이니라. (고전 6 : 15 ~ 17)

⧔ 반전 평행법 : 성경구절 배열법 AABBCC → ABC CBA

단계 평행법 : 성경구절 배열법 ABC → CBA

⍦ 이사야 45 : 7 하나님의 선악 창조.

나는 빛을 만드는 이요, 어둠을 창조하는 이다. 나는 행복을 주는 이요, 불행을 일으키는 이다. 나 주님이 이 모든 것을 이룬다.(하나님은 선악)

❄ 인생은 나무와 같다. 생명의 물이 흐르는 나무와 같은 인생이다.

나무의 뿌리와 나무는 땅과 하늘의 이치다. 곧 삶과 죽음이다.

❄ 신을 통하여 앎(지식)을 얻는 것은 종교이다.

앎을 통하여 신을 배우는 것은 철학이다.

✪ 자연의 힘(약력. 강력. 전자기력. 중력.)을 절대영도에서 고압으로 압축하면 하나의 고체가 되어 자연의 힘이 사라 질 것이다.

✹ 정치인의 맹신 :

이명박(서울시는 하나님의 도시. 소망교회장로)

안상수(인천시는 세계복음화의 관문. 선교역사 기념관.)

정장식(포항시는 기독교 도시. 포항 성시화. 중앙교회 장로)

이승만(모세) 박정희,전두한(여호수아) 한경직(3無. 템플턴상)

✪ 조계종 스님 자격 男 (女)

수행 40년 이상 = 대종사 (명사)

수행 30년 이상 = 종사 (명덕)

수행 25년 이상 = 종덕 (현덕)

수행 20년 이상 = 대덕 (혜덕)

▼ 불교의 수 : 5온 12처 18계 (1,080)

(6근+6경+6식=18) × 2(고.락) = 36 × 3(과거. 현재. 미래)

108 = 108(번뇌) × 10(완성) = 1,080.(일체법. 삼법인)

⊙ 서기 2,009년 = 단기 4,342년. 한기 9,206년

단기 = 서기 + 2,333 (한기 = 단기 + 4,864)

▦ 12지(支) 숫자 1 = 子(자) 2 = 丑(축) 3 = 寅(인) 4 = 卯(묘)

5 = 辰(진) 6 = 巳(사) 7 = 午(오) 8 = 未(미)

9 = 申(신) 11 = 戌(술) 12 = 亥(해)

▣ 양 : 건간진감(乾艮辰坎) 천. 명. 주. 화. 서. 남. 철. 선. 홀수.

음 : 이손곤태(離巽坤兌) 지. 음. 야. 수. 한. 여 .오. 악. 짝수.

팔괘 : 乾(건) = 하늘. 양. 金. 1. 정남(선천) 북서(6.후천)

兌(태) = 못. 음. 金. 2. 남동(선천) 정서(7.후천)

離(이) = 불. 양. 火. 3. 정동(선천) 정남(9.후천)

辰(진) = 우뢰. 음. 木. 4. 동북(선천) 정남(3.후천)

巽(손) = 바람. 양. 木. 5. 서남(선천) 남동(4.후천)

坎(감) = 물. 음. 水. 6. 정서(선천) 정북(1.후천)

艮(간) = 산. 양. 土. 7. 서북(선천) 북동(5.후천)

坤(곤) = 땅. 음. 土. 8. 정북(선천) 남서(2.후천)

십간 : 甲(1.양. +木) 乙(2. 음. -木)

丙(3.양. +火) 丁(4. 음. -火)

戊(5.양. +土) 己(6. 음. -土)

庚(7.양. +金) 辛(8. 음. -金)

壬(9.양. +水) 癸(10. 음. -水)

※ 시헌력(時憲曆) : 태음력(太陰曆)에 태양력(太陽曆)의 원리를 적용하여 24절기의 시각과 하루의 시각을 정밀하게 계산하여 만든 역법. 동지기준. 360 ÷ 24 = 15

항성월 : 달이 지구를 한 바퀴 도는데 걸리는 시간. 27.3일(13도)

삭망월 : 달이 삭망(朔望)에서 다음 朔望까지의 시간. 29.5일(15도)

음력 : 달의 밤과 낮의 28.5일 (음양은 14.25일 여자는 7×2)

양력 : 지구의 한달 30.5일 (음양은 15.25일 남자는 8×2)

어이 : 멧돌의 상하를 연결해주는 가운데 중심축.

어처구니 : 멧돌을 돌리는 구멍이 있는 쪽 손잡이.

◆ 심상(心象) : 보는 것을 마음으로 본 것. 생각. 의미.

표상(表象) : 보는 것을 나타내는 것. 언어. 예술.

인상(印象) : 보는 것을 느끼는 것. 문자. 반복.

형상(形象) : 보는 것을 만지는 것. 조각. 물체.

□ 예수의 황금률 : (칸트의 정언명령) 마태복음 7 : 12 누가복음 6 : 31

남에게 대접 받고 싶은 대로 남을 대접하라.

❀ 명언

1) 예수 : 원수를 사랑하라!

2) 부처 : 선으로 악을 이겨라. 진실로 거짓을 이겨라.(법구경)

3) 공자 : 기소불욕(己所不慾) 물시어인(勿施於人)

네가 하기 싫은 일을 남에게 시키지 마라!

4) 소크라테스 : 남들이 너에게 하면 화난 것을 남에게 하지마라.

5) 마하브라타 : 너 자신이 대접 받은 대로 남을 대접하라. Mahabrata

6) 노자 : 선하지 않는 사람에게도 선으로 대하라. (도덕경)

7) 힌두교 : 우월한 존재는 악은 악으로 갚지 않는다. (라마야나)

÷ 플라톤의 인체 : 창자 (생장론)

심장 (생기론)

머리 (불사의 혼)

⚠ 유일한 물질의 법칙은 마음이 꾸며 내야하는 법칙이고,
유일한 마음의 법칙은 물질에 의해서 꾸며진다. - 제임스클라크 맥스웰-

✣ 부활절 : 예수님은 AD 30년 4월 13일 금요일(음력3/13) 돌아가시고
4월 15일 (음력 3/15) 부활 하셨다.
3월 14일 (유월절)을 기념하여 춘분이 지난 음력 15일(만월)
이후 첫 번째 일요일이 부활절이다.

❍ 신이란 인간에게 이익을 가져다주는 모든 것의 출발점이다.

❍ 태양중심설 : 고대 BC 300 (아리스타르코스 ~ 16C 갈릴레오)

❥ 깨달음 : 힌두교(선정. 삼매) 선불교(득도) 수피교(파나). 도교(무위).
기독교(부활). 유교(효. 인성)

❦ 기적 : 신의 은총으로 신의 동의를 받은 것이다.
주사위는 인간이 던지고, 미리 결과를 신에게 부탁하여 이루어진
주문품이다 . 인간은 알 수 없는 결과를 기적으로 믿는다.

○ 자라투스트라 : 조로아스터의 그리스어. 배화교. 불. 밝은 빛.

❧ 몰몬경 : 1,823년 9월 21일 천사 모르나이(BC 600년)가 부활하여
미국인 조셉스미스에게 영어로 전한 예수님 말씀.

★ 범신론 : 자연계에 존재하는 모든 것들에는 마음이 있다.

◎ 부처님 : BC 563년경 ~ BC 528년경(35세 정각) BC624~544(80세)
공자님 : BC 551년경 ~ BC 479년경(73세 효.덕)
예수님 : BC 7년경 ~ AD 26년경 (33세 사랑)
그리스 : BC 600 ~ BC 400년 탈레스에서 피타고라스 지식활동시대.
중국 : BC 600 ~ BC 280년 공자에서 순자 공맹사상 (효.덕.이.기)
1,000년 : 요한묵시록 20장 1,000년간 사탄결박.

★ 도덕경 : 도상무위 이무불위 (道常無爲 而無不爲) - 노자 -

도는 항상 하는 일이 없으나 하지 않는 것도 없다.

○ 나원 참 ! : 나는 하나님에게 있으니 하나님이 진리이고 생명이니

나 또한 진리이고 생명이라. (내가 기도함)

참 나원 ! : 진리는 바로 나부터이고 하나님 또한

나부터 시작하는 하나님이시라! (신이 기도함)

● 안식일 : 금요일 일몰에서 ~ 토요일 일몰까지

일요일 : 태양신 마트라스교(콘스탄티뉴우스) 조로아스터교.

12/25 : 태양신의 축제일. 동지 후 태양의 첫 회복.

예수탄생 : 베들레햄의 여관 구유에서 탄생.

예수사망 : 예루살렘의 골고다(해골의 자리)언덕에서 사망.

산상설교 : 마음이 가난하고 깨끗하고 온유하고 슬퍼하고 옳은 일에는

열중하고 자비를 베푸는 사람이 구원 받는다.

※ 단테의 애인 : 7살 때 베아트리체의 미소에 빠짐.

중독 : addict 매달린. 속박된 사람. 속도를 높여 주는 것.

태음일 : 29.531일 (29일 12시간 44분)

태양일 : 365.2422일(365일 5시간 48분 28초) 12.368태음월.

19태양년(≒ 235 태음월) 4.5시간 큼.

마야족 : 신성주기력 260일(13과 20) 18.98일

주술의 수 : 256. (16 × 16 = 256) (4×4)×(4×4)= 256

366 - 256 = 90 256 × 256 = 65,536

2진법. O R 과 A N D 의 연산 (병렬과 직렬)

○ 로마시대 황제 = 아우구스투스.

부황제 = 카이사르.

⑪ 정보는 無(무)에서 有(유)로 창조 되지 않으며 유에서 무로 파괴 되지 않는다. 열역학의 제법칙과 같다.

정보보존의 법칙은 파괴된다.(호킹) 안 된다.(손)

⊙ 홀로그래픽원리 : 블랙홀의 표면 이벤트 호라이존 2차원매체의 정보가 그 경계면에 최소단위의 넓이로 저장되어 있다. 직경 1㎠에 10^{66}비트.

★ (학이이호난 學易而好難) 배우기는 쉬울지 몰라도 좋아하기는 어렵다.

(행이이역난 行易而力難) 행하기는 쉬울지 몰라도 꾸준하기는 어렵다.

(치이이지난 恥易而知難) 부끄러움을 느끼기는 쉬워도 알기는 어렵다.

- 왕부지(王夫之) -

○ 승 (升) 오를 승 : 千 + 十 = 10,000. 일만번은 해야 올라간다.

우 (于) 굽힐 우 : 二 + ノ = 둘 사이에 한쪽으로 기울다.

치 (恥) 부끄러워 할 치 : 耳 + 心 = 귀로 듣고 생기는 마음(소문)

△ 공기 : 정신의 통로. 숨. 생명.

△ 유일한 물질의 법칙은 마음이 꾸며 내야하는 법칙이고,

유일한 마음의 법칙은 물질에 의해서 꾸며진다. - 제임스클라크 맥스웰-

▽ 단백질을 합성하는 유전자는 2만 ~ 2만 5천개 정도이다.

▽ 기 (기운) : prana 영혼 : monad 비국소성 : nonlocality

변화 : 흙 → 물 → 불 → 공기

부정 → 분노 → 협상 → 우울 → 수용.

☹ 안티테제(Antithese) : 사물 발전의 첫 단계.

명제의 정립을 반대하는 명제의 부정명제의 탄생으로 증명 함.

❀ 만유 : 크고 작다. 우주의 모든 것의 존재.

하나님도 하나이시니 만유의 아버지니라. (엡 4 : 6)

✪ 만사 : 많고 적다. 우주의 모든 것의 운행.

÷ 플라톤의 인체 : 창자 (생장론)

심장 (생기론)

머리 (불사의 혼)

❀ 휴리스틱스(heuristics) : 우리는 자신이 믿고 있는 것과 모순되는 증거가 제시될 때, 증거를 더욱 거부하는 경향이 있다.

복잡계에서 미시적인 문제가 모이면 거시적인 복잡함이 생기므로 복잡계는 과학이 아니다.

☆ 그레샴의 법칙 : 악화가 양화를 구축한다.

세뇨리지 효과로 실질가치가 큰 화폐는 보관하고 실질가치가 적은 화폐만 사용 하는 것을 말한다.

△ 죽음 : 뇌사(동일시의 철회). 심장사. 세포사.

◑ 근사체험(N D E) : 일시적인 심정지등의 사망상태에서 개인적인체험.

Σ 가설은 검증하기 보다 더 반증하기가 쉽다.

신은 검증 할 수 없으나 반증을 들어서 존재가 없음을 증명한다.

■ 오컴의 면도날 : 신학적이고 종교적인 진리는 철학이나 과학에 의하여 획득될 수 없다. (단순함이 복잡함을 이긴다.)

보편논쟁 : 믿음과 이성의 분리. 동양의 理(이)와 氣(기)의 분리.

인간과 신의 계시분리.

● 방사성붕괴 : 우라늄 → 납. 칼륨 → 아르곤. 스트론튬 → 루비듐.

※ 대폭발(빅뱅)이후 물질과 반물질이 생성되고 쿼크와 반쿼크로의 응축결합으로 우주의 질량이 생겨나고 물질과 반물질의 비대칭성이 에너지와 중력 상수 등의 물리법칙을 탄생하게 했다.

중력, 강한핵력, 약한핵력, 전자기력의 비례상수적인 통일이론을 향한 질서가 탄생 되었다.

■ 우주속도(은하계 탈출속도 492~594 km·s $^{-1}$)

제1우주속도 7.905 km/s(인공위성의 속도)

제2우주속도 11.2km/s (지구 탈출속도. 제1우주속도 ×√2)

제3우주속도 16.2km/s (태양계 탈출속도)

△ 원자탄 : 원자의 핵분열. (우라늄. 플루토늄.) 일반폭탄으로 폭발.

수소폭탄 : 수소의 핵융합.(리튬. 중수소) 원자폭탄으로 핵융합

중성자탄 : 삼중수소의 중성자 방출. 방사능 발생.

코발트탄 : 코발트 60 → 니켈 60으로 변환. 방사능 계속 발생.

§ 1 몰(mol) = 보통의 탄소 12g 에 들어있는 입자의 수. 6.022×10^{23}개

▼ 수 1089 : 택시번호의 의미? 영국 지진이 나던 해 33 × 33 = 1,089

3 자리 숫자에서 순서를 바꾸어 큰 수에서 작은 수를 뺀다.

예) 351 - 153 = 198 → 198 + 891 = 1,089

◆ 행복 : 물어서 찾을 수 없고 알아도 자로 잴 수 없으나 불행한 일을 만들지 않으려고 노력하면 우연히 거기에 행복이 있다. -note-

☆ 창발 : 부분이 모이면 부분이 가진 단순한 결합이상의 또 다른 성질이 나타난다.

지식의 창조이고, 연역과 귀납의 또 다른 논리이다.

♉ 식물분류법 : 린네식 식물 분류

1) 강 = 식물 수술의 수와 배열순

2) 목 = 암술대의 수

3) 속 = 결실 방법 (주요 성질)

4) 종 = 구별 할 수 있는 방법(부속적인 성질)

❍ 우주의 크기 : 137억광년(실) ~ 460억광년(관측×2) ~ 7조광년(분석)

※ 인간중심원리 : 인간이 존재하기 위한 우주의 존재는 시공이 인간중심으로 존재하기 때문이다.

☆ 지구의 공전이 타원인 이유 : 태양과 지구의 원심력은 거리에 반비례하고 중력은 거리의 제곱에 반비례한다. 지구의 공전중심이 태양의 중심에서 약간 벗어나 있으므로 타원 궤도를 돈다.

중력과 원심력을 일치시키고자하는 면적속도의(케플러 법칙)에 의하여 지구의 공전속도가 다르다.

★ 지구의 자전속도 : 지구적도둘레 40,075Km.

1일 지구자전 (23시간 56분 4.1초)

지구자전 속도 ≒ 464m/s (1,669km/h)

지구의 공전속도 : 107,218km/h (29.78km/s)

지구의 공전시간 (365.256363일)

지구의 평균공전거리(939,852,402.1km)

태양계의 공전속도 : 792,000km/h (220km/s) 지구의 7.3배

은하계 우주이동속도 225km/s(은하계 우주속도.

태양계 공전 2.5억년)

◆ 달 : 항성월(별기준) 27.3일

삭망월(달기준) 29.53일 朔(태양-달-지구) 望(태양-지구--달)

1일 13도씩 서에서 동으로 회전 (360÷13 = 26.7)

달의 1년(음력 354.5일) 365.4 - 354.5 = 10.9일

1일 = 24 × 60분 = 1,440분 (1,440÷ 29.5 = 48.8 분)

달은 1일 43분씩(50분)늦게(빠르게) 뜬다.(43×365 =15,695분)

지구 : 1일 1도씩 서에서 동으로

자전 23시간 56분 4초 (해는 약1분씩 늦게, 빠르게 뜬다)

지구공전일 365.256363일

지구적도둘레 40,075km (지구자전속도 464m/s)

평균공전거리 93,985,402.1km

평균공전속도 107,218.km/h (29.78km/s)

태양(220km/s) 달(1.022km/s)

⋂ 플랑크 시간 : 6.4×10^{-44} 초 (우주의 탄생시간)

1.6×10^{-35} m (우주의 탄생반경)

⊡ 무한 ∞ : 게오르그칸토르

무한은 결코 시간으로도 시작하지 않으며 끝나지도 않는다.

공간의 시작도 없으며 공간의 끝도 없다.

✪ 페르마의 방정식 : $x^n + y^n + z^n = R^n$

리치몬드목록 : $25^3 + 38^3 + 87^3 = 90^3$ $24^3 + 63^3 + 89^3 = 98^3$

파스칼의 산술 삼각형 : $2^0, 2^1, 2^2, 2^3, 2^4$ ………

피보나치산술 삼각형 : 1, 2, 3, 5, 8, 13, 21, 34, 55, 89, ...

△ 광초 : 299,792,458km/초 (빛이 1초 동안 달린 거리)

광년 : ≌ 9.46 × 1012 km/년 (빛이 1년 동안 달린 거리)

양자공식 : 막스플랑크. $E = h\,v$ ($h = 6.626 \times 10^{-34}$kg $m^2 \cdot s^{-1}$)

(v(양자진동수) = $m(c^2/h)$)

볼츠만상수 $k = 1.3805\cdots \times 10^{-23} J \cdot K^{-1}$ 기체상수비

블랙홀의 온도(은하계) : 1.5×10^{-14}K

$E = m\,c^2$: 질량과 에너지.

빅뱅 $E = m(0) \times c^2 = 0$

블랙홀 $E = m(\infty) \times c^2 = \infty$

$\therefore E^2 + m^2 = c^2 \; m^2 = c^2 / E^2 \; E^2 = c^2/m^2$

질량이 없는 광자는 시간이 제로다.

시간이 없는 입자는 엔트로피가 제로이다.

엔트로피가 없는 시간에서는 질량이 제로이다.

태양계 : 수성 = 0.39AU 금성 = 0.72AU 지구 = 1.0AU.

화성 = 1.52AU 목성 = 5.2AU 토성 = 9.54AU

등비수열(+ 4, 0.4, 0.7, 1.0, 1.6, 2.8, 5.2, 10.)

태양흑점수 : 스푀러극소기(1,460 ~ 550) 마운더극소기(1,645 ~ 1,715)

댈론극소기 (1,790 ~ 1,820) 현대극대기 (1,950 ~ 현재)

태양 흑점수 변동 : 11.2년(태양흑점수 변화주기)

지구의 세차운동 : 25,772년 주기변화(별72년1°×360°= 25,920년)

연주시차 : 6개월 지구공전궤도의 1/2 위치의 별 측정

1초각 = 1/3,600° 1파섹 = 3.26광년

물병자리시대 : 1,447년~3,607년(세차회전주기 25,920년 1/12 = 2,160년)

360°÷ 4 = 90° = 6,480년 (우주의 1계절)

360°÷ 12 = 30° = 2,160년 (우주의 1개월)

360°÷ 24 = 15° = 72 × 15 = 1,080년 지구지각 변동

360°÷ 360 = 1° = 72년(우주의 1일÷2 = 한국 36년)

물병자리(1.20 ~ 2.18일. 황도 11궁. 홍수. 바다)

우주전체의 구성 : 정상물질 4.9%. 암흑물질 26.8%. 암흑에너지 68.3%

∞ 박자 : 2 박자 (짝을 맞춘 음악. 섹시음악)

3 박자 (짝이 없는 음악. 흥분. 댄스)

갈색음악 : 음과 음사이의 상관관계가 있다. 음정.

백색음악 : 음과 음사이의 상관관계가 없다. 소음.

핑크음악 : 갈색음악과 백색음악을 공유한 음악. 실험음악. 화음.

□ 12음계의 비율 : 로그비율. 한음의 높이는 현의 길이1.059배(로그비율)

■ 늑대음정 : 제7음 F . # 악마의 소리.

○ 모차르트효과 : 모차르트의 피아노소나타곡을 10분간 들으면

최고 25분까지 문제해결 능력이 향상된다. - 네이처지 -

⚠ 케플러 : 토성(4 : 5 장조제3음.베이스) 목성(단조 제3음 베이스)

화성(장조제5음.테너) 지구,금성(알토) 수성(소프라노)

◆ 음펨바 현상 : 차가운 물보다 뜨거운 물이 더 빨리 언다.

(산소와 수소의 공유결합과 수소결합 때문)

▼ 다중우주 : 중첩된 전자. EPR 입자쌍. 양자이론.

뇌의 정보선택(큐비트선택). 4차원 선택

☐ 폭스바겐 : 잘못 친 공이 오히려 좋은 결과가 되는 것.

■ 볼링 : 고대 독일에서 이교도들을 쓰러뜨린다는 뜻.

ф 싸프란(saffron) : 7만5천 송이의(암꽃수술) 꽃으로 향신료 0.5Kg.

☆ 카시미르 효과 : 전혀 아무 것도 없는 진공 상태의 힘.

◎ 끈이론 : 최소미립자는 끈 모양. 끈의 지름 10^{-33}cm.

⊗ 인간 : 호모속에 속하는 동물. 호모사피엔스(슬기로운 사람)

÷ 플라톤입체 : 정사면체(3각 4개. 목성궤도). 정육면체(4각6개. 토성궤도).
정팔면체(3각 8개. 화성궤도). 정12면체(5각12개.금성궤도).
정20면체(3각20개. 수성궤도).

⊙ 갈릴레오 : 물체의 제1성질 (길이. 넓이. 무게. 모양. 객관양식)
물체의 제2성질 (색. 맛. 냄새. 감촉. 주관양식)

◎ 벤퍼드의 법칙 : 숫자의 출현빈도. 1(30%) 2(18%) 3(12&) 4(10%)
5(8%) 6(7%) 7(6%) 8(5%) 9(4%) 0 은 제외.

★ 링컨지수 : 교정자의 오자 발견지수. 예상오자의 수 = $E_1 \times E_2 / S$
E_1(1번 발견 오자 수) E_2(2번 발견 오자 수) S (공동발견 오자 수)

◁ 상향인과Top-down : 소립자 → 원자 → 분자 → 신경세포 → 뇌 → 인간
하향인과Bottom-up : 우주 → 인간 → 뇌 → 세포 →분자 → 원자

⊗ 평범한 습관의 연속에서 예리한 칼날로 절단된 다른 세계의 측면이 보인다.
객관적인 판단 너머에는 잘려버린 절벽의 다른 측면이 보인다.
객관적 판단의 반대편에는 주관적인 시간의 단순한 예측면이 보인다.
남의 습관은 충격이고 반대일지라도 나의 습관은 연속이고 자연스럽다.

⊎ 17세기 영국에서는 수학적인 계산과학에서 실험적인 경험과학으로 전환되기 시작했다. 이론의 증명은 논리의 증명에서, 실험의 증명으로 발전 되었다. (갈릴레오의 역학 실험, 파스칼의 진공 실험, 데카르트의 빛 실험, 보일의 진공 팽창실험, 뉴튼의 광학실험.)

Σ 뉴튼 : 모든 물체의 입자가 질량에 비례하고 거리의 제곱에 반비례하는 힘으로 모든 물체에 작용하는 만유인력에 의하여 궤도가 구속된다. 무게란 질량에 작용하는 중력이다.

∭ 디드로 : 수학은 무한한 지성이 그것으로서 무한한 길이를 측량하는 학문이다. 만물은 변화하고 움직인다. 전체 외에는 아무것도 머무르지 않는다. 광물은 식물의 영양분이고 식물은 동물의 영양분이며 동물은 광물의 한 요소이다.

⊠ 볼테르 : 사실로 하여금 승리 하도록 하라.

진리를 알찌니 진리가 너희를 자유케 하리라. -요한복음 8 : 32-

⚠ 존로크 : 인간이란 인간이 자신의 경험으로 만들어 낸 것이다. (오성론)

※ 공자 : BC 551. 육도. 육적 칠해. 제나라 건국. 백가종사. 태공망. 여상.

∞ 무한대 : 끝나지 않는 숫자. 세상에서 가장 큰 수. 영원의 시작. 신.

⦸ 냄새의 무게는? (평균 760 나노g 이다)

△ 키위 : 중국의 다래. 뉴질랜드의 국조새 키위모양의 다래를 키위라고함.

▣ 같은 종끼리 전쟁하는 동물은 ?(1 : 1의 싸움제외) = 인간. 개미.

⊙ 말과 토끼는 토하지 못한다.

✿ 사자는 하루 50회이상 교미를 한다.

▣ 모기는 47개의 이빨을 갖고 있다.

✲ 메기는 27,000가지 맛을 느낀다.

♣ 돼지는 언제나 오른쪽으로 누워서 잔다. 돼지는 하늘을 볼 수 없다.

♧ 엄지손가락 길이와 코의 길이가 같다. 자기 혀로 팔꿈치에 댈 수 없다.

♥ 나폴레옹과 히틀러의 고환은 1개다.

♡ 가위 바위 보의 일본어는 장. 겐. 시. ✢ 묵(바위) 찌(가위) 빠(종이).

◎ 독 : 가장 강한독. 보튤리늄톡신(보툴리눅스균)1g으로1,000만명이상 살상
보톡스는 나노단위의 극소량 (피부 표정 근육 살상.)

☒ 컴퓨터세대가 좋아하는 수 = 5, 7, 37, 56, 42.
싫어하는 수 = 40, 91, 94, 70, 90.

☒ 뉴턴 : 진리는 단순함에서부터 온 것이지,
다양성과 혼란함속에 있지 않다.

만류인력 : F = G (m M / R²) F = 힘. G = 6.67×10^{11} $m^3S^{-}2$ Kg^{-1}
R = 거리 m = 물체의 질량. M = 면적 G = 만류인력상수

❆ 공유결합 : 두 개의 원자가 결합.(공유하는 형태의 결합)
삼중결합 : 공유결합이 동시에 일어나는 결합.(세 쌍의 전자를 공유)

☹ 안티테제(Antithese) : 사물 발전의 첫 단계.
명제의 정립을 반대하는 명제의 부정명제의 탄생으로 증명 함.

◸ 인간원리 : 우주의 다양한 물리적 상수가 인간의 존재를 가능케 하는 형태로
이루어져 있다. (인간평행우주)

⍔ 미트콘드리아 D N A (모계) → 세포수정란 → 세포의 원조
(4진법) 염기서열 4.

⍍ 초신성폭발 → 중력파 발생 → 중성미자 섬광 → 가시광선 → 전자기파

⌧ 중력파검출 : 2015. 9.14.쌍성블랙홀의 병합과정 중력파발생.13억광년전

⌧ 감마선 폭발 = 10^{52} 에르그/sec. 중력파 = 10^{58} 에르그/sec.

⌨ 빅뱅후 37.8만년후 전자와 양성자가 유리 된 상태에서 수소원자로 변하는
상전이를 겪으면서 우주전역으로 발사된 광자가 마이크로파
우주배경복사이다. 우주의 생성확률(양자장 + 끈이론) = $1/10^{380}$

☆ 지구의 기초물질 : 탄소. 산소. 수소. 인. 질소.

≒ 보이드(voids) : 물질이 없는 빈 공간. 진공의 존재.

☒ 전자기력은 중력의 10^{39} 배 강하다.

우주의 진공 에너지밀도 (이론추정치) > 약. ($1/10^{120}$)

(vacuum energy density) = 3 x $H^2/8\pi G = 10^{-29}$ g/cm^3.

⊕ 수소의 반지름 : 5.3×10^{-23} m

태양의 반지름 : 6.9×10^8 m

빅뱅시 우주의 크기 : 10^{-33} cm³→ 인플레이션 (10 ~ 33초)

♣ 중성자별 : 블랙홀제트현상(초신성 폭발)후 중심핵의 양성자와 전자가 합쳐져 중성자가 되는 별의 마지막 단계. 중성자별의 껍데기에 해당하는 백색왜성과 중성자별의 진화가 블랙홀이 된다.

⊕ 핵산(DNA 와 RNA의 지시사항) : 4가지 염기서열.

단백질(20가지 종류와 배열)

⌶ 양성자의 전위차 : 150mv. 1/5,000,000 mm 거리.

⊗ 네겐트로피(negative entropy) : 무질서를 측량하는 척도.

▪ 자연은 인간이 알지 못하는 예술일 뿐이며, 우연은 인간이 보지 못하는 방향이고, 불협화음은 인간이 이해하지 못하는 화음이며, 부분적인 악은 보편적인 선이다. - 알렉산더포브 -

⌘ 튜링기계 : 디지털 컴퓨터를 시간제한이 없도록 수학적으로 이상화한 기계

⌚ 불확정성의 원리 : 측정하고자 하는 모든 것은 무작위적인 요동에 따른다.

(공시성) - 하이젠베르그 -

⌛ 카오스이론 : 시간에 따라서 예측오류가 진화하는 방식으로 나타난다.

(통시성) - 앙리푸엥카로 -

⌨ 진화는 자연 선택이고 적자생존으로 진행 하지만 우연한 사건 (돌연변이)에 의하여 영향을 받는다.

Ť 확률공명 : 무작위패턴으로 잡음이 희미한 신호의 감지성을 높여 주는 현상. 예) 인공와우. 진동깔창.

⊭ 제로섬게임 : (Zero-sum game) 한쪽의 이득과 다른 쪽의 손실을 더하면 제로(0)가 되는 게임.(+ + - = 0)

넌제로섬게임 : (Non-zero sum game)비 영합 게임. 한쪽이 이득을 얻어도 다른 쪽도 역시 이득을 얻는 게임. 윈윈전략.

⍰ 아나로그(analog) : 표시. 그림. 파장. 연속. 진동. 현실. 복제불가.

디지털 (digital) : 숫자. 손가락. 불연속. 공간. 논리. 복제가능.

ꝏ 디지털분석법 : 회계 감사등을 벤포드법칙을 이용해서 검사하는 방법.

ꭥ 벤포드법칙 : 십진법의 사용빈도의 평균치 확률. 1(30.1%). 2(17.6) 3(12.5) 4(9.7) 5(7.9) 6(6.7) 7(5.8) 8(5.1) 9(4.6)

◘ 팔괘의 숫자 (수학적 측면)

음	양			태음	소양	소음	태양
⚋	⚊			⚏	⚎	⚍	⚌
0	1			0	1	2	3
0	1			00	01	10	11
곤 坤	간 艮	감 坎	손 巽	진 辰	리 離	태 兌	건 乾
☷	☶	☵	☴	☳	☲	☱	☰
0	1	2	3	4	5	6	7
000	001	010	011	100	101	110	111

⊭ 분노역치 : 억누르고 있던 분노가 터져 나오는 기준선. 간헐적 분노와 미친개 분노(프로테우스적 성격)로 나타나기도 한다.

♠ 유클리드 알고리즘 : 주어진 두 자연수 사이의 최대공약수를
구하는 알고리즘.

♡ 네트워크(network) : 월드 와이드 웹. W.W.W (World wide web)

◇ 검색엔진 : 컴퓨터 시스템에 저장된 정보를 찾아주는 것을 도와주도록
설계된 정보검색 시스템이다. 네트워크의 탐색.

♣ 페이지랭크(page lank) : 구글 탐색엔진 웹사이트 페이지 방문빈도. 검색
기술.

♤ 케이크 알고리즘 : 두 아이에게 케이크 분배시 한 아이가 절반으로 자르고
다른 아이가 먼저 선택하는 방법.

♥ 비크리 경매 : 단일품목 단일차가봉인 입찰경매. 최고가 입찰자가 낙찰을
받고 두 번째 낙찰가를 지불하는 방식.

차점가격경매 : 여러 품목의 비크리 경매.

♦ 블로킹페어 : 각자 다른 파트너와 바꾸었으면 하는 상태.

♧ 스몰월드 : 무단계 네트워크에서 6 ~ 7단계를 거치면 세상 누구와도 연결
된다.

♨ 핀테크(fintec) : 금융(finace) + 기술(technology)

❆ 블록체인(blockchain) : 비트코인 등의 가상통화를 뒷받침하는 인프라.
분산형 자율시스템. 정보를 확인할 수 있는
공개키 암호 방식을 사용한다.

☹ 비트코인(bitcoin) : 돈의 인터넷. 가치의 인터넷 결제. 가상화폐.
암호화폐 2009.10.나가모토 사토시. 1,309.03BTC/1달러.

오르토코인 : 비트코인외의 가상통화.

컬러드코인 : 독자화폐.

디지털토큰 : 대용화폐.

☬ 컴퓨터 : ① 아나로그 컴퓨터

② 디지털 컴퓨터

③ 하이브리드 컴퓨터(① + ②)

④ 바이오 컴퓨터 (지네틱. 생물학 분자)

⑤ 양자 컴퓨터 (양자의 중첩과 얽힘. 양자비트 = 4비트)

☮ 코로나바람효과(corona wind effect) : 코로나 방전(전극간 일정전압 시 불꽃방전 상태)과 정전기가 결합해서 만들어지는 고체바람.

☯ 스털링엔진(sterling engine) : 실린더와 피스톤으로 이루어진 공간 내에 수소나 헬륨 등 작동 가스를 밀봉하고, 외부에서 가열하거나 냉각하면 작동 가스의 팽창과 수축에 따라 피스톤이 움직여 일을 하게 된다. 부위별 온도차 이용.(두개의 온도차 피스톤 작동원리)

♗ 테라플롭스(teraflops) : 10^{12} / sec 연산처리능력

페타플롭스(petaflops) : 10^{15} / sec 연산처리능력

♕ NP완전문제 : 복잡성이론. P(다항식문제 1.0) NP(비결정 다항식 문제)

P = NP . 블랙박스 방볍. 근사 알고리즘.

♖ 블랙박스 방법 : 비밀번호를 하나씩 넣어 보면서 찾아보는 방법.

♝ 할아버지 패러독스 : 내가 과거로 돌아가서 할아버지를 죽이면, 내가 태어나지도 못하고 과거로 돌아 갈 수도 없다는 논리.

♍ 공리 : 증명이 필요 없거나 증명 할 수 없지만 항상 참인 명제.

정의. 상식. 공준.

♎ 기하학 (geometry) : 공간의 성질, 모양, 크기, 위치를 연구하는 학문.

기하학 = geo(땅) + metry(자로 재다)

♏ 수학체증 : 생산규모가 커짐에 따라 단위당 평균비용이 감소함.

♐ 수확불변 : 생산규모가 증가하드라도 단위당 평균비용이 일정함.

♓ 시간 : 서양 → 직선적. 불가역성. 구원. 진보. 창조. 공시성.

동양 → 원형적. 순환성. 윤회. 반복. 자연. 통시성.

▣ 프랑스국기 : 빨강(박애.공산) 파랑(자유.진보) 흰색(평등.사회)

☆ 점화효과 : 한 가지 정보가 자극을 받으면 관련정보가 함께 떠오르는 현상.

※ 정언명법 : 개인의지의 준칙이 보편적인 법칙에 타당해야 한다. 칸트의 비판.

◎ 모든 것을 이해하면 모든 것을 용서 하게 된다. - 프랑스 속담 -

※ 생각을 1단계의 오감에 의존하면 동물적인 생존본능 단계이다.
생각을 2단계 외부현상을 인식하면 보통 사람의 단계이다.
생각을 3단계 내외현상(오감 + 인식)을 인식하면
신과 인간의 일체단계이다.(광신도. 예언자.) - note -

✣ 행동하는 사람처럼 생각하고, 생각하는 사람처럼 행동하라.

- 앙리베르그송 -

㊉ 생각의 진실은 확실한 사실에도 믿음으로 바꾸지 말고 완전한 상태의 형상을 만들지 말며, 과거와 다른 이론을 자랑하지 마라.
불안하고 스트레스도 받고 감정의 기복이 심해질 때 어떻게 조절하는가?
명상을 하거나, 심호흡을 하거나,
또는 다른 행위로 하여금 조절내지는 조정을 하는가?
먼저 나의 생각을 한다.
생각의 방향을 선택한다.
생각의 옳고 그름을 판단한다.
생각과 행동의 차이를 구별한다. - note -

◐ 사실명제 : → ‥이다. 도덕(사실 + 진리.) (현제 + 과거)

당위명제 : → ‥이어야 한다. 윤리(의무 + 목적.) (과거 + 미래)

❀ 모든 사람이 세상을 바꾸겠다고 생각하지만 어느 누구도 자기 자신의 생각을 바꾸려고 하지 않는다. - 레오 톨스토이 -

✡ 생각이 바뀌면 믿음이 달라지고,
믿음이 바뀌면 습관이 달라진다.
습관이 바뀌면 인격이 달라지고,
인격이 바뀌면 생각이 또 달라진다. - note -

☼ 신이 인간을 설명한 것은 미래의 창조이고 새로운 과학의 발견이다.
인간이 신을 설명한 것은 과거의 패러다임이고 종교이다. - note -

▲ 인간은 생물학법칙과 물리학법칙의 효과를 다른 곳으로 돌릴 능력이 있는 행위 주체자이다. - note -

◫ 구성주의 이론 : 지식은 절대적인 것이 아니라 개인자신의 경험을 기초로 구성한다.

◪ 믿음은 자신이 규정하는 감정기억의 경험이다.

◩ 파스칼의 내기 : 신이 존재 할 확률은 반반이지만 존재 할 때의 보상은 무한하기 때문에 신을 믿는다.

■ 밈(meme) : 모방을 통해서 전해지는 문화요소.(모방 가능한 사회적 단위)
금기사항. 예절. 편견.슬로건. 패션.광고. - 리처드 도킨스 -

⌛ 물리학자는 질을 연구하지 않고 양을 연구하며,
화학자는 양을 연구하지 않으며 질을 연구한다. - note -

✸ 수학은 유한한 지성이 그것으로서 무한한 길이를 재려는 학문이다.
- 디드로 -

데카르트 : 나는 생각 한다 고로 존재한다. 방법서설. 데카르트 좌표.
굴절광학. 철학의 원리. 무한의 끝에는 장소가 없다.

뉴턴 : 만유인력. 프린키피아. 동역학의 창시. 미적분학. 기하광학.
질량은 밀도와 부피의 곱이다.
운동량은 속도와 물질양의 곱이다.
진리는 단순함에서부터 온 것이지, 다양성과 혼란함속에
있지 않다.

※만류인력. $F = G (m M / R^2)$ F = 힘. $G = 6.67 \times 1011\ m^3S^{-}2\ Kg^{-1}$
R = 거리 m = 물체의 질량. M = 면적 G = 만류인력상수

케플러 : 타원궤도의 법칙. 면적속도 일정의 법칙. 조화의 법칙.
(행성의 공전주기의 제곱은 그 궤도중심에서 평균거리의 세제
곱에 비례한다.)

레오나르도 : 자연을 알고자 하는 자는 운동을 이해해야 한다.

갈릴레오 : 물체의 제1성질 (길이. 넓이. 무게. 모양.)
물체의 제2성질 (색. 냄새. 맛. 감촉.)
자연의 책은 수학으로 기록되어 있다.

❖ 과학은 무한한 우주를 유한한 인간의 지식으로 양을 재려는 학문이다.

카르노 : 열을 동력으로 만들어서 산업혁명을 이루었다.

핸더슨 : 증기기관이 과학에 빚지고 있는 것보다 과학이 증기기관에
빚지고 있는 것이 더 많다.

열역학의 시 :

영원히 사는 생명은 없고 죽은 자는 결코 다시 일어나지 않는다. 아무리
느린 강물이라도 결국은 무사히 바다로 간다.

엔트로피 : 에너지의 상위 개념. 무질서와 무작위계의 절대적 상태이며, 상대적인 평가는 변화한다.

✠ 열역학 0 법칙 : 열적평형상태에서 온도차가 없으면 물체간의 열 이동이 멈춘다.

✲ 헤이플릭효과(hayflick) : 신체의 염색체 세포는 복제율이 조금씩 감소한다. (≒ 50회) 더 이상 복제 할 수 없을 때 세포는 죽는다.

△ 과학은 마법과 신의 목적(맹목.맹신)을 없앴다.

◎ 연소 : 물질을 가열하여 산소와 결합하여 빛(열)을 내는 것.

하소 : 물질을 가열하여 열분해나 상전이를 일으키는 것.

§ M O U : 양해각서 (memorandum of understanding)

▣ 하늘의 시간. = 6 (6 × 6 = 36) 4×10(干支)×4 = 160 天數

땅의 시간. = 5 (5 × 5 = 25) 4×12(地支)×4 = 192 地數

하늘과 땅의 시간 = 36 × 25 = 900 인간의 시간 36 + 25 = 61(60)

사람의 시간 = 15 〔남자(8) + 여자(7) 음양은 천지와 반대〕

남자(8×8 = 64세 → 남자 땅5×8 = 40 하늘6×8 = 48)

여자(7×7 = 49세 → 여자 땅5×7 = 35 하늘6×7 = 42)

운명의 시간 = 36 × 25 = 900(인간)(900 ÷ 15 = 사람의 수명 60년)

60 × 6 = 360 (하늘의 1운 = 360년)

60 ÷ 5 = 12 (땅의 1년 = 12개월)

360 ÷ 12 = 30 (사람의 1세 = 30년)

✻ 12 : 손가락의 12마디. 1피트 = 12인치. 1파운드 = 12온스.

1다스 = 12개. 1년 = 12개월. 예수의 12제자. 이스라엘의 12 종족.

12진법. 12지지(동물). 인간의 갈비뼈 12쌍(24개). 낮과 밤 12시간

❇ 13 : 12 다음의 수. 피보나치 2자리의 수 중 제일 작은 수.

12세기 몽고의 대학살. 미국 남북전쟁 당시 13주. 악마의 수.

현실의 12단계 다음 영혼의 단계. 예수님의12제자 + 마리아.

요셉의 남자형제 + 디나. 완전수 12 + 1. 배반 과 구속의 수.

타로카드 13(죽음). 역의 오행 4(金) + 9(金) = 13 추살

⁂ 미터 : 18c 프랑스 파리를 지나는 자오선의 길이의1/4,000만 정함.

빛이 진공속에서 1/299,792,487 초 동안 나간 거리.

❇ 피트(feet) : 발의 크기를 기준. 1인치의 12배. 30.48㎝ = 2.54×12

※ 공기의 비열 = 0.24Kcal/Kg℃ (정압비열) ~ 0.17Kcal/Kg℃(정적비열)

공기의 분자량 = (28×0.79) + (32×0.21) = 28.8 g/mole (질소+산소)

표준 공기의 비중 = 1.21kg/m³(20℃) 노말공기의 비중 1.29kg/m(0℃)

공기의 열량 = 0.24kcal/kg

공기 1㏖ = 28g/22.4ℓ㏖

공기의 기체상수 R = 0.2872 kJ/kg·K = 0.2872 kN·m/kg·K

공기의 비열비 k = 1.4

금속의 비열 Al = 0.215cal/g℃ Cu = 0.924cal/g℃

Fe = 0.107cal/g℃ 물 = 1.0cal/g℃

시즈히타 (W/cm²) 물 = 7 ~ 15w/㎠ 공기 = 2.0 ~ 5w/㎠

기름 = 1.5 ~ 4w/㎠ 경유 = 0.8w/㎠

납조 = 4w/㎠ 파라핀 = 2w/㎠

❍ 원 운동이 완전한 신의 기하학이다. 우주.(세제곱수)

수의 세계는 지상을 설명한다. 시야.(제곱수)

물리학(원.0)은 현실이고 수학(땅.1)은 진리이다. - note -

★ 물리학 : 고전물리학 → (유클리드 기하학의 시각화. 2차원)

일반 상대성이론 → (곡면 기하학의 공간화. 4차원)

양자역학 → (통계학의 자연화. 다차원)

☆ 에포게 : 정지. 판단중지. 직관으로 의식에 나타나는 것.

코기토 : 생각하는 나. 현상학적인 환원.

창조기계 : 원자의 조합으로 분자의 활동과 세포의 원리를 창조한다.

파레토의 효율성 : 누군가의 효용을 희생 하지 않으면

다른 누군가의 효율성을 높일 수 없는 상태.

죄수의 딜레마 : 서로의 협력. 불신하여 가장 나쁜 결과를 초래함.

해결책은 흉내전략. 정의와 섹스는 동일하다.

☆ 자신 내부의 권력을 은폐하기 위하여 외부에 적을 만들게 된다.

권력은 네 안에 있다. 너 자신이 너를 얽매는 권력이다. - 푸코-

∂ 식물의 진화 : 잎은 녹색 광합성 작용으로 과일은 빨강색으로 진화함.

❦ 인간 꿈속의 시각 : 뇌의 환원성이고 기억의 재생산이다.

무의식속에서도 시각은 있다.

☨ 우주방사선 : 태양폭풍이나 초신성 폭발 시 양성자의 양전하(수소핵)와

알파입자(헬륨핵) 그리고 음전하(오로라.등 방사선 2.4msv/년)

지구의 물 : 1.436×10^{18} kg.

태양 에너지 : 3.7×10^{24} joul/년

고전물리학 : 결정론. 1 : 1 정규분포.

양자역학 : 확률론. 1 : ∞ 베키분포. 불확실성의 원리.

❀ 세계의 근본원리 : 자기유사성. 복잡계의 단순한 규칙이 반복하여 복잡한

조직을 만들어 낸다. - 망델브로 -

☊ 동물의 수명은 몸이 작을수록 짧고 몸이 클수록 길다.

수명은 체중의 1/4승에 비례한다.

심박수와 호흡수는 체중의 1/4승에 반비례하여 감소한다.

★ 양극 (양이온) = anode ana(위쪽) 떠오르는 태양 쪽.(hodos 길)

음극 (음이온) = cathode. kata (아래쪽) 태양이 지는 쪽.

⍄ 음양 : (1) 양극. 들숨. 음식 섭취. 공부. 기억. 듣기.

(2) 음극. 날숨. 배설. 가르치는 것. 망각. 말하기.

⌘ 현상 : 나타나는 것을 분리하여 파악하는 것이다. 나타나는 것이 참이고 거짓을 분리하지 못한 사유도 하나의 현상이다.

시간 : 아리스토텔레스의 시간은 운동의 헤아림(운동의 수)이다.

데카르트의 시간은 사유의 양태이다.

데카르트의 "나는 생각한다 고로 존재한다."의 의미는

내가 나를 그 무엇으로 생각하고 있는 동안은 내가 아무것도 아니다는 것을 내포하고 있다.

즉, 지금은 존재하지 않는 존재이다.

과거와 미래의 존재는 사유 할 수 있어도 지금은 존재도 부존재도 아니다. - note -

지식 : 주관적이고 절대적인 지식은 자신의 시간과 공간내의 지식이다.

객관적이고 상대적인 지식은 순간시각과 동일공간의 지식이다.

서로 교감하는 경험과 기억의 연결성이다.

과학적인 지식은 객관성과 상대적인 학문이다.

철학적인 지식은 절대성과 주관적인 학문이다.

종교적인 지식은 주관적인 절대성의 믿음이다. - note -

시간과 공간 : (空卽是色 色卽是空. 空卽是空 色卽是色)

시간은 움직이지 않는다.

시간을 공간에서 찾으면 시간은 없다.

공간은 변화하지 않는다.

공간을 시간에서 찾으면 형태가 없다.

고로 시간과 공간은 통시성과 동시성을 갖고 있으며

측정이나 계측을 하는 위치와 시각을 확정하지 못한다.

지금은 존재를 확정하지 못한다.

미래와 과거는 공간크기로 표시 할 수 있어도 증명 할 수 없다.

공간은 시간을 포함하여도 시간을 측량 하지 못한다.

시간은 공간의 앞,뒤 일지라도 공간을 확정 하지 못한다.

시각 : 보는 것은 음영의 정도와 색의 가감, 변화, 연상, 기억을 말한다.

청각 : 듣는 것은 소리의 고저, 장단, 리듬의 변화와 체험, 기억이다.

인식 : 자기 지향적 체험(기쁨, 슬픔, 사실 등의 기억)을 상대적으로 설명 하기 위한 문자나 언어의 순서로 배열 하는 것이다.

대상을 사념 하는 것이다. 의미를 부여하는 행위이다.

시간으로 공간적인 형태로 진열하는 행위이다. - note -

⊗ 네겐트로피(negative entropy) : 무질서를 측량하는 척도. (개방계)

열역학제2법칙의 반대현상(식물의 성장)

⌨ 연료전지 : 수소와 산소의 화학반응으로 열과 물을 생산.

리튬이온 밧데리 1s = 3.7v ~ 4.2v

2s = 7.4v ~ 8.4v

3s = 11.1v ~ 12.6v

드론 : 멀티콥터 모터 = 8,000rpm

헥사콥터 = 프로펠러 6개

쿼드콥터 = 프로펠러 4개

동영상 해상도 PAL방식 VGA = 640 × 480

720P = 1,280 × 720

1,080P = 1,920 × 1,080

VGA방식 2MP = 1,600 × 1,200

3MP = 2,046 × 1,536

5MP = 2,560 × 1,920

○ 녹는점 : 철(1,535℃) 구리(1,083.5℃) 알루미늄(660℃)

납(327.5℃) 산소(-218.4℃) 에탄올(-114.5℃)

※ (360 × 2 = 720.) (360 × 3 = 1,080.) (360 × 4 = 1,440.)

▽ 기 (기운) : prana 영혼 : monad 비국소성 : nonlocality

변화 : 흙 → 물 → 불 → 공기

부정 → 분노 → 협상 → 우울 → 수용.

○ 우주의 생성은 거대한 진공의 섭동 또는 고물질의 폭발(빅뱅)이다.

⌛ 황금비 : ∅ 1.61803 와중비(유클리드) (1 + A) : A = A : 1

신성비율(루카파치올리 15 c) 황금비 (마르틴 옴. 19c)

✡ 과학의 발전으로 오감의 제약에서 벗어나 물리적 실재를 탐지하는 능력을 확장하였다.

Σ 가설은 검증하기 보다 더 반증하기가 쉽다.

신은 검증 할 수 없으나 반증을 들어서 존재가 없음을 증명한다.

♅ 식물분류법 : 린네식 식물 분류

1) 강 = 식물 수술의 수와 배열순

2) 목 = 암술대의 수

3) 속 = 결실 방법 (주요 성질)

4) 종 = 구별 할 수 있는 방법(부속적인 성질)

◘ 우주는 복잡계이다. 전체와 부분이 서로 얽혀있다.

예) 탄소원자 10개에 분자 75개 결합.

탄소원자 20개에 분자 366,319개 결합

탄소원자 40개에 분자 62조개 결합

우주는 있는 것은 있다. 있는 것 사이에는 있는 것만 있다.

우주는 없는 것은 없다. 없는 것에서 있는 것으로 만들 수 없다.

우주의 복잡성과 환원성은 복잡을 간단하게 하고 간단을 복잡하게 한다.

❋ 양성자 질량		= 1.672621	$\times 10^{-27}$ kg
중성자의 질량		= 1.674927	$\times 10^{-27}$ kg
전자의 질량		= 9.109	$\times 10^{-31}$ kg
중수소의 질량		= 3.34321	$\times 10^{-27}$ kg
삼중수소의 질량		= 5.006	$\times 10^{-27}$ kg
전자의 질량		= 0.91	$\times 10^{-28}$ kg
전하	e	= 1.602	$\times 10^{-19}$ c

❍ 표상적 공간 : 시각공간. 촉각공간. 운동공간. 기하학적 공간의 반경.

✣ 양자물리학(원자결합) ➡ 물리 화학 (원자결합 + 화학반응)

➡ 분자 생물학 (분자결합 + 화학반응)

✪ 몸속의 세포는 화학변화와 전기자극의 전파와 전달을 통하여 의사소통이 이루어진다.

❍ 뇌 : 2ℓ 1.4kg (아인쉬타인 1.2kg) 마음의 저장 장소. 시상. 전두엽. 뉴런(신경세포). 시냅스《능뇌(菱腦),전뇌(前腦),중뇌(中腦)》

마음은 성장한다. 나의 의식은 연결 되어있다. 고로 나는 존재한다.

◎ 튜링실험 : 인간과 컴퓨터의 반응을 구별하는 실험 1,950년 튜링의 논문)

◉ 발견기법 : anchering (정박). 조삼모사(朝三暮四)

9×8×7×6×5×4×3×2×1 = 362,880.

1×2×3×4×5×6×7×8×9 = 362,880.

◎ 예술 : 인간의 조건을 감정과 느낌을 통하여 표현 하는 것이다.

인간의 감각을 표현하는 기술의 결과이다.

예의를 갖추고 술을 마시는 기분이다.

▽ 베이컨 : 돼지 옆구리살을 훈연시킨 것. 프랜시스 베이컨 영국의 철학자.

≒ 인체의 뼈 : 206개(뼈와 같은 이빨 28~32. 손 발톱 20. 코.귀.3. = 53개)

몸통 80개 (머리22 척추26 갈비24 연결8)

사지 126개(손64. 발62) 손가락뼈27개(지절14개. 손목8개. 손바닥5개)

※ 플라톤의 우주 : ① 데미우르고스(신). 질서.

② 이데아 (존재). 원리. 진리. 실재. 형상.

③ 코라(장). 질료. 원료.

플라톤의 비율 : 2배와 3배의 간격. 1, 2, 3, 4, 8, 9, 27.

7음계 = 1, 9/8, 81/64, 4/3, 3/2, 27/16, 243/128,

플라톤의 원자론 : 불 (삼각형. 정사면체) 흙 (사각형.정육면체)

공기(삼각형, 정팔면체) 물(사각형,정이십면체)

우주(오각형, 정십이면체)

❃ 추론 : ① 논증적 추론 (진실. 발견)

② 변증술적 추론(신념. 방법. 배열. 엔독사 현상)

③ 쟁론적 추론 (외관. 장소. 설문)

❃ 절대공간 : 진공. 장소. 부동. 동일.

상대공간 : 절대공간 + 에테르(장). 입자와 장의 공간.

❀ 리만기하학 : 두 점간의 최단 거리는 직선이 아니다.

삼각형 내각의 합은 두 직각보다 크다.

☺ 불확정성의 원리 : 양자의 無로부터 창출.

극히 짧은 시간에는 에너르기가 불확정성을 갖는다.

§ 토포스 topos : 장소. 복수. 공간의 범주. 전자기장. 양자장. 중력장.

☺ 모듈산술(시계산술) : 유한산술은 주기적으로 다시 제자리로 돌아가는 셈.

시계처럼 주기적으로 계산함.

♋ 1 바이트 : 1B = 8비트. 1Kb = 1024B. (2^8 = 256) 1비트 = 2진수(1.0).

⊡ 양자터널효과 : 운동하는 입자가 자체의 운동에너지보다 큰 위치에너지의

장벽을 통과하는 현상. 양자요동의 시점이 생긴다.

Å 엔트로피 : 열역학 제2법칙. 원자의 배열. 에너지의 분포 이동의 측정과 통계

(진공요동은 순간적 열역학 제2법칙위배. 비가역적)

£ 비트 : 섀넌의 정보이론 기초단위 비트(예, 아니오.)

¥ 맥스웰의 악마 : 열역학 제2법칙을 위반하는 것이 가능한가에 대한

사고 실험이다.

◇ 라플라스의 도깨비 : 모든 원자들의 정확한 위치와 운동량을 알고 있다면

그 원자들의 그 어떤 과거나 미래의 물리 값도 알아

낼 수 있는 존재

◎ 정보 : 원자의 정보는 2진법이고, 생명의 정보는 4진법이다.

❢ 우리가 잘 알 수 없는 것은 미래가 아니고 과거다.(과거계산 불가능)

❀ 술 : 수불 (근육도 뼈도 없는 물) -> 수블 -> 수을 -> 술

★ 술(알콜) : 성인 알콜 분해능력 10mg/h (소주 40cc. 맥주 250cc)

음주 10분후 15 ~ 20mg% 알콜 (비등점 78℃ 비중 0.7894)

술 100mmℓ속의 알콜 농도100proof = 50%(미국)

(0.806 × 음주량 × 1.2/0.58 × 체중) × 0.017 × 시간

미생물 발효의 에틸 알콜

♖ 와인 : 어원 사랑받는 (vena). 포도즙을 발효한 술.

①스틸와인 (발효 중 탄산가스 제거)

②스파클링와인(발포성 와인. 탄산가스포함. 샴페인)

③주정강화와인(발효가 끝난 와인 알콜도수를 높임. 소주도수)

※ 레드와인 (포도전체를 발효)

화이트와인(포도씨와 껍데기를 제거하여 발효)

♗ 위스키 : 전분질(보리,호밀,옥수수,밀,)을 발효시켜 숙성시킨 술.

① 몰트위스키 (대맥의 맥아를 발효하여) 글렌피덕.

② 블랜디드위스키(몰트위스키 + 그레인 위스키) 발렌타인.

③ 그레인위스키 (맥아 + 옥수수소맥. 귀리를 첨가)존 헤이그.

④ 버번위스키 (옥수수 51%이상) 에반월리암스.

♕ 브랜디 : 과일, 포도를 발효하여 증류시킨 술. 꼬냑. 조니워커.

❡ 럼　　: 사탕수수를 발효하여 증류시킨 술 (바카디. 데킬라)

♗ 진　　: 위스키 + 향료

보드카 : 위스키를 활성탄으로 여과시킨 술. 스미노프.

맥주　: 보리를 발효하여 만든 탄산가스 함유음료.

기린맥주 → 조선맥주 → 동양맥주 → 하이트 맥주
→ O B 맥주

❢ 데킬라 : 블루 아카베(용설난)를 발효하여 증류 후 여과 시킨 술.

♝ 술의 구분 : 한국 (예의. 주도. 주법)　　　일본 (모양. 술색. 술잔)
　　　　　　중국 (음식. 술의 질. 안주)　　유럽 (선택. 술의 농도. 취향)

♣ 막걸리 : 막 발효한(끓은)술. 곡물을 발효하여 곧 마실 수 있는 술.

⚠ 공기 : 정신의 통로. 숨. 생명.

★ 망막 이미지 : 망막에 맺힌 이미지의 감각 특성.
지각 이미지 : 두뇌에서 변형 하거나 체계화한 이미지 지각특성.

▽ 단백질을 합성하는 유전자는 2만 ~ 2만5천개 정도이다.

❤ 수

1 : 단일성. 나. 1차원. 시간. 시작. 아버지의 수. 양의 수.

2 : 대칭. 양면성. 이원성. 2차원. 빛. 열역학2법칙. 컴퓨터. 좌우.
복소수. (0,1. 0, -1.) 헬륨의 전자. $2^0 = 1$ $\sqrt{2} = 2^{1/2}$.여자.

3 : 트리니다드(trinidad). 위대하다. 1,000. 질투.(10^3= 1024. 2^{10}.)
색 & 빛의 삼원성. 약한 핵력 $3^{12} = 531,441$ $2^{19} = 524,228$. 남자.

4 : 4/4박자. 4차원. 동서남북. 2 + 2 = 4. 2 × 2 = 4 $E = mc^2$찬양.

5 : 오각별. 황금비 플라스틱수(Plastic Number)(황금비^2+ 1). 5차방정식.
준결정의 전자구조.

6 : amore.(사랑)은 6가지로 변화 (2 × 3) (1 + 2 + 3) (2 + 4)
(1× 2× 3). 완전수 3의 계승. 정육면체. $\pi^2/6 = 1 + 1/2^2 \cdots$

7 : 고운체. 7음계. 7화음. 1주일. 무지개. 6 × 7 = 42 (1/7,2/7,3/7)

8 : 8비트. 전산과 계산의 수. $2^8 = 256$ (페르마의 수 $2^{16} + 1 = 65,537$)

9 : 새롭다. 완성의 마지막. 측정 연속함수의 출발점.(2520) 23=69×1/3

◎ 계산 : 145703 × 8473181 = 12345678912··

91457 × 13498889 = 12345678912··

21 × 29 = 20 × 30 + (1 × 9) = 609

1+2+3+··+100 = 5050 인수분해 2×5×5×101 = 5050

1 ÷ 9 = 0.1111111111··

1 ÷ 7 = 0.142857142857··

1 ÷ 6 = 0.166666666666··

1 ÷ 3 = 0.333333333333··

✻ 미적분 : 연속적인 변화를 다루는 물리학의 한 방법이다.

거리와 시간의 좌표를 수학으로 그려낸 것이다.

✱ 무한소 : 주어진 수보다 작으면서도 0 보다 큰 수.

무한이 작아지는 비율의 수.

✦ 함수 : 관계. 좌표의 도식. 규칙. 계획. $f(x) = x^2$

❇ 수열 : S = 1/n 수열 S 는 극한에 이를 때 0에 가깝다.

✖ 알고리즘 : 대수학. 어떠한 주어진 문제를 풀기 위한 절차나 방법.

수학적 연산체계나 논리적 체계를 말함.

▱ 복소수 : 실수와 허수의 합으로 이루어진 수다.

❖ 루트 : √2 =1.4142135624 √3 = 1.7320508076 π= 3.1415926535 ··

황금비 = 1 : 1.61803398·· 0.38196601... = (3-√5)/2

▚ 2^{20} = 1,048,576 $\log_2$ 1,048,576 = 20

계승 i : 순열. 조합. 예) 4i= 4×3×2×1 = 24 5i= 120 6i= 720

파스칼의 삼각형 : 확률. 로또계산. 산술 삼각형. 피보나치수.

예) 45i/6i39i 1등 = 1/8,145,060.

5등 = 1/45

✰ 원뿔의 체적은 밑면과 높이가 같은 원통체적의 1/3이다.

✯ 구분구적법 : 도형의 넓이나 부피를 구할 때, 그 도형을 여러 개의
작은 부분으로 나누어 그 넓이와 부피의 합을 구하고,
그 합의 극한값으로써 계산하는 방법.

⊕ 용지 : A 0 = 840 × 1,189

B 0 = 1,000 × 1,414

★ 책 : 4 × 6 전지 = 788 × 1,090

국전지 = 636 × 939

소국전지 = 625 × 880

국배판 = 210 × 297 (A4)

신국판 = 152 × 225

국판 = 148 × 220 (B5)

4 × 6 배판 = 188 × 257 (B5)

크라운판 = 176 × 248

타블로이드판 = 254 × 374

✿ 원둘레 = $2\pi r$ 원면적 = πr^2 (π = 3.14159265358·····)

제곱수의 제곱근 $\sqrt{n} \times \sqrt{n} = n$ $(\sqrt{2})^2 = 2$

무리수(정수의 분수로 표시 할 수 없다.) $\sqrt{2} = x/y$로 표시 못함.

♺ 원의 둘레 = $2\pi r$

원의 면적 = πr^2

구의 넓이(표면적) = $4\pi r^2$

구의 부피 = $4/3\ \pi r^3$

다각형의 대각선의 개수 = $N \times (N-3)/2$

다각형의 내각의 합 = $(N-2) \times 180°$

★ 수의 일대일(대응의 수)

기수 = 대응. 수열. 짝짓기. 양. 줄.

서수 = 언어. 나열(짝짓기 + 배열). 위치. 사이.

✪ 중국의 수학자 : 이순풍(산경십서.) 유희(구장산술). 양휘(산법).

❆ 물질에서 생명이 태어나고 생명에서 정신이 나온다.

언어가 기존의 언어에서 배우듯이 정신 또한 그 정신에서 배운다.

정신은 물질의 학습에서부터 동시적이거나 먼저일지도 모른다.

물질의 정보와 지식 혹은 학습의 진도에 따라 반복된 정신이

물질 상호간의 소통(이원론)과 일치함(일원론)이다.

인간의 정신은 100도의 온도 범위 안에서 활동한다.

뜨거운 열정도 100도를 넘지 못하고,

냉철한 정신도 영도이하에서 유지하지 못한다. - note -

ℊ 신은 인간을 도와준다. 인간도 신을 도와야 비로소 완전한 인간이다.

과학으로 인공으로 이룬 인간의 승리는 인간이 신을 향하여 깨우친

스스로 또는 개인적인 지식의 표현 중 하나이다.

종교의 윤리와 도덕은 신의 도움으로 이룬 인간승리다.

인간은 "신의 도움이 무엇이다"라고 정의 할 수 없다.

신의 도움을 받았다고 증명 할 인간은 없다.

인간이 신을 도왔다고 자랑 할 인간도 없다.

단지, 인간은 자신에게만 믿음을 가질 수 있다.

남에게 믿음을 전하거나 설명하면 그 순간부터 믿음이 아니고 거짓이다.

믿음은 인간 스스로의 도움이고 개인의 자유스런 철학이다. - note -

∯ 생각 :

언어와 문자로 생각을 한다. 보고 듣고 만지고 생각을 한다.

생각을 언어와 문자와 그림이나 음악으로 표현하면 형식이 추가된다.

∱ 신이 인간을 창조하였으나 인간은 그 신을 교육하였다. - note -

∱ 신성 : 다 이루었다.(예수의 신성회복)

나의 하나님 어찌하여 나를 버리시나이까! (인성)

∮ 죄인이론 : 이미 존재한 역기능에 대한 탓 할 수 있는 대상.

예) 속죄양. 마녀사냥. 화풀이. 복수. 보복. 댓글.

✷ 범종설 : 지구의 생명체는 우주의 살아있는 박테리아나 정자(포자) 등.

으로부터 기원하였다는 설.

❄ 시간의 화살 : 과거와 미래는 현재의 시간이 있기 때문이다.

우주원리 ①과거(시간) ②무질서(엔트로피) ③팽창(공간)

열역학 제2법칙 (질서와 체계의 상태가 감소하는 방향으로

즉, 무질서가 증가하는 방향으로) 시공간의 비가역성.

❆ 심신이원론 : 원인과 결과의 동일성. 물질과 정신의 출현은 다르다.

(심신 평행론) - 데카르트 -

신인 동형론 : 물질에서 정신이 진화 할 수 없고, 정신은 신과 동질의 현상으로 출발한다. 요나스. (심신일원론)

심신 병행설 : 물질과 정신은 영원부터 있었고 동등한 비중을 갖는다.

(심신 일원론) - 스피노자 -

심신진화론 : 정신은 물질로부터 진화한 것이다.

악도 선을 위한 봉사이다. - 헤겔(신정론) -

✱ 칭의 : 의롭다고 하는 믿음은 그리스도가 신자 안에 현존하거나 성화되는
오직 그리스도의 은혜와 사랑으로 이루어진다.
죄의 용서이고 율법의 죄와 사망으로부터 해방을 의미한다.
하나님과 직접으로 교제를 받아들이는 것이다.

✰ 이진법 (상하. 앞뒤. 예 아니오. 음양. 하나님과 진공)
오진법 (한 손가락. 단순. 동물)
십진법 (두 손가락.1 + 2 + 3 + 4 = 완전 수. 인간의 수)

✻ 우주정거장의 높이 = 지표면에서 350 ~ 400Km. 속도 8km/sec.
(지구중심에서 지표면까지 거리 6,400km)
지구직경 = 12,756km 지구의 둘레 = 40,192km.
지구와 달 거리 = 384,400km 지구와 태양 = 1억 4,960만km
인간의 크기 = 지구의 $1/10^{23}$
우주의 나이 = 140억년(137억년)
지구의 나이 = 45.4억년(+ - 0.5억년. 46억년)
우주의 빅뱅 = 시작. 인플레이션시대 (10^{-35} ~ 10^{-32} 초)10^{27}캘빈온도
하드론시대 = (10^{-32} ~ 10^{-12} 초) 10^{15} 중성자. 양성자. 중간자.
렙톤 시대 = 10^{-12} ~ 10^{-4} 초) 소립자. 뮤온. 타우온. 중성미자)
복사 시대 = 10^{-4} ~ 10억년) 빛의 시대. 원자 핵. 수소 출현.
암흑물질 63%. 광자 15%. 중성미자 10%. 원자 12%.
재이온화 과정 = 5억 ~ 8억년 별들의 재이온화.

✻ 리보자임 : RNA 에 리보핵산과 효소의 활동으로 스스로 생존수단을 한다.

⊕ 골로 간다 : 여순반란사건 때 최 덕신, 김 종원의 민간인 학살시 골짜기로
데려가 총살함.

인터넷 : internet (서로 연결하다. 서로 소통하다.) lot(사물인터넷)

❆ 우주 : 프랙탈패턴.멱법칙.파이법칙.혼돈.확률편향.비선형. 임계의 경계.

❆ 진화론과 게임이론 8대 단계 (존매이너드 스미스)

❶ 자기복제 분자단계

❷ 염색체집합

❸ 유전자코드 (RNA → DNA)

❹ 루카(LUCA) 공통조상

❺ 유기체의 시간(세포의 성분열)

❻ 세포의 차별화

❼ 군락(개체)

❽ 고등영장류

✦ 물리학 ⓐ 뉴턴 : 운동과 중력의 방정식.

ⓑ 맥스웰 : 아원자의 세계. 전기장과 자기장.

ⓒ 아윈쉬타인 : 우주. 일반상대성 이론.

ⓓ 디렉 : 양전자. 원자와 세포의 표지재 포획. 뇌찰영.

✧ 1몰(mole) : 수소 1g에 들어있는 원자의 수

(6.022 × 1023 = 아보가르도의 수)

❃ 뉴턴 : ① 제1법칙 = 관성의 법칙.

어떤 힘도 가하지 않는 물체는 속도와 방향이 바뀌지 않는다.

② 제2법칙 = 가속도의 법칙

물체는 힘의 크기에 따라 가속도는 비례한다.

F = m × a (F = 힘. m = 질량. a = 가속도 9.8665m/s^2)

③ 제3법칙 = 작용반작용의 법칙

힘을 받는 물체는 반대의 크기로 힘이 작용한다.

$F_1 = m_1a_1$ $F_2 = m_2a_2$

④ 중력의 힘 (별빛의 광행차. 별의 시차)

$F = m_1m_2G/r^2$ ($G = 0.00000000006673$)

❄ 질량 : (사람 = 1) 지구 = 10^{23} (달 = 1/80 지구). 태양 = 3.3×10^{28}

태양 = 2×10^{30} Kg(1.41g/㎤) 지구 = 5.9×10^{24} Kg (5.52g/㎤)

쿨롱의 법칙 $F = q_1q_2K/r^2$($K = (8.98 \times 109)N\cdot m^2/C^2$) q = 전하량

볼타(전지. 전압표시)　　앙페르(전류. 암페어 표시)

클롱(전하량)　　　　　　헤르츠(전파량)

+ - 기호 = 요한비드만 시초. 반데르 호이케 사용.

✲ 레이저(laser) : 복사 광선의 유도에서 나온 증폭 된 빛.

♈ Q E D (Quantum electrodynamics) : 양자전기역학 전자의 행동 + 광자

❢ 태초의 무질서 : 정보보존의 법칙. + 힘의 법칙. (정신은 물질의 상위)

✵ 우주는 아무것도 사라지지 않고 아무 것도 창조 되지 않는다.

모든 것은 변형 될 뿐이다.　　　　　　　　- 앙뚜안로랑 라부아지에 -

✳ 소립자의 파장 전기장은 절대적인 안정상태에 있지 않다.

위치와 속도를 동시에 측정 할 수 없다.(불확정성의 원리)

✳ 블랙홀 : 1965년 최초 발견.시그너스 X1. 탈출 속도가 빛의 속도 이상.

강한 중력 발생. 호킹복사.

✶ 웜홀 : 10^{-33} cm 마이너스 질량, 반중력 상태,

블랙홀의 74%.수소 25%.헬륨

✷ 태양 : 46억7천만년 전 생성. 직경 139만km. 무게 1.91×10^{30}kg

지구의 34만배 질량. 지구와 태양의 거리 1억 4,960km(1천문)

✲ 주기율표 (원소의 기본구조와 성질)

① 원자번호 : 원자핵의 양성자(+) 전자(-)의 수.

② 가로줄 : 각 원소의 전자 수에 따라 전자껍질 첫 번째는 2개,

두 번째는 8개로 배열함.

③ 원소 : 기본 종류. 예) 산소. 수소. 질소. 등

④ 원자 : 기본 수. 예) 수소(1) 산소(8)

✪ 물 : H_2O. 고체. 액체. 기체.(삼위의 성질).분자량(수소2+ 산소16 =18)

수소와 산소의 결합각 104.5°

밀도 (물 = 1,000Kg/m³수증기 = 0.6~1 초임계수 = 1,010~1,000)

열전도율 (물 = 50 ~ 200mw/mk. 수증기= 5 ~ 30mw/mk.

초임계수 = 20 ~ 150mw/mk)

비중 0°c 물 0.99984 (바닷물 1.028 얼음 0.917)

✹ 비 입자 = ∅ 1~ 2mm 안개 입자 = 0.1mm 구름 입자 = ∅0.01mm

수소 입자 = 0°c 1기압 89.9g/m³ 헬륨입자 = 178.5g/m³

공기 입자 = 1.293g/m³

☆ 공간.시간 :

하루(84,600초) 1년(31,557,600초). 1광년(9.5×10^{15} m.)

중력파(10×10^{-18} m.). 지구의 부피($1.1\times10^{21}m^3$)

지구질량(6×10^{24}kg). 국제우주정거장(지상400km. 7,600m/sec)

지표면의 중력가속도(9.8m/sec²). 지구밀도(5,513kg/m³)

우주의 밀도($3\times10^{-27}kg/m^3$) 원자핵의 밀도($2.3\times10^{17}kg/m^3$)

1Joul(1N × 1m. 0.239cal.)

※ 4대성인

석가모니 : 바르게 깨달아라. (진리) (BC563 ~ 483)

공자 : 사람의 도리와 예절. (인본) (BC551 ~ 479)

소크라테스 : 너 자신을 알라. 악법도 국법이다.(개인) (BC470 ~ 399)

예수 : 회개하고 사랑하라. (절대의 신) (BC47 ~ AD30)

❇ 아담과 이브는 남녀의 구별이 아니고 신에게 충성 또는 의심을 하는 지혜이다.

이브는 지혜의 열매를 삼켜서 가슴에 새겨두고 일부는 밖으로 향한 세로로(구원) 열린 입으로 배출하였다.

아담은 먹다가 목에 표시하고 다리사이 두개의 주머니에 남겼다.

고로 이브는 아이의 생산과 육아를 몸으로 이루어야 하고

아담은 번식을 위하여 입(식량확보)으로 씨앗을 남겨야한다. - note -

✪ 어찌하여 신은 생의 가장 좋은 것을 태초에 두었을까? - 빅토르 위고 -

✱ 우주에게 인간이 태어나고 죽는 것은 목적이 없고 이유가 없다.

단지 시간에 따르고 그 공간에 있을 뿐이다. - note -

❋ 유대인 : 유대(가격을 깎아 내리다.) 쥬얼리.

아브라함의 손자 야곱 (이스라엘)

✿ 쓰나미 : 지진해일(항구의 파도) → 1,755.11.01.(포르투갈)

2,004.12.26.(인도네시아) 2,011.03.11.(일본)

❁ 원핵생물 = 독립영양. 무기영양. 바이러스. 박테리아.

원생생물 = 종속영양. 유성영양. 단세포. 아메바.

❀ 생태론의 정, 반, 합의 공진화(변증법적 철학) 공생 공존 공동작업.

✶ 박테리아가 약 35억년 동안 공기 중 탄소제거와 산소생성에 도움을 줌.

⊠ 우리(右籬)라고 부르는 우리 안에 편견을 넣으면 우리 안은 욕심에 차고 우리 밖은 저리(沮籬)를 위한 명분으로 비교와 저주가 쌓여가고 있다.

너희가 내말에 거하면 참 내 제자가 되고 진리를 알찌니,

진리가 너희를 자유케 하리라. (요 8 : 32)

마음을 비운다. 술을 채우려면 빈 술잔이 필요 하듯이 마음을 담으려면 먼저 마음을 비워 두어라. 그리하면 마음으로 채워 질 것이오.

아름다운 산을 바라보고 산을 올라가보면 그 아름다운산은 없고,

또 다른 산이 더 아름다운 산으로 보일 것이다.

산 정상에 있으면 하늘과 더 가까운데도 하늘은 여전히 높아만 보인다.

믿음은 산의 정상을 향해 올라 갈 때의 마음이고,

기도는 산을 내려올 때, 그 하늘에 두고 온 마음이다. - note -

♋ 선캄브라아기 : 8억년전. 성의 출현

빙하기 : 6억5천만년전. 마리노 빙하기

캄브라아기 : 5억4천2백만년전. 좌우 대칭동물. 데본기 육상생물 출현.

♋ 137억년전 빅뱅으로 우주 탄생 → 40억년전 리보자임. 핵 없는 세포탄생 → 10억년전 진핵세포 성의 출현. → 5억3천만년전 척추동물 출현 → 300만년 전 호모 탄생 현재의 지구.

❢ 물질생명의 4단계(생물)

① 상실배 (수정란 분열. 세포분열)

② 포배 단계 (배아. 난할)

③ 낭배단계 (소화기관 등 형성)

④ 신경배단계 (신경관 형성)

♖ 정신생명의 4단계 (보행연원. 불교)

㊀ 여래생명 맨위 석가여래생명

㊁ 염법훈습생명 왼쪽 십악업

㊂ 신심발심생명 밑 신심 발보리심

㊃ 정법훈습생명 오른쪽 십선행

✵ 광자 : ① π 중간자(전자의 27배 중량) 5천만분의 1초에 붕괴

② μ 중간자(전자의 206.8배 중량) 1억분의1초에 붕괴

③ τ 타우입자(전자보다 3500배. 양성자보다 2배 무겁다)

④ k 입자(전자의960배 중량) 10^{-6} 의 1/80초 붕괴

* 수소 (2개의 전자) ➤ CH_4(메탄) NH_3(암모니아) HCL(염소)

산소 (8개의 전자) ➤ FeO (산화철) Co(일산화탄소) Co_2(이산화탄소)

물분자 산소와 수소의 거리(9.6나노미터.) 수소산소 구성각도 104.45°

✲ 루크레티우스 : BC 77 "사물의 본성에 관하여"의 저자.

물, 불, 공기, 흙 4요소의 구성과 활동에 의하여

정신과 영혼, 육체와 물체간의 삶이 형성 된 관계이다.

육체와 정신은 관계의 통로이다.

별개도 아니고 일체도 아니다. 오직 하나이다.

죽음은 감각의 정지 일뿐이다.

❧ 4 : 4원소(물, 공기, 불, 흙) 4성질(습. 온. 건. 냉)4계절.4방위.

♺ 핵융합 : 1,600만℃ + 30억 기압 (1억℃ + 1기압)

❆ 수소 : 끓는점. - 259.2℃. 녹는점 - 252.8℃ (6.4℃ 온도차)

✦ 빅뱅 : 대폭발. 조지 가모프의 추측 절대온도 0°K(-273℃)보다 높으면

텅 빈 공간에 복사에너지가 채워지기 시작한다.

절대온도 2배증가시 복사에너지는 16배 증가한다. ($2^2 \rightarrow 2^4$)

(광자 + 에너지) + (전자 + 에너지) = 원자

☆ 별의 온도와 색

W형(8만K.볼프-레이). O형(5만K.파란색) B형(2.5만K. 청백색) A형(1.1만K.흰색) F형(7천K.황백색.북극성) G형(6천K.황색.태양) K형(4천~5천K.주황색) M형(3천K.붉은색)

● 우주의 창조 순서

공간 → 물질 → 시간 → 에너지

❀ 태양의 열 : 고온 고압의 수소 양성자와 중성자가 헬륨핵으로 융합되는 열 핵융합. 수소폭탄.

핵분열 : 원자핵에 충격을 주어 핵변환이 일어나는 것. 원자폭탄.

동위원소 : 전하는 같지만 중성자 수가 다른 핵물질

불확정성의 원리 : 양자 전자 등의 위치와 속도 에너지의 동시 측정불가

원자(Atom) : 물질을 구성하는 최소물질(원소의 특징을 지닌 미립자)개수

원소(Element) : 한가지 종류의 원자로 이루어진 물질의 종류.

화합물 : 두 종류이상의 원자로 이루어진 물질. 이온 결합.(유기.무기)

원핵세포 : 세포분열시 분열개시장소가 하나(핵막이 없음. 핵이 하나)

진핵세포 : 세포분열시 분열개시장소가 서너 곳.(핵이 구별됨)

세균 : 단세포, 원핵세포 구조 폭 1㎛. 동식물의 세균은 진핵세포.

소금 : 지혜. 현자의 돌. 물과 불의 성질. 영혼. 여성이브. 정화. 쓴맛.

유리 : 소다소금과 모래로 만든 순수한 불에 정화된 것 (소다,석회,실리카)

바다 : 산 것을 죽게 하며 죽은 것을 살린다. 소금을 만듦. 생명의 시작.

음악 : 우주의 화성. 조화. 비율의 진동이다. 리듬의 수학. 습관.

부활절 : 춘분 이후 첫 보름달이 뜨는 날의 다음 일요일.

유월절 : 춘분 이후 첫 보름달이 뜨는 날.(유대력1월14일 일몰~15일 일출)

1큐빗(cubit) : 엘.팔꿈치에서 가운데 손가락 끝가지의 거리 18인치 (46cm)

노아의 방주 : 300큐빗 × 50큐빗 × 30큐빗(높이) 〔137m × 23m × 14m〕

1세겔 : 11g.(0.4온스) 1미나(60세겔) 1달란트(60미나. ≒ 39.6kg)

19년 7윤법 : 19년마다 7윤년. 100배수 해에는 400으로 나누어지면 윤년.

캐럿 : 캐럽 콩의 열매(200mg)1/24트로이 온스.금24K(24/24 %.18K 18/24)

테니스 점수 : 시계 점수 15. 30. 45. 60. (45는 듀스때문에 40으로 변경)

☀ 태양 : 왕. 왕관. 신이 인간을 임신하여 낳은 신. 아폴론. 단군. 시바. 신농. 천조대어신. 헬륨핵.

달 : 여성, 변화, 죽음, 원죄.(암캐.욕망) 천국으로 가는 길. 陰(음).

아담 : 흙. 자웅동체. 이브의 본체. 4가지 색(빨강,검정,초록,하양) 정신.

이브 : 뼈. 두 쌍둥이.(카인과 례붑다. 아벨과 겔리마트) 아담의 육체.

반고 : 난장이. 음양 창조. 4가지 동물(일각수,피닉스,거북,용.) 원시천존

십자가 : 수직선(구원. 공기와 흙. 건열) 수평선(평등, 불과 물. 습냉.)

융합 : 정신과 육체의 결혼. 하늘과 땅의 조화. 원소의 결합. 남자(유황, 수은) 여자(수은, 소금)

간발의 차이 : 머리카락 넓이(1/48 인치)의 차이. (0.0082㎜)

인치 : 운시아(1/12.). 성인남자 엄지손가락의 가운데 마디의 길이.
1야드의 1/36 1인치 = 1/12피트. = 25.4mm (1야드 = 0.9144m)

피트 : 발바닥의 길이(발뒤꿈치에서 발가락 끝) 12인치. 304.8mm.
보리알 36톨의 길이. 1.00584자. 3피트 = 1야드
5.5야드 = 1퍼치 40 × 4퍼치 = 1에이커 = 4,840yd²

60 = 1회. 60세. 60분. 60초. 60°. 원둘레의 1/6. 바빌로니아의 수.

· 불 = 영혼. 빛. — 물 = 직선. △ 흙 = 삼각형. ○ 공기 = 원.

연금술 : 땅에서 하늘로, 돌. 유황. 금. 물질. 융합. 밤과 낮. 남녀의 교접

에덴동산 : 하나님과 사탄은 하나이다. 아담과 이브도 하나이다. 하나가 됨

유대인 원년 : BC 3,760년 ~ BC 5,760년. 천지창조(성경)

일본의 원년 : BC 660년. 진무의 즉위년.

중국의 원년 : 헌원씨 즉위 BC 2,698년. 하나라 BC 2,070년.

한국의 원년 : 고조선 단군 왕검의 개국 BC 2,333년.(1988년 4321년)

로마의 원년 : BC 753년

불기 : BC 544년

마야의 달력 : BC 3,114년. (2012년 12.12. 5,125년째 종말)

시계의 회전 방향 : 해시계의 그림자 방향 (북반구.)

바빌로니아의 수 : 6의 배수. 12. 60. 360. 12× 60 ÷ 2 = 360

(1태양력 365.24 +1태음년354.8) ÷ 2 = 360

인공위성 : 12,000 마일(19,312km)상공. 14,001km/h 속도.

새해축제 : 춘분에 시작 ~ 4월1일 절정.(3월 25일 ~ 4월 1일)

만우절 : 그레고리력시행1,752년.11일을 삭제. 4월1일은 거짓 새해.

영혼의 무게 : 21g (맥두걸 의사의 임종 실험 생사전후 무게측정)

♋ 단위

1 마일(mile) : 라틴어 mille 1,000에서 유래. 1,609.344m (5,280피트)

1밀레 = 1,000파수스. 1파수스(한쪽 다리로 걷는 거리 1.48m)

1리그(league) = 포탄이 적의 군함까지 도달 거리(영해) 4.8km

1해리 : 지구를 360등분 1°를 60등분한 거리. (1,852m. 6,076.115피트)

1파섹 : 3.26광년(31조km) 연주시차(별의 위치 이동)1/3,600°초의 거리 우리은하 중심과 지구의 거리 8킬로파섹 (2,600광년)

1에이커 : 하루평균 쟁기질 넓이(220야드×22야드= 4,840야드 = 4,047m²)

1모금 : ≒14.7867cc.1컵(16모금)1파인트(32모금.미450ml) 1갤런(256모금) 1버트(32,768모금)

밀도 : 1기압. 3.98℃ 담수(999.6kg/m³) 해수(1,025kg/m³) 공기(1.29kg/m³)

* 모든 생물은 외모는 달라도 분자들이 질서 정연하게 모인 집합체이다. 세포들의 화학적 질서에 따라서 에너지의 흐름(엔트로피)에 따른다. 단백질은 50여개의 아미노산의 결합이고 아미노기(- NH_2)와 카르복시기(- COOH)는 산소,수소와 탄소,질소의 결합이다. 원핵세포(박테리아 세포분열 개시장소 1개)와 진핵세포(서너 곳)의 분열이 다르다.

무성생식세포 분열은 단순하고 유성생식세포 분열은 복잡하다.

초파리 수정난 세포분열 13번에 8,192개의 세포로 분열 한다.

유전자 결정론의 잘못은 양육의 변화로도 모른다는 것이다.

진화론은 같은 종의 진화과정으로 변이는 우연히 일어나지만 유전되고 자연선택에 의하여 변이 된다. 고로 진화론은 예측 할 수 없다.

생물은 자신의 복사본을 가능한 많이 퍼뜨리려는 이기적인 유전자이다.

현재 살아 있는 생물의 공통 조상은 약 20억 년 전의 생물후손이다.

정보를 전달하는 신경세포(뉴런)의 전기작용, 화학작용으로 세포와의 정보전달과 기억 그리고 반사작용이 뇌의 활동이다. - note -

⊕ 유전암호 : U C G A 아미노산기의 배열순서 (4×4×4 = 64 종류. 64괘)

✧ 단백질 : 여러 분자의 결합. 탄소 산소 수소 질소 인등 4Kcal/g

◈ 핵산 : 뉴클레오티드(당의 질소나 인산기의 결합
화합물의 선형으로 중합고분자.

❄ 장기적으로 보면 우리는 모두 죽는다.
단기적으로 보아도 죽어야만 한다. - 존케인 -

◆ 경전 : 성경 = 1,189장 30,993절. 꾸란 = 114장(수라) 6,236절(아야트)
불교 = 경(經).율(律).론(論). 유교 = 四書. 十三經. 三禮. 三傳.

★ 천국의 온도 : 이사야 30장 26절 햇빛은 일곱배가 되어 일곱날의
빛과 같으리라. 525℃(복사에너지) 지구의 50배.

지옥의 온도 : 요한31장 8절 불과 유황으로 타는 못에 던지리니
444.6℃ (천국보다 81℃ 낮음)

♀ 오나니슴(onanisme) : 성경 레비레이트혼법(죽은 형의 아내를 통한
자손생산)
유다의 둘째 아들 오난이 자기 형수를 취함.

▥ 누가복음 (17 : 21) : 하나님의 왕국은 외부에서 오는 것이 아니라
우리 안에서 오는 것이다.

♉ 연금술 : 광물의 변화를 연구하는 법.(과학과 종교적 이해)
연금술의 3요소 : 유황. 소금. 수은.
① 수은(물기 있는 공기) 수은 속의 은(순수)
② 제 5원소(흙, 물 , 공기, 불.) 알콜.
③ 유황(열) 연기 나는 흙. 금의 순수.
④ 물(순수의 변화. 고체→액체→기체.) 소금.
⑤ 공기(영혼, 창조, 재창조.)

연금술의 영향 : 유리 제조. 염료, 향료 제조. 착색. 야금술.
연소와 하소의 발견.(하소,연소,승화,용해,부패.)
요리와 증류법. 의약제조. 인쇄술의 발전.
체액(흙담즙. 황담즙. 점액. 혈액.)

☺ 미인 : 눈의 간격은 눈의 넓이와 같다.
입은 눈 넓이의 2배이다. 총신장은 머리의 7.5배이다.
발에서 이마까지는 주먹 넓이의 18배이다.

✪ 와이파이(wi - fi) : wireless fidelity
1 G = 1,988. 아나로그. 1st generation
2 G = 1,996. 디지털통신. wi - fi
3 G = 2,002. 동영상. wibro. 모바일
4 G = 2,009. 무선 인터넷. IMT-Advanced. LTE.
5 G = 2,019. 사물 인터넷. Internet of Things

※ 자외선 차단지수 S P F : S P F 15 (UVB 광선 93% 차단)
S P F 60 (UVB 광선 98.5% 차단)

❍ 물체가 1초간(4.9m 높이) 떨어진 후 땅에 부딪히는 속도 :
35km/h $1/2gt^2$

종단속도 : 스카이다이빙 최고 속도 193km/h를 넘을 수 없다.

두뇌 : ≒ 1.4kg 850억개의 신경세포. 150경의 시냅스.
하루 필요 에너지 23w. 신경전달속도 400km/h

심장 : 25억회 박동/평생. (3.7 ~ 4.7ℓ혈액. 24만톤/90년 혈액공급)

폐 : 550㎖/분의 공기. (12 ~15회의 호흡./분. 26,000㎥의 공기)

π : 강의 바다까지 직선거리와 실거리의 비. 3.14159265...

물 : -273℃ ~ 0℃ (얼음) 0℃ ~ 100℃ (물) 100℃ ~ 1,483℃(기체)

알래스카 쓰나미 : 1,958년 07.09. 700m 높이.

지중해 쓰나미 : 서기 375년. 이집트. 크레타섬.

그리스 쓰나미 : B C 373년 B C 479년. 그리스.

녹는 온도 : 텡스텐 (3,410℃) 알루미늄(660℃)구리(1,080℃) 철(1,370℃)

중성계자 : 뉴트리노. 중성자와 비슷한 성질을 가진 암흑물질에 가깝다.

산소와 수소의 반응 속도 : 피코세컨드분의 1초. (물이 되는 순간)

♀ 진실하고 정의로울수록 거짓과 불의의 의미가 크다.

아름다움이 빼어날수록 그 더러움이 크다. - 조르주바티유 -

☍ 바리스터(varistor) : 전압에 의해 전압이 크게 변하는 소자.

현저한 비선형전압-전류특성을 갖는 2단자형 저항기

♟ 열분해 : 고체에 열을 가하면 기체가 발생하며 구조가 변한다.

그때의 온도를 열분해 온도라고 한다.

♙ 진공에너지(제로포인트) : 빈공간의 초미립자 에너지. (끌어 당김)

✖ 암흑에너지 : 빈 공간 밖의 진공의 반대개념 에너지. (밀어 냄)

♋ 섭씨(물이 어는 온도 0℃. 끓는 온도 100℃. 100등분)

화씨(소금물 어는 온도0°F〈-17.78℃〉. 끓는 온도 212°F.180등분)

♋ 코리올리효과 : 회전하는 계에서의 관성력. 전향력.(Coriolis force)

지구 자전에 의한 힘의 방향. 1,835년 코리올리 발견.

♉ 석영시계 : 진동수 32,768/초 (215) 1927년 벨연구소.

⊡ 온도 : 번개(30,000.도) 태양(6,000.도 5,800K)

☍ 알하젠 : 아라비아의 수학자·AD1,000년 물리학자 (광학의 아버지)

움직임은 시작 된 점이 없다. 따라서 끝도 있을 수 없다.

♂ 제트기류 : 10,000m 상공에서 290km/h 속도의 기류.

300m 상공으로 올라 갈 때마다 2.5℃씩 낮아진다.

♕ 영점장 : 절대온도와 완전한 진공에서 양자의 요동(양자와 반양자)

✦ 성인의 유언

예수 : 엘리 엘리 라마 사박다니! (주여 주여 어찌 나를 버리시나이까!)

나는 길(공자)이요, 진리(부처)요, 생명이라(예수)!

나를 통하지 아니하고는 아버지께 올 자 아무도 없느니라.12제자

다 이루었다! 내 영혼을 아버지 손에 부탁하나이다!(BC 1년.12/25)

부처 : 天上天下唯我獨尊三界皆苦我當安之

(천상천하유아독존삼계개고아당안지)

이세상 오직 나만이 존귀하니 삼계의 괴로움을 내가 평안케하리라

《나를 믿지 마라.》 自燈明 法燈明(자등명 법등명) 10제자.

자신을 등불로 삼고, 진리를 등불로 삼으라! (BC566년 음 4/8)

공자 : 조문도 석가사의(朝聞道 夕可死矣)(BC551년 양.9/28) BC479 4/18卒

아침에 도를 들으면 저녁에 죽어도 좋다.予欲無言(너한테 할 말이 없다.)

천하언재 사시행언 백물생언 천하언재 (天何言哉. 四時行焉 百物生焉 天何言哉)

세월이 흐르고 만물이 살아가는 것에 천하가 뭐라고 말을 하더냐?

五十而知天命.六十而耳順.七十而從心 所欲不踰矩.

(칠십이종심 소욕불유거)

노자 : 지자불언 언자부지(知者不言 言者不知) (BC580년경 80세어머니)

아는 놈은 말로 아니하고, 말로 아는 놈은 모르는 것이다.

유약겸양부쟁 (柔弱謙讓不爭) 부드러움이 강함을 이긴다. 72제자.

♀ 예언 : 예수(계시록). 힌두교(아카샤) 불교(아뢰야식. 의식)

✱ 내가 사는 것이 아니고 그 것이 나를 살게 한다. (공즉시색. 색즉시공)

내가 사는 것이 모든 것을 살게 하고 내가 죽는 것이 모든 것을 죽게 한다.

이제 내가 사는 것이 아니라 그리스도가 내 안에 산다. -바울-

★ 동서양의 차이

동양 : 여성. 수용. 이해. 오행. 역경. 인간의 욕망. 도덕. 道(도).

원(자궁). 3(천지인). 귀(인간). 道(도)의 학문.

서양 : 남성. 공격. 심판. 성경. 신의 욕망. 율법. 십자가.

직선(칼). 4(공기. 물. 불. 흙) 눈(신). 神(신)의 학문.

반복. 아름다운 그림. 자연의 주파수 432Hz (440Hz 음조율 기준)

박자의 휴식과 열정. 심장의 증거. 황금의 피보나치 수열.

● 온음계 : 5개의 온음(도 ,레, 파, 솔, 시) 2개의 반음(미, 도)

＊ 鬼(귀) = 가면 쓴 사람. 생명 = 정신의 태어남.

보는 것 = 코와 입의 입구. 육체.

볼 수 없는 것 = 귀. 항문. 하늘의 소리와 정신.

무위이무불위(無爲而無不爲) = 하는 것이 없으면서 하지 않음이 없다.

♏ 432 : 자연의 주파수432hz. 빛의 속도 (432 × 432)마일 ≒ 30만km

태양의 지름 864,000마일 (432,000 × 2) ≒1,392,000km

운동선수1일 심장 박동수 86,400. (43,200 × 2)

세차운동주기 25,920년(60×432) (72°× 360 = 25,920)

2,160년마다 30°기울어짐 (30/360)

♏ 염기 : 물에 녹으면 수산화이온(OH^-)을 내 놓는 것

위산 : Hcl (수산화이온 H^+ + 염화이온 OH^-)

P H : 수소이온농도 물 1ℓ당 0.0000001mol = PH 7

PH 7이상은 산성 PH 7이하는 알칼리성(염기)

바닷물 : PH 8.1이상 산성화가 되면 생태계 위험.

전기분해 : $Naso_4$를 녹인 물에 전기를 흐르면 양극에서 산소 발생

음극에서 수소 발생

수소전기 : 전기분해의 반대 수소와 산소의 결합으로 물과 전기발생.

★ 부어메드실험 : 믿음이 죽음을 부르는 실험. 노시보 효과.

사형수에게 피를 뽑는다고 하고서

물방울 떨어지는 소리를 듣게 하니 진짜로 죽음.

❃ 맥스웰 : 물질의 법칙은 정신이 만들어 낸 것 밖에 없고

정신의 법칙은 물질이 만들어 낸 것 밖에 없다.

파동방정식은 전자기파의 파동. 입자의 파동. 무선통신의 기초

☆ 패러데이

왼손법칙 = 자기장속의 힘의 방향 (엄지 = 힘. 중지 = 전류) 모타

오른손법칙 =자기장속의 도체의 방향(엄지=도체. 중지 =기전력) 발전기

* 다이몬 : 신과 인간사이 자연적인 힘. 천사. 귀신. 정령.등

❊ 태양신경총 : 장기와 두뇌를 연결하는 신경섬유다발. 깨달음의 기관.

✱ 자기 자신에게 미치면 중독이고, 전체(인간)에 미치면 광신이다.

♗ 아니무스 : 로고스. 혼. 구름의 정령(양의 운 + 본성) 남성.정신. 의식.

아니마 : 데몬. 백. 백색의 정령(음의 백 + 심성) 여성.육체. 무의식.

★ 관찰자가 있어야 실재가 존재한다.(양자역학)

시간은 초침의 움직임이 아니고 살아서 움직이는 것이다.

✱ 코페하겐 해석 : 1920년 하이젠베르그 닐스보어 등, 아원자 입자는 위치나 움직임 중 하나만 드러낸다. 고로 관찰이전에는 아무것도 존재 하지 않는다.(불확정성)

다세계해석 : 모든 가능성은 실현된다.(양자역학의 해석. 양자결풀림)

☆ 1차원 : 선. 끈이론. 미세세계. 초미립자.

2차원 : 면. 시각. 양자이론. 측정. 시각.

3차원 : 입체. 입자. 물질. 우주구성. 정지.

4차원 : 시간. 파동. 엔트로피. 거대우주. 방향.

✱ 원자질량 mu : 1.66053873(13) $\times 10^{-27}$ kg

중양성자 질량 md : 3.34358309(26) $\times 10^{-27}$ kg

전자질량 me : 9.10938188(72) $\times 10^{-31}$ kg

전자볼트 ev : 1.6021762563(63) $\times 10^{-19}$ kg

중성자질량 mn : 1.67492716(13) $\times 10^{-27}$ kg

광속(진공) c : 2.99792458 $\times 10^{8}$ ms^{-1}

⁂ 광속의 98% 속도에서 시간은 1/2 흐름이다.

광속의 99% 속도에서 시간은 1/7로 줄어든다.

광속의 99.999999999(9)속도면 시간은 1/22,360으로 준다.

▣ 카시미르효과 : 두 금속판을 아주 가까이 두었을 때 진공 에너지 파동으로 강력하게 달라붙는 현상.

ⓧ 양자중첩성 : 물질과 공간이 일체가 된다. (양자의 쌍)

✱ 유아론(독아론) : 주관적 관념론. 자신의 의식 속에서 존재를 인식한다. 모든 것은 하나의 의식이다.(타인의 관념을 비교하지 않음)

♁ 초미립자

전자 : 렙톤. 렙톤수. → 뮤온 과 타우온.

양성자 : 업쿼크 2개. 다운쿼크 1개.

중성자 : 업쿼크 1개. 다운쿼크 2개.

중간자 : 소립자 중에서 전자보다 무겁고 양성자보다 가벼운 입자

♀ 히브리인의 수 : 6(창조) 7(마귀. 환희) 40(40일.40년)

바빌로니아 수 : 60.(2, 3, 4, 5, 6, 10, 12, 15, 20, 30)

짝수 : 음. 변화. 여성. 밤. 검정색.

홀수 : 양. 절대. 남성. 낮. 흰색.

삼각수 : 1. 3. 6. 10. 15. 1/2n(n + 1)

사각수 : 1. 4. 9. 16. 25. 1/2n(n - 1)

완전수 : 6.(창조) 28.(달. 여성 생리).496. 8,128. 33,550,336.
8,589,869,056. $2^{n-1}(2^{n}-1)$.

유클리드 수 : 1,2,6,24,120,720,5040,40320,362880,3628800 7!= 5,040

피타고라스수 : 5(3,4) 13(5,12) 10(6,8) 25(7,24) 17(8,15) 15(9,12)

마지막 수 : 마지막 수는 항상 존재한다.

황금삼각형 : (3 : 4 : 5) (5 : 12 : 13) (8 : 15 : 17)

⧗ 우주 :

바리온 물질 (눈으로 볼 수 있고 형태의 에너지는 있음.)

암흑물질 (눈으로 볼 수 없고 형태의 에너지는 없음.)

암흑에너지 (눈으로 볼 수 없고 바리온 물질의 반대 에너지)

❢ 아인쉬타인 : 나는 달을 보지 않을 때에도 달이 거기 있다고 생각한다.

❤ 인식이 없으면 현실도 없다. - 바이오 샌트리즘 -

★ 138억 년 전 우주 → 70억 년 전 팽창증가.→ 38억 년 전 생명탄생.

✲ 안다고 생각하는 것을 인지하는 순간 지식의 문안에 들어 왔다.

현재가 과거를 만든다.

현재를 생각하는 순간 과거의 결과가 확실히 보인다.

미래는 없다. 오직 현재의 생각이 진행 할 뿐이다. - note -

✸ 관찰이 이루어지기 전까지 아무것도 존재하지 않는다. - 휠러 -

✸ 로렌츠 변환 : 광속으로 달리면 시간은 없다.

◢T = t√1 - v²/c²(v =우주선 속도. c = 광속. t = 지구의 시간)

✲ 물질 : 분자 → 원자 → 핵 → 하드론 → 쿼크 → x

✰ 커피 : 에디오피아의 caffa(힘)의 어원

✶ 베블런효과 : veblen effect.상품가격이 오를수록 수요가 증가하는 현상.

칠정산내편 : 日 (해) 月(달) 火(불) 水(물) 木(나무) 金(쇠) 土(흙)설명

1) 상권 = 천행제율·일행제율·월행제율·일월식.

2) 하권 = 교식·일식·월식·오성·사여성.

칠정산 외편 : 日 (해) 月(달) 火(불) 水(물) 木(나무) 金(쇠) 土(흙)계산

5책. 천문의 계산. 원주 = 360도. 1초(1/360 도)

1년= 365.2425일. 1월= 29.530593일. 내외편 편찬(1,442년)

✲ 승천교리 : 1,950년 11월 1일 교황 비오(피오스)12세 성모마리아 승천교리

* 명철 : 잠언 3장13. 지혜를 찾으면 복이 있나니,

슬기를 얻으면 복이 있나니.

✹ 이중맹검법 : 실험자와 피험자가 서로 알지 못한 상태로 실험하는 방법.

✪ 압전효과(기계적 에너지를 전기적 에너지로 변환)

❶ 퀴리효과 : 재료에 압력을 가하면 전기가 발생하는 것을 직접효과

❷ 커프먼효과 : 재료에 전압을 주면 결정체가 변형을 일으킨 역효과

❆ 1바이트 = 2^3(8)　1KB = 2^{10} (1,024)　1GB = 2^{20} (1,048,576)

✤ A I (인공지능) : AI가 AI를 개발하면 AI가 인간을 지배한다.
CRISPR (유전자 편집기술). 플랑크 길이 : 10^{-32} m.
나노크래프트속도 (빛의 속도 1/5.).슈퍼 컴퓨터.

★ 경계조건 : 공간과 시간의 가장자리. 허수시간에는 경계가 없어짐.

✷ 역제곱의 법칙 : 일정한 거리의 두 물체는 거리의 제곱만큼 중력은 역제곱의 크기로 변한다. (4차원은 역세제곱)

❆ 빅 크런치(big crunch) : 빅뱅의 반대개념. 우주의 죽음. 수축소멸.

★ 바이러스 : 생명체의 바이러스는 유전자와 숙주에 기생한다.
컴퓨터의 바이러스는 명령어와 타 컴퓨터에 기생한다.

★ 불확정성의 원리 : 최소 단위의 입자의 위치와 속도를 동시에 측정 할 수 없다. - 하이젠베르그 -

✶ 저울의 비유 : 저울은 물체의 무게를 계량하지만 바로 자신이 계량의 대상이기도 하다. (저울의 정확도를 측정)

✱ 캐번디시실험 : 지구밀도실험. 중력상수.
$G = (6.67384 + 0.0000080) \times 10^{-11} Nm^2kg^{-2}$

✤ 음의 온도 : 절대온도이하의 온도. 타키온.(최고의 + 온도보다 뜨겁다)

✷ 나일론(nylon) : 1939년 뒤퐁사(월리스 커러더스) 나일론. 네오플랜.

✰ 소금(salt)　: nacl 폭발성 금속 나트륨(sodium)과
유독성 가스 염소(Chlorine)

✲ 1몰(mole) : 탄소 12g에 들어 있는 입자의 개수.

★ 아보가드로수 : 1몰의 입자개수 $6.02214179 \times 10^{23}$

✶ 자기인식 : 빛에 의한 깨달음. 등불. 빛에 의하여 반사된 형의 색.

★ 전기(electricity) : 호박(elektrom)에서 유래.   볼타   - 쿨롱 - 패러데이

✣ 전기력 : 쿨롱의법칙 $K = 9 \times 10^9 Nm^2$

전기력이 중력보다 $2.3 \times 10^{36} \sim 10^{39}$ 배 강하다.

★ 중력 : 우주의 모든 물체는 다른 물체에 끌어당기는 힘이 작용한다.

뉴턴 중력의 법칙.$(F = KqQ/r)^2$ 중력상수 $g = 9.8m/s^2$

✣ 1쥴(joule) : $1J = 1Nm = 10^7 erg = 1w(1V, 1A) = 0.239cal$

(1cal= 4.186J)

(1N = 102g   1Kg = 9.80665N   1Kwh = 860Kcal)

❆ 공룡멸종 : 6,600만년전 소행성과 충돌로 공룡 등 멸종.

✷ 지구상공 1Km의 둘레는? : 2πR (지구) ➞ 2π(1 + R)   답 차이 6.28Km

★ 미해결 수학문제 : 리만가설. P-NP문제. 호지추측. 골드바흐의 추측.

∗ 1 = 0.999999・・・(1/3 × 3 = 0.33333・・・× 3 = 0.999999・・・)

60 = 1, 2 , 3 , 4 , 5 , 6 으로 다 나누어지는 수중 제일 작은 수.

항등식 : $(a + b)(a - b) = a^2 - b^2$ $(1 - \chi)(1 + \chi) = 1 - \chi^2$

허수 i : 음수의 제곱근. 상상 속의 수. $i^2 = -1$

복소수 : 허수 + 실수

로그(logarithm) : log 지수함수와 로그는 반대이다.

10log = 100. log100 = 2

멱함수 : 거듭제곱의 지수를 고정하고 밑을 변수로 하는 함수이다.

$y = \chi^2$

미분 : f.빨리 변한 방법.국지적 변화.기울기.속도.한계수익.순간변화율.

적분 : ∫.integral.많이 축적 하는 방법.누적적 변화.하모니.순간적분율.

지수함수 : 임의의 실수 n에 대하여 an값이 하나로 정해지는 함수. 10^n

원뿔곡선 : 원. 타원. 쌍곡선. 포물선초점.

사인파 : 삼각함수. 원운동 반복.교류전기.음파.전파.물결.원자.배경복사.

오일러의 수 : 자연상수 .e = 2.71828 1/e=37% $1/e^2$ = 0.135(13.5%)

2의 자연로그 ln2 = 0.6931470 교대조화급수.(진동파장.평균)

쌍둥이 소수 : 11 과 13. 17과 19. 41과 43. (가운데는 짝수)

소수 : 산술의 원자. 모든 수는 소수로 이루어져 있다.

자기 자신과 1을 제외하고는 인수가 없는 수.

* 현금 5만원짜리를 먼저 20% 할인받고 할인가(부가세포함가격4만4천원)에 사는 것과 5만5천원(부가세 포함가격)을20% 할인 받으면 차이가 있을까?

정답 (차이가 없다.)

* A는 1시간에 10만원, B는 30분에 10만원을 받는다면, 둘이 20만원을 모으려면 몇 시간을 일해야 할까요?

(10/60 + 20/60 = 30/60) 정답 (10분당 5만. 40분.)

☆ 오일러공식 : $e^{i\pi}+1= 0$ $1/1^2+ 1/2^2+ 1/3^2+ \cdot\cdot = \pi^2/6$

★ 페르마의 마지막정리 : $X^n + Y^n = z^n$ 앤드루존 와일즈(볼프스켈상)

✸ Ω (ω) : 오메가. 마지막. 옴 전기 저항, 임피던스, 리액턴스의 단위

p/pc(p = 물질밀도. pc = 임계밀도) 0.98 ~ 1.1

Ω> 1(우주의 수축) Ω< 1(우주의 팽창) 우주상수 값 0.7

Ω 현재 우주는 정밀 조정.(빅뱅 1초후 $1- 10^{-52} \sim 1 + 10^{-52}$)

◆ 우주의 평균밀도 : 1원자/$5m^3$

※ 호킹복사 : 블랙홀 엔트로피 S = Akc/4Gh

(c = 빛 속도. G = 중력상수. h = 플랑크상수)

자연의 법칙을 알면 신의 마음을 알 수 있다. - 호킹 -

◈ 우주의 구성 : 물질. 에너지. 공간. 시간. 반물질. 암흑에너지. 음의 영역.

공간은 무한하고 시간은 유한하다.

무한의 경계에서 음의 무한이 시작한다.

음의 무한의 시작은 공간의 경계이고 시간의 시작이다.

❆ 기체분자의 온도는 분자속도의 제곱에 비례한다.

⚜ 물리학 기초공식 : F = ma(F - ma = 0) E = mc^2(E - mc^2= 0. m = E/c^2)

★ 볼츠만상수 : 분자 당 기체상수. (기체 상수와 아보가드로 수의 비)

K = 1.38 × 10^{23} J/K

✷ 플랑크상수 : h = 0.007 입자의 에너지와 드브로이 진동수의 비.

열핵융합의 효율. (수소양성자 2개 융합 시 중수소)

⊠ 원자 하나의 질량 = 원자 1몰의 질량/아보가드로수(6.02214179×10^{23})

✣ 원자량 실제 중량

수소 = 1.67 × 10^{-23} g 신맛. 세포자극.

탄소 = 1.99 × 10^{-23} g 쓴맛.

산소 = 2.67 × 10^{-23} g 시큼하다. acid.

✤ 물 : H_2O (수소 2분자. 산소16분자)

히드로(그리스어) 바서(독일어) 아구아(서반어) 워터(영어)

엘마(아람어) 슈에이(중국어) 미조(일어) 보다(러시아어)

0℃ ~ 100℃ 지구상의 물 14경톤. 모세관현상. 삼투압.

◒ 블랙홀 탈출속도 (빛 속도/sec) 지구탈출속도 (11km/sec)

태양탈출속도 (617km/sec) 목성탈출속도 (59.5km/sec)

✕ 인체의 성분 : 65% (산소) 19% (탄소) 16%(기타)

◈ 지구의 성분 : 92.3%(수소) 7.5%(헬륨) 외(산소, 탄소, 질소,,,)

❋ 다윈 : 자연은 비약하지 않는다.

❂ 상대부정 : 배중율을 전제함. 예) 여기에 진실이 아닌 것이 있다.
순수부정 : 배중률을 배제함. 예) 여기에는 거짓이 없다.

❆ 귀류법 : 어떤 명제가 참이라는 결론을 내릴 수 없을 때 반대 명제를 이용하여 참일 수밖에 없다는 결론을 내리는 방법.

❀ sale : 영어(판매).프랑스(더러운).이탈리아(소금). 모로코. 호주(도시)

⚜ 인식 : 보는 것이 다 믿는 것이 아니고, 믿는 것을 먼저 볼 뿐이다.

❀ 일체 : 이기적인 유전자 때문에 진화 하였다기보다는
반복학습과 모방에서 새로운 진화가 이루어진다.
dna가 99.9%가 동일하다고 하여도 각 생명의 일생은
99.9%가 다를 수 있다.
역사의 문자나 교육의 언어가 99.9% 동일하여도
실제는 99.9%가 다를 수 있다.
과학은 99.9%의 믿음의 공간을 1%의 현상으로 바꾼다.
종교는 99.9%의 현상의 시간을 1%의 믿음으로 바꾼다.
설명하는 책은 하나의 울타리에 정신을 가둔다.
보여주는 책은 여러 생각의 하나를 만나게 한다.
평가하는 기준은 자신의 생각에서 판단하고
평가의 결과는 상대의 영역으로 설명한다.

- note -

✣ 천장효과 : 어떠한 경우의 수준이 이미 최상의 수준이어서
더 이상 성취도나 목표가 없을 때 정지하는 현상.
(반대 = 바닥효과)

❂ 퍼지논리 : 애매모호한 상황을 여러 근사 값으로 구분 지어 둔 논리.

✱ 위장 : 과학으로 위장하는 종교적인 예언, 심판, 기도, 믿음의 언어!
진리를 대신하는 경전의 단편적인 선악, 결과, 시작과 끝의 문자!
지식의 창고에서 꺼내든 함정과 울타리의 경계와 그 크기의 비교!
자신과 상대의 비교에서 찾아낸 그림자나 실존과 허구의 차이!
생과 사의 경계에서 연결하는 생명의 물처럼 고체와 기체의 변화!
종교는 인간의 의문이고,
철학은 종교의 질문이며,
과학은 철학의 눈이다. - note -

✣ 토머스아퀴나스 : 신은 무었이 아니다! 가, 신이 무었이다 보다 분명하게 알려준다. 고로 신의 이름은 은폐되어 있다.

✤ 지식의 시작은 무었을 모르는지? 아는지를 분간하는 순간이고,
지식의 끝은 아는 것을 실행하고 분별 할 때이다.
절대적인 진리는 없다.
절대적이라고 믿는 것은 개인지식의 신념일 뿐이다.
지식의 신념을 설명하는 순간 그 진리는 개인도서관의 책과 같다.
- note -

* 여자는 남자를 증오 할 수 있지만 두려워하지 않고 사랑한다.
남자는 여자를 두려워 할 수 있지만 증오하지 않고 좋아한다.
고로 사랑과 증오는 물이 흐르는 것과 같다. - note -
여자 : 자연. 열린 원(0). 술잔. 믿음. 사랑. 종교. 부활. 찬송. 직진.
남자 : 역사. 남자의 씨원(1). 마술. 계산. 법. 국가. 구원. 주문.

◈ 이사야 19 : 19 그 날에 애굽 땅 중앙에는 여호아를 위하여 제단이 있겠고
그 변경에는 여호아를 위하여 기둥이 있을 것이오.

❢ 구원 : 돌아간다. re. 반복. 윤회. 부할. 재획득. 반성. 향수. 모성.

종교 : 자연법. 지혜. 예술. 믿음. 기도. 경전. 재현. 일방. 구원.

과학 : 마법. 지식. 마술. 계산. 주문. 법률. 상호. 반복. 시청.

진리 : 하나의 길. 대립이 없다. 신과 일치. 시공간의 불변. 광명.

예수 : 신이 우리를 구원 하시다. 엘리자베스. 신은 일곱 배. 완전.

❀ 138억년전(빅뱅. 우주탄생) → 46억년전(태양계 형성)
→ 40억년전 (dna출현) → 24억5천만년전(지구의 산소 축적)→
6억년전 (다세포 유기체 생성) → 700만년전 (인간.침팬지탄생)
→ 20만년전(호모사피엔스 탄생) → BC 3,000년전(인류문명 발생)
→ AD 1,700년(뉴턴식 과학문명) → AD 1,950년 (인공위성시대)

♦ 세포의 구성 : 핵산 DNA 와 RNA 정보를 가짐. 단백질(구조 + 효소) →
아미노산 → 탄수화물 → 지방질 (물 + 탄소)

✠ 코란 : (6 × 19) 114장. 절의 수 19 × 334 = 6,346절 (19 = 신의 찬양)
문자 19 × 17,324 = 329,156개 문자 19번째 홀. (1주일 + 12개월)

바하이교 : 1,844년 바하올라 창시. 신의 영광. 바비즘(Babism)에서유래
하나의 신으로 통일. 9의 단위(신성수).18개의 계단.19일 금식

❆ 기원전 7년설 : 예수탄생을 BC 7년(베들레햄의 별. 목성과 토성의 조우)

✺ 노인건강 : 냄새를 맡고 만져라! 스킨십으로 운동을 증진하라.
DHEA. 코엔자임 Q 10. 비타민 B_1 , B_{12} ,B_6, D, 엽산. 은행.
에스트로겐. 미정제 곡물. 채소. 과일.
뇌의 왼쪽(언어) 뇌의 뒤쪽(시각) 철(혈액 세포) 구리(효소)
저밀도 리포단백질 콜레스트롤 80mmg/dl 이하권장.
고밀도 리포단백질 콜레스트롤 45mmg/dl 이상권장.
도파민 자극제(설탕. 치즈. 초코렛. 성생활. 흡연. 알콜. 마약.)

☆ 신앙은 어떤 그릇을 내밀지 않을 때의 진리를 갈구한다.

욕심의 그릇을 내밀면 신의 눈이 아닌 인간 자신의 눈으로만 본다.

★ 동일과정설(과거와 같은 현재의 과정)과 다중격변론 선택논리에 의하여 진화하고 발전한다. (일반 진화론)

진화는 하나씩 일어나지만 그 하나들이 복잡하게 서로 연관 되어서 새로운 진화를 만든다. (스티븐 제이굴드)

부적자는 시간의 흐름에 따라 도태된다. (적자생존)

우연한 사건으로 대량멸종이나 새로운 종의 탄생은 자연선택이 아니고 삶과 죽음처럼 개별적인 사건이다. 공룡멸종 등.

○ 진화론 : 귀납적 사고.(시간 + 우연)(세포 + 외부) 최소단위의 집합.

환원주의. 원자에서 생물로 진화하고 발전. 자연변화.

창조론 : 연역적 사고.(우연 + 공간)(신 + 물질) 최대단위의 축소.

창발주의. 생물에서 원자를 분리. 빅뱅. 無(무)에서 창조.

■ 플라톤 : 이상주의. 수학원리. 정신이 물질을 지배.육각형. 황금비.게놈.

피보나치 수열. 연역적 창조론. 이념. 유형의 통일성. 설계.

❢ 아리스토텔레스 : 현실주의. 물질원리. 물질의 존재원리. 유형의 변화성.

귀납적 진화론. 삼각형. 비균형 혼돈. 돌연변이.

▽ 과학 : 하나에서 무한으로. 우연진화. 비교 예측 가능.

종교 : 무한에서 하나로. 지적설계의 창조. 비교 예측 불가.

◎ 수소와 산소의 성질, 기본 구성을 안다고 하여도 물의 성분을 대변할 수 없다. 물은 물이고 수소와 산소는 아니다.

◆ dna가 생명을 창조하지 않았고 생명이 dna를 조합했다.

▲ 볼테르 : 온갖 불행이 닥쳐도 모든 일은 가능한 최상의 세계에서 일어난 최선이다.

✺ 절대적인 평가는 사전인식(과거)으로 기울고
상대적인 평가는 편향인식(현재)으로 기운다.
고로 평가는 반대평가(미래)를 감안해야 한다.

✱ 너드(nerd) : 지적 기술적으로 어느 한편에 좁고 깊게 빠져
다른 세상일은 몰라라 하는 사람. 멍청이. 공부벌레. 편집광

❉ Z P E(Zero-point energy) : 영점에너지. 양자의 요동.

양자 : 입자와 파동의 간섭. 양자의 측정. EPR 패러독스. 이중슬릿실험.

명석몽 : 꿈꾸고 있는 것을 자각하면서 꾸는 꿈.

과학의 오류 : 과학의 확실성(1) 과 오류성(0)으로 이루어진 과학 논리.

✪ 남성은 고체역학 -1의 제곱근이고 여성은 유체역학 + 1의 제곱근과 같다.
고로 남성은 허수이고 여성은 실수이다. - note -

✰ 예수의 결혼관 : (마태복음 19 : 12) 어미의 태로부터 된 고자도 있고,
사람이 만든 고자도 있고, 천국을 위하여 스스로 된 고자도 있다.

✶ 천국(예수) : (누룩. 값진 진주. 어부의 그물. 밭에 감춘 보화. 보석.)

성전 : 돌 하나도 돌 위에 남지 않고 다 무너뜨려지리라. (마가13 : 2)

✪ 사이비 예수 : 많은 사람이 내 이름으로 와서 “내가 그로다” 하여
많은 사람을 미혹케 하리라. (마가13 : 6)

◎ 동종요법 : 이독치독. 대체의학. 플라시보 효과. 희석치료. 증상치료.

○ 추단법 : 원근법. 확증편향(확증해 준 결과.)직관에 의해 추론.
문제를 단순화 하여 결정.

□ 1月 : 문의 신(JANUARY) 지난해 5월과 같은 요일. 올해의 10월의 같은
요일로 시작 함. 동양의 丁월은 진시황제의 이름 丁에서 유래.

✪ 귀인편향 : 성공하면 자신 탓이고 실패하면 다른 이유 때문이다.
미인은 착하고 추인은 덜 착하다고 믿는 인식.

✹ 유전 : dna가 단백질을 만드는 것이 아니다. 단백질 효소가 dna를 만든다. 어떤 분자도 스스로 복제 할 수 없고 전체의 세포가 자기 복제를 포괄 할 수 있다. dna가 유전자 정보를 해석 할 수 있지만 dna가 자기복제를 하는 것은 아니다.

❆ 상호작용(창발적 특성) : 생물은 수정의 순간부터 죽음에 이르기까지 계속되는 상호작용(창발)과 역사적 과정의 결과이다. - 르윈틴-

☯ 인간중심 기원설 : 생물의 탄생에서 진화 또는 발전 도태 등은 모든 것이 인간중심으로 이루어져 있다. - note -

✺ 상상 없는 과학은 없고 사실 없는 예술도 없다.

☣ 과학 : 경험. 물리적 성질. 사물. 물질. 창조적 인성.

인문학 : 윤리. 예술적 성향. 인간. 정신. 상상적 과학.

통섭 : 분리된 사실들이 통일적인 설명으로 도약한 이론. (서로 다른 것을 한데 묶어 새로운 것을 만들어 냄.)

✲ 카운터쉐이딩 : 명암 역위형 보호색. 햇빛에 노출된 부분은 어두운 색. 그늘진 부분은 밝은 색으로 되어 포식자에게 위험을 피함.

☗ 콤프턴파장 : 4×10^{-13} 입자의 위치를 측정 하고자 할 때마다 새로 나타난 입자 때문에 측정방해를 받는 현상

❆ 우주 : 관측 가능한 우주(460억광년) 북극성 거리(800광년)

✤ 환원주의 : 복잡한 사상이나 개념을 하위 단계로 세분화하여 설명 함. 석유를 연소하여 다시 열과 가스와 재를 석유로 환원 함.

☯ 인간중심 기원설 : 생물의 탄생에서 진화 또는 발전 도태 등은 모든 것이 인간중심으로 이루어져 있다. - note -

✺ 상상 없는 과학은 없고, 사실 없는 예술도 없다.

✖ 과학 : 경험. 물리적 성질. 사물. 물질. 창조적 인성.

인문학 : 윤리. 예술적 성향. 인간. 정신. 상상적 과학.

통섭 : 분리된 사실들이 통일적인 설명으로 도약한 이론.

전체를 도맡아 다스림.

* 카운터쉐이딩

명암 역위형 보호색. 햇빛에 노출된 부분은 어두운 색. 그늘진 부분은 밝은 색이 되어 포식자에게 위험을 피함.

✆ 언어

동양 : 시간언어.(과거. 현재. 미래가 분명) 공시성(동조감응) 일원론.

연단술. (정신→생명→물질) 어떻게? (자연주의)

서양 : 공간언어.(주어 술어가 명확) 공간성 (無에서 창조) 이원론.

연금술. (물질→생명→정신) 왜? (분석주의)

❆ 오감(五疳) & 오감각(五感覺)

① 간감(肝疳) = (자율신경. 노함) ❶ 시각(視覺)

② 심감(心疳) = (심신작용. 기쁨) ❷ 청각(聽覺)

③ 비감(痺疳) = (소화작용. 생각) ❸ 후각(嗅覺)

④ 폐감(肺疳) = (호읍작용. 슬픔) ❹ 미각(味覺)

④ 신감(腎疳) = (생식작용. 공포) ❺ 촉각(觸覺)

❡ 인부천수(人副天數)

사람은 하늘의 수명을 따른다.

머리(하늘). 머리카락(별). 귀(달). 눈(해), 입(바람). 가슴(신명)

관절 366개(365일).큰관절12개(12월).오장(오행)사지(4개월) -동중서-

❥ 하늘 : 四季. 五行. 九星. 360일. 4계 5행 9성

인간 : 四肢. 五臟. 九逵(구규 = 귀. 눈. 코. 입. 요도. 항문).360마디.

❢ 팔괘 : 乾(머리) 坤(배) 震(발) 巽(다리) 坎(귀) 離(눈) 艮(손) 兌(입)

❢ 경락(經絡) : 10개의 간선. 10개의 지맥. 12경맥. 기경8맥.

❦ 연단술(煉丹術) : 내단 = 몸 안. 명상. 체내기운.

외단 = 몸 밖. 약물. 체외기운.

❧ 육신통(六神通) : 신족통(神足通). 천안통(天眼通). 천이통(天耳通)

타심통(他心通)·숙명통(宿命通)·누진통(漏盡通)

✱ 색즉시공(色卽是空) : 색과 공을 즉시 이루다.

색(사물. 우주. 관찰. 본체. 자비)

공(정신. 진리. 이론. 현상. 열반)

✲ 선(禪) : 선정 禪定. 불립문자(경전이나 논서에 의존하지 않는 것) 실천.

원융무애(圓融無碍). 이사무애(理事無礙). 사사무애(事事無礙).

모든 현상(事)은 이치(理)에서 생긴 것이다.

산은 산이고 물은 물이다. 산은 산이 아니고 물은 물이 아니다.

산은 다시 산이고 물은 다시 물이다. - 금강경오가해 7c 중국 -

✳ 본성 : 본연지성(인간이 본래 가지고 있는 지성).순순이성. 잠재적 지성.

기성 : 기질지성(인간의 본능으로 감각지성). 실천이성. 경험적 지성.

양심(良心) : 인간으로서 참을 수 없는 마음(공자). 동정심. 감성. 사단.

양심은 노력으로 성장하며 욕망으로 성장하면 방심이다.(노자)

양지(良知) : 생각하지도(배우지도) 않고 아는 것이다. (진심장. 노자)

아타락시아(ataraxia) : 고요함.정념으로부터 자유.평온 에피쿠로스학파.

아파테이아(apatheia) : 부동심. 정념의 해방. 바위. 스토아학파.

열반(涅槃, Nirvana) : 생사의 윤회와 미혹의 세계에서 해탈.

✷ 삼신설(三身)

① 법신(法身) = 진리. 불법.(깨달음)

② 보신(報身) = 지복의 몸. 받음.(정진)

③ 응신(應身) = 육신(화신化身).현실.(사물)

✶ 뱀 : 동양 (용. 승천. 기적. 이상세계.)

서양 (사자. 어둠. 안내자. 지혜. 남근.)

⁕ 서양의 음 & 양

음(陰) : 여성. 진리. 생명. 교회. 신체. 음부. ♀. −.

양(陽) : 남성. 이성. 말(로고스). 말씀. 남근. ♂. +.

✶ 그노시주의(gnosticism. 靈知主義 영지주의.)

① 아이온계 : 영원. 생명. 프뉴마(pneuma.삼위일체) 빛. 남성적.

② 중간계 : 영혼(psyche)과 물질이 혼재. 지혜. 여성적.

③ 인간계 : 물질과 육의 세계. 물질적.

❆ 삼중신(바울)

① 절대신 (하나님. 창조자. 우주. 영원.)

② 신 (예수. 아들. 자신. 구원.)

③ 신들 (인간. 타자. 죽음. 죄.)

⁎ 하나 : nous(예지.이성.) 프시게(혼). 빛. 道(도). 깨달음(진리).

삼위일체 : 물체의 실존을 앎. 자신의 본성 인식. 타자를 실현. 삼각형.

이데아 : idea. 관념. 보이는 형상을 본다. (정신과 물체의 근본)

염불 : (念佛) 부처를 마음에 계속해서 생각한다. 부처명호를 윈다.

긍정신학 : 신은 전능하고 영원하며 무한하게 존재 한다.

물심이원론 : 정신과 물질은 무관하다. - 플라톤. 데카르트 -

물심일원론 : 몸과 정신은 하나다. 道(도). - 공자 -

독 : 보톨리눔톡신 (botulinum) 복어의 3만배.

양이 독을 만든다. - 그리스 속담 -

약 : 부작용이 없는 약은 없다.

면역은 스스로 만든 약이다.

자물쇠에 맞는 열쇠가 약이다.

술은 백약의 수장이다.

명약 = 선약(중국) 넥타(그리스) 사과(북유럽)

엘릭시르(철학자의 돌. 연금술. 연금약액.)

마약 : ① 헤로인 (양귀비 열매) ※ 아편(양귀비의 어린과실 수지)

② 코카인 (코카나무 잎)

③ 마리화나(대마꽃잎). ※ 해시시(대마수지 굳힌 것)

④ 필로폰 (메스암페타민 methamphetamine)

⑤ 엑스터시(식욕 감퇴제. 황홀경.)

식초 : 시다. 쓰다. 신선하다. 생명수. 술을 담은 뒷맛.

✚ 원자는 사물이 아니다. - 로베르트 -

게슈탈트붕괴 : 구조의 붕괴. 너무 집중하다보면 혼돈해진다.(거울실험)

부어메트의 실험 : 사형수에게 핏방울(물) 떨어지는 소리를 어둠속에서 계속 들려주면 핏방울 소리로 생각하여 결국 죽는다.

노시보효과 : 플라시보 효과의 반대 효과. 저주효과. 성흔현상.(예수)

인샬라! : 만약 신이 원하신다면 신의 뜻대로! (아랍어)

의심 : 2 분할. 이분법. 대칭성. 그리스도의 반대인 악마.

본능과 지능은 서로 반비례한다. - note -

몸 : 몸 안 = 무의식. 유일신. 주관. 영혼. 창조.

몸 밖 = 자의식. 범신론. 객관. 백골. 자연.

✲ 회피(回避) : 본인이 피하고 숨는 것.(법관이 스스로 직무집행을 피함)
기피(忌避) : 남을 피하고 숨는 것.(당사자가 법관의 직무배제를 신청함)

※ 역경(易經) : 복희(팔괘). 문왕(괘사) 주공(효사) 공자(십익)
육신통(六神通) : 천안통(天眼通), 천이통(天耳通), 타심통(他心通), 숙명통(宿命通), 신족통(神足通), 누진통(漏盡通).
십악(十惡) : 몸, 입, 뜻에서 나온 10가지 악.
살생(殺生), 투도(偸盜), 사음(邪婬), 망어(妄語),
기어(綺語), 악구(惡口), 양설(兩舌), 탐욕(貪慾),
진에(瞋恚), 사견(邪見).
비구 : 20세이상 250계를 받은 남자 승려.
비구니 : 걸사녀(乞士女). 348계를 받은 여자 승려.
백중(百中) : 우란분절(盂蘭盆節). 거꾸로 매달린 조상을 바르게 천도함.
5도윤회 : 천상. 인간. 축생. 아귀. 지옥. (6도는 아수라 포함)

✪ 불교의 단위 (7배와 1/7)
길이 : 1극미極微(최소단위). 1미진微塵(7극미). 1금진金塵(7미진)
1수진水塵···토모진- 양모진- 우모진- 향유진- 기- 슬- 광맥- 지절(손가락 마디)- 주(팔꿈치)- 궁 - 구로사(2리)- 유선나(40리)
지옥의 크기 : 4만유선나 아래 상하로 2만 유선나.8대지옥 아래 136지옥.

✣ 인도의 방향 : 동쪽 = 태양신. (눈 - 몸 - 마음)
남쪽 = 죽음의 신. (제사 - 보시 - 신앙 - 마음)
서쪽 = 수신. (물 - 정액 - 마음)
북쪽 = 달의 신 (결제 - 진실 - 마음)
하늘 = 불의 신 (언어 - 마음)

✳ 브라흐만의 윤회 : (15,552년 × 10^9) = 신의 100년.

✰ 12 연기설

미혹(無明)- 생성(行)- 지식(識)- 명색(名色)- 지각(六處)-

경험(觸)-감수(受)-욕망(愛)-집착(取)-생존(有)-탄생(生)-노사(老死)

과거세(무명.행) 현재세(식.명색.육처.촉.수.애.취) 미래세(생,노사)

✣ 신의 협상 : 인간은 기도와 주문으로 신과의 약속을 얻었다고 믿지만,

실재는 선물과 보상으로 바꾼 기적을 신의 협상이라고 한다.

✦ 부처의 설법 : 자등명 법등명 (自燈明 法燈明) 자신을 등불로, 진리를 등불로.

사성제(四聖諦) = 고(苦)·집(集)·멸(滅)·도(道)

팔정도(八正道) = 정견(正見) 정사유(正思惟) 정어(正語)

정업(正業) 정명(正命) 정념(正念)

정정진(正精進) 정정(正定)

✧ 신약성경 : 가이사(Caesar 황제)의 것은 가이사에게 돌려주고,

신의 것은 신에게 돌려준다.(인간 예수)

○ 그리스문명 : BC 800 ~ BC 300년. 탈레스(물) 아낙시메스(공기. 아르케)

흙(엠페토클레스) 불(헤라클레이토스) 술(디오니소스,바쿠스)

자연수(피타고라스)데모크리토스(원자) 로고스(말,원자,공식)

불은 공기의 죽음. 공기는 불의 죽음. 선과 악은 하나다.

✢ 장자와 혜자 : 물고기의 즐거움을 판단하는 관계. 호량지변(濠梁之辯).

✤ 인간중심원리 : 우주의 경계는 인간이 인지 할 수 있는 것.

예) 북극에서 북쪽은 없다.

✯ 존재 : 음양. + - . 과거와 미래. 물질과 반물질. 시간과 공간.

정신과 실재. 고열과 저열. 절대와 상대. 색즉시공. 공즉시색.

㊄ 신은 완전한 질서를 낳았고, 질서는 법칙을 만들었으며, 법칙은 시간을 나누었고, 시간은 생명을 이어가며 또 죽게 만든다.
시간은 오직 현재의 공간에 존재한다. 공간은 미래와 과거를 포함한다.
고로 신은 시간과 공간을 창조하는 질서를 갖고 있다.
옛 성현은(부처, 공자, 예수) 영원한 현재를 지니고 있다.
직접 글을 쓰지 않고 여러 제자를 가르쳤기 때문이다.
그러나 인간은 방금 지나간 과거만 지닐 뿐이다. - note -

⊕ 아름다움은 선이다. 신성이다. 창조. 꽃. 무언의 진리. 탄생.
거짓 아름다움은 악이다. 인성이다. 파괴. 소유. 과장의 진실. 죽음.
선한 사람은 악한 사람을 미워하지 않는다.
악한 사람이 선한 사람을 미워한다.
천국은 누룩과 같다. 세상은 어둠이 빛을 보이게 한다.
세상의 빛은 어둠을 숨게 한다.
선은 악을 바꾸고, 악은 선을 감추며,
믿음은 지식을 감추고, 지식은 믿음을 바꾼다.
화가는 그림의 표면만 보지 않고 가수는 문자만을 노래하지 않는다.
진리는 생명이고, 생명은 삶이며, 삶은 곧 진리이다. - note -

✧ 믿음은 '무었이다!' 라고 설명 할 수 없다.
믿음은 경전의 글자대로 믿을 수 없다.
믿음은 눈을 감고 볼 수 있으며, 귀가 아니어도 듣는다.
믿음은 기억하지 않아도 알 수 있다. - note -

⊕ 밈(Meme) : 모방에 의해 전파되는 문화정보의 단위. - 도킨스 -

* 구원론 : 어떻게 해야 구원에 이를 수 있는가?

① 은총론 : 신의 은총으로만 구원 받을 수 있다.(원죄 때문)

② 선행론 : 인간의 자유의지로써 선행을 행하면 나중에라도 구원.

* 삼위일체

① 양태론 : 성부(태양).성자(빛).성령(열) 하나님.예수님.말씀. 동일함

② 단성론 : 예수는 인성과 신성을 가지고 있으나 인성은 신성으로 흡수

③ 단의론 : 예수는 인성과 신성이 하나의 의지로 신성이 되었다.

✽ 신은 인간을 신처럼 만들었다.

인간은 인간의 눈으로 신을 보기 때문에 선악(양면)이 공존한다. - note -

✿ 생명 : have a life (생명이 있는)

live a life (생명을 사는)

lead a life (생활을 하는)

✪ 일각 (一覺) : 사람이 본래 갖고 있는 맑은 마음. 깨달음. (一悟)

☆ 연기설(緣起說) : 우주의 모든 것은 인연에 의하여 결과가 있으며

그 결과가 곧 다른 것의 인연이 된다.

✡ 무아설(無我設) : 고정된 본체는 존재하지 않는다. 무소유.

모든 존재는 무상(無常)하다.

✱ 양심(良心) : 이성적인 앎과 자연적인 습성 사이의 선택능력.

* 의식(意識) : 습성(변화시킴. 자신)과 능력(바꾸는 것. 행위)이다.

✡ 믿음 : 아우구스티누스. 안셀무스. (나는 알기 위하여 믿는다)

토마스아퀴나스.요한바오로2세 (나는 믿기 위하여 이해한다)

공자의 제자 ~ 悟南까지 (나는 살기 위하여 믿는다)

✡ 토마스아퀴나스 : 신학대전. 정→ 반→ 합(변증법) 신→ 인간→ 믿음

신의 창조 → 이성의 지식 → 신을 믿음 (문선명)

✲ 십계호구 (十界互具) : 인간의 생명상태 10가지. 一念 = 三千世界

(지옥. 아귀. 축생. 수라. 인. 천. 성문. 연각. 보살. 불.)

(10계×10계 = 100계 × 10여시 = 1,000여시)

(1,000여시 × 3세간〈중생, 오온, 국토〉= 3,000 세간)

◎ 4 원소 : 엠페도클레스. 아리스토텔레스.

① 흙 ▽(고체. 冷(냉). 건(乾).황소. 처녀. 염소. 물질. 녹색. 坤)

② 물 ▽(액체. 냉. 습. 물고기. 전갈. 감정. 파란색. 점액. 우울.坎)

③ 공기△(기체. 열. 습. 쌍둥이. 천칭. 정신. 노란색. 다혈.乾)

④ 불 △(우주. 열. 건. 양. 사자. 사수. 에너지. 담즙. 빨강.離)

※ 수학자 :

아리아바타 (인도 AD 550. 제곱근. 삼각법. 수열. 수학자)

피보나치 (이탈리아.AD 1,200. 산반서. 0 개념. 수열. 황금비)

데카르트 (프랑스. AD 1,650. 좌표. 해석기하학. 방법서설)

구장산술 (중국. BC 260. ~ 유희. 장형 등 비례. 분수. 삼각법)

⁎ 지구의 세차운동 : 춘분기준. 50.3초씩이동(2,000년기준)25,436.61511년

✲ 우주의 구성 : 암흑물질 (26%) 암흑에너지(68%) 가시물질(5%)

비가시물질(1%)

✲ 베타원리 : 같은 양자공간에서는 두 전자가 동시에 있을 수 없다. -파울리-

❁ 스토아학파 : 원자로 이루어진 신,인간,물질에 불(힘)을 넣어 힘을 갖는

로고스. 제논이 창시. 소크라테스. 플라톤.

❍ 영(零) : 0. 無. 眞空. love. 에테르(ether).무색. 단색. 소멸점. 죽음.
무한. 남은 상태. 침묵. 절대영도. 구멍. 빈두(신의 발). 공허.
빈디(인도여성 이마의 점). 우주의 팽창. 회귀(동양) 탈출(서양).
無는 존재와 동시에 존재의 반대이다.
보존원리(사물은 無로부터 나타날 수도 없고 사라질 수도 없다.)

❀ 에피쿠로스학파 : 최고의 쾌락은 검소한 생활과 지식. 그리고 억제된 욕망
에서 얻을 수 있다. 고통이 없는 쾌락(정신적 쾌락).
신, 인간, 영혼, 물실이 원자로 이루어져 있다.

- 쾌락주의. 에피쿠로스. 필로데모스. 메트로도로스 -

✪ 인간은 만물의 척도이다. 휴머니즘의 시조 - BC 490년 프로타고라스 -

자신의 진화를 조절 할 수 있는 동물이 인간이다. (데카르트)

인간은 아직 확정되지 않는 동물이다. (니체)

현대의 인간은 은폐의 밝힘과 숨김에 따라서 변화한다. (하이데거)

인간의 도구는 기술이다. - note -

인간은 소모를 위하여 존재한다. - note -

❄ 장자의 상생 : 인지. 실천. 변화.
있음과 없음은 서로를 낳고, 길고 짧음은 서로를 형성하고,
높고 낮음은 서로를 기울고, 앞과 뒤는 서로를 따른다.
소요유 (逍遙遊) = 소풍 나온 발걸음처럼 하라. (비교하지마라.)
무위자연(無爲自然) = 사람의 힘을 더하지 않은 그대로의 자연.
없는 것은 있는 것을 표시하고,
있는 것은 없는 것을 알게 한다.

✌ 반야(般若) : 앞서 간다. 아는 것의 통찰. 지혜. 무분별지(無分別智).

연기(緣起) : 서로 연관되어 일어남. 원인과 결정의 조건. 인연의 이치.

자성(自性) : 원인을 갖지 않고 영원한 것. 연기하는 것에는 자성이 없다.

공 (空) : 자성을 갖지 않는 것. 물질적인 것. 공허하지 않는 것.

무아(無我) : 실재하는 나는 없다. 실체가 없는 것을 나라고 하지 말라.
아집(我執)에서 벗어 남.("내가 왕년에 …을…" 버려라.)

자비(慈悲) : 사랑하는 마음으로 즐거움을 주고, 불쌍히 여기는 마음.

탈락(脫落) : 무르익은 과일이 잘 떨어지듯, 수행이 무르익어야 함.

업 (業) : 행위나 의지에 의한 심신의 활동, 짓는다는 뜻. 몸. 말.

윤회(輪廻) : 나고 죽는 것이 반복되어서 굴러가는 수레바퀴처럼, 돌아간다는 뜻이다.

부처(佛陀) : 깨달은 자(覺者). 지혜로운 자.

여래(如來) : 오는 것이 같다. 깨달음. 석가모니. 타타아가타(tatha-gata)

열반(涅槃) : 완성된 깨달음의 세계. 번뇌를 멸해 없앤 상태.
타고 있는 불을 바람이 불어와 꺼버린 것 같은 상태.
탐. 진. 치의 굴레를 벗어남.
유여열반(업이 남음) 무여열반(업이 없음)

해탈(解脫) : 윤회(samsara)의 속박(bandha)으로부터 벗어나는 것.

무명(無明) : 모든 고통의 근본적인 원인이 무지(無知).12연기의 첫머리.

싯달르타(siddbattba) : 목적의 성취를 이룸. 석가모니(석가족의 성자).

삼매(三昧) : 고요함 적멸(寂滅)적정(寂靜). 인간이 육체에 얽매여 있는 동안, 도달 할 수 있는 최고의 정신상태.

門 : 悶(번민.근심) 閃(번쩍.깜빡.) 閔(우환. 위문) 閨(규방.독립) 間(사이.틈)

칼리(Kali) : 흑녀. 시간. 죽음. 시체를 태우다. 힌두교 파괴의 신.

앙굴리말라 : 999명을 살해하여 손가락 목걸이를 하고 붓다를 살해하려다 불교에 귀의 (멈추어라! 붓다는 멈추었는데 너는,,,,)

십이인연(十二因緣) : 12연기.① 무명(無明), ② 행(行), ③ 식(識), ④ 명색(名色), ⑤ 육처(六處), ⑥ 촉(觸), ⑦ 수(受), ⑧ 애(愛), ⑨ 취(取), ⑩ 유(有), ⑪ 생(生), ⑫ 노사(老死).

제행무상(諸行無常) : 영원불변한 것은 존재하지 않음. 무상(無常)하다.

팔리삼장 : 경장(經藏).율장(律藏). 논장(論藏)의 삼장 결집을 말한다. ① 믿음의 추종자(경문) ② 법의 추종자(법문) ③ 에류자(실재)

✌ 불법(佛法) : 아상(我相),인상(人相),중생상(衆生相),수자상(壽子相)의 사상(四相) 생각이 있는 것.

비법(非法) : 사상(四相)의 생각이 없는 것.

업보(業報) : 業(업)의 결과로써 받는 것. 무었이었는지가 아니라,

어떻게 작용하였는지이다. 욕망(탐).노함(진).어리석음(치).

삼법인(三法印) : 제행무상.제법무아.열반적정을 인식한 번뇌에서 벗어남.

전변설(轉變說) : 인도철학. 우주의 모든 것은 일원(一元)의 실재가 스스로 전개 변화하여 생성한다.

부처사식(四食) : 단식(段食), 촉식(觸食), 사식(思食), 식식(識食)

카르마 (Karma) : 목적과 관계없는 행위나 수행.(육체의 욕망. 정신만족)

사바 (sabba) : 세상 일체의 광대하고 무한정한 마음의 해가 없는 상태.

※금언(金言) :

도구는 사람이 만들지만, 그 도구가 달인을 만든다.

똑똑한 사람은 혼자 일하고, 현명한 사람은 여럿이 함께 일한다.

혼자 놀면 혼자만 편하고, 여럿이 놀면 다 함께 재미가 있다.

부처도 공자도 예수도 아니면서, 주사위를 가르치지 말라.(단정, 결정)

음식에 비법은 없다. 단지 다른 양념의 종류, 적당량만 있을 뿐이다.

오감의 즉시 쾌락보다는 기억하는 재미가 더 오래간다.

알고 있는 것은 남한테서 확인 받지 말고 자기 스스로 확인하라.

먹고 사는데 인색하면 남한테 더 인색하고 잠들 때 더 궁핍하다.

모든 것을 다 잘 하려고 하지 말고 잘하는 친구를 곁에 두어라.

칼은 좋은 칼집에 있기보다 바른 칼질을 하는 손에 있길 원하며,

자동차는 고급차를 소유한 것 보다 고급운전을 하는 것이 좋다.

돈이 돈을 버는 것은 단순히 이자뿐이다.

고로, 돈으로 할 일은 고민 하지마라. 돈이 사람을 대신하면 된다.

나쁜 놈이 좋은 일을 하면 선행을 한 것이지만,

좋은 놈이 나쁜 일을 하면 바로 나쁜 놈이 된다.

사람은 자기 일을 해서 본인이 되지만 남의 일을 하면 노동자가 된다.

신앙에서 믿음을 가르치면 일당을 받고 일을 하는 노동자와 같다.

간절히 원하여 이루어지는 것은 자신의 희망뿐이고,

사랑과 구원은 스스로 만족한 자신의 믿음과 기도의 대한 응답이다.

부족한 것을 채우면 자신만의 즐거움으로 하나정도는 남을지 모른다.

그러나 더 채우려는 것은 남의 눈을 의식한 과욕이다. - note -

§ 삼위 :

기독교 (성부. 성자. 성령.)

힌두교 (브라흐마. 시바. 비슈느.) (시트. 사트. 아난다.)

불교　(법신.보신.화신.)(我愛執藏現行位.善惡業果位.相續執持位)

이집트 (아톤〈창조〉. 라〈태양〉. 마트〈우주 섭리. 여신〉)

도교　(삼원. 삼보군. 삼청「옥청玉清. 상청上清. 태청太清」)

❊ 노자의 道 :

道可道 非常道 = 이런 道가 옳다고 결정하는 道는 영원한 道가 아니다.

名可名 非常名 = 이름을 이름으로 부르는 이름은 영원한 이름은 아니다.

도(道) : 이(夷) 보이지 않는 것.⇄ 視. 항아리 (物).

희(希) 들리지 않는 것.⇄ 聽. 거문고.(音).

미(微) 만지지 못한 것.⇄ 感. 사랑. (心). let it be

❊ 창조

중국　: 반고 (2개의 뿔과 어금니. 음양을 가짐)

일본　: 이자나기와 이자나미 (남. 여)

인도　: 브라흐만과 아트만 (절대자와 나)

그리스 : 가이아와 우라노스 (여신 6명. 12남매)

＊ 태양 위성

수성 : 물의 별. 아폴론. 지혜. 태양과 평균 5.8×10^7km 거리.

금성 : 불의 별. 비너스. 아프로디테(♀) 사랑과 생식.

화성 : 붉은 별. 마르스. 전쟁의신 (♂) 죽음과 파멸.

목성 : 보라색. 쥬피터.(유피테르) 아버지 신.

지구 : 공기와 물. 호모사피엔스(지혜) 44억 5천만년전(어두운 물)

단단한 덩어리(꾸란) 12,756km직경. 6×10^{21} ton. 밀도 5.52

❀ 우주는 無에서 有를 만들었다.　　(기독교)

우주는 有에서 無를 만든다.　　　(동양)

無에서 有를 만들었다면 無가 크고 有에서 無를 만들었다면 有가 크다.

고로 無와 有는 크고 작음이 아니고 있음, 없음에 있다. (空卽是色)

먼저 없는 공간을 만들고 있는 물질을 넣을 수 없다. (色卽是空)

❣ 만유내재신론 : 우주가 곧 신이다. 또한 그 신은 우주를 초월한다.

인간의 신성을 강조(성령, 삼위일체, 예수의 신성부정.)

신사상 템플턴　　　　　　　　(마음이 물질을 지배한다.)

- 클레이턴 템플턴재단. -

☆ 과학의 발전성과 : ① 아미노산 생성

② D N A 이중나선구조 발견

③ 레이저 기술

④ 컴퓨터

⑤ 핵융합기

✰ 인본원리 : 인간이 출현 할 수밖에 없는 우주.

관찰자(인간)는 관찰이 가능한 때와 장소가 존재해야하며,

고로 관찰이 가능한 우주에 존재하는 것은 인간뿐이다.

✱ 정상상태우주론 : 우주는 영원하다. 시작과 끝이 없다.

대통일이론(중력. 전자기력. 강한핵력. 약한핵력.)

빅뱅(대폭발)이론의 기초.

✲ 우주이론의 변화 : 다중우주. 대통일이론. 양자맥동과 요동. 미세조정.

◇ 재산의 액수는 비교치일뿐 부자의 기준은 아니다.

부자는 재산의 정도가 아니고 재산의 사용으로 하여금 얻어지는 편리함 즐거움 만족감 행복감에 따라 다르다.　- note -

✳ 無(무) : 없는 것은 없는 것이다. 無(무)는 절대 존재할 수 없다.
有(유) : 있는 것은 있는 것이다. 有(유)는 절대 없을 수 없다.
무한한 것은 유한한 것으로 바꿀 수 없다.
유한한 것은 무한한 것으로 정 할 수 없다. - note -

✳ 허블상수(H) : 별의 위치가 100만광년 멀어질 때마다 별의 이동속도는 550Km씩 증가한다.(팽창) 현재 40~90 (130억년~) H(50)
Universe age = 1/50 × 9.64 × 10^{11} = 19.3 billion years
1 메가파섹(megaparsec)은 1백만 파섹이고, (1파섹3.26광년)
326만 광년, 또는 18×10^{18} 마일 (29×10^{18} km) 이다.

가시광선 : 빨강색 (4 × 10^{14} Hz. 780nm) ~ 보라색(8 × 10^{14} Hz. 380nm)

☆ 페르마의 마지막정리 : $X^n + Y^n = z^n$ 앤드루존 와일즈(볼프스켈상)

★ 미해결 수학문제 : 리만가설. P-NP문제. 호지추측. 골드바흐의 추측.

✳ 무한 : 알레프 (ℵ). 신. 옴(aum.) 아랍문자의 첫 문자. 하나. 집합.

✶ 아론 : 모세의 형. 정사각형 12개의 연결 목걸이.

✸ 고대 패러독스 : 크레타인은 모두 거짓말쟁이다. (에피메니데스)

-디도서1 : 12-

✹ 러셀의 패러독스 : 자신을 원소로서 포함하지 않는 모든 집합들의 집합은 자신을 포함하면서 동시에 포함하지 않는다.

❊ 괴델의 불완정성의 정리 : 어떤 공리라도 자신에게 불완전함이 존재한다. 수학체계의 참과 거짓의 무모순을 증명 할 수 없다.

✸ 자신의 육체적 부족한 것을 채우려고 한 것은 쾌락과 욕망이고,
더 채우고 싶은 것은 아쉬움과 그리움이다. - note -

＊ 1옹스트롬(1Å) = 10^{-10}m = 0.1nm = 100pm 공유 원자간 거리.

원자 핵자 질량 = 1.67 × 10^{-27}kg

전자 질량 = 9.11 × 10^{-31}kg

분자의 평균지름 = 0.5 ~ 2.5Å

✿ 인간의 중추신경 : 10^{14} ~ 10^{15} 개의 시냅스(정보)

10^{12} ~ 10^{13} 개의 뉴런(정보전달)

10만개의 뉴런/ 피질 1㎠

100억개의 뉴런/ 사람피질

✸ 카니자 삼각형 : 가상윤각. 시각선택의 오류. 네키의 정육면체.

❢ 전기분해 1법칙 : 물질에 전류를 흘려보냄으로써 생성되는 화학 작용은 전류의 량에 비례한다.

전기분해 2법칙 : 어떤 물질의 전하량(전기화학당량)은 일반적인 화학당량에 비례한다.

1F = 96,485.3383DC/mol e- - 패러데이 -

✉ 프로작(prozac) : 항우울제. 에스케타민(esketamine) 개발

박테리아 : 단세포유기체. 스스로 복제가 가능.

바이러스 : 절대 기생체. 숙주기생체 안에서 번식.

암 : dna 이상에서 기인한다. 세포분열 이상. 침습성,전이성.초기무통증.

줄기세포 : ⓐ 유도 만능 줄기세포(IPS) 체세포.

ⓑ 배아 줄기 세포 (ES) 수정란 모든세포.

ⓒ 성체 줄기 세포 (AS) 골수 체대혈.

유전암호 : dna 이중나선 왓슨&크릭. 핵산 언어→단백질 언어. A T G C.

A = T G = C (4×4×4) = 64 중첩 64×4 = 256

아미노산조합 (20 × 20 = 400) 삼중자 3개의 조합

아미노산 사이의 거리 : 약 3.7Å

원자간 공유결합 거리 : 약 1 ~1.5Å

✻ 뉴턴의 예언 : 2,060년 세계멸망의 날.(물리적 멸망)

❊ 본래 그 자체로 지식은 힘이다. - 프랜시스베이컨 -

✻ 마음에는 구체적인 내용이 없다. 학습, 다른 반복기억, 외부의 정보, 이기적인 방향의 선택, 뉴런등의 화학적 전기적 신호 연결 완성편이다.

✻ 우주는 무한집합을 향해 팽창하고 있다. 무한집합 너머에는 무한수축이 새로운 무한팽창을 준비하고 있다. - note -

＊ 진공이란 제거 할 수 있는 모든 것을 제거하고 상자 안에 남아 있는 것이다. (영점에너지. 최저 에너지상태. 카시미르효과.) - 멕스웰 -

✿ 무(無) : 우주내의 공허. 처음과 끝. 창조이전의 시간. 공집합.

❤ 밀러의 실험 : 1954년. 원시지구 환경조건실험. 메탄. 암모니아. 수소 등으로 유리관 안에서 아미노산을 만듦.

※ 대통일 온도 : 10^{27} K (4개의 힘이 평형상태)

큐리온도 : 자석이 자성을 잃는 온도 ≒ 700℃

빅뱅 : 3×10^{-25} K

람다힘 : 우주상수. 척력. 중력의 반대. $10x^{-120}$

관측가능 우주 : (138억광년) 8.8×10^{26} m 팽창(465억광년)

평균밀도 9.9×10^{-31}g/㎤

평균온도 2.72548K

암흑에너지(68.3%) 암흑물질(26.8%) 물질(4.9%)

✾ 힘 : ❶ 중력 : 무한대 ~ 10^{-39} 중력자

❷ 전자기력 : 무한대 ~ 10^{-2} 광자. α 미세구조상수(1/137)

❸ 약력 : 10^{-15} cm ~ 10^{-5} W Z보손.

❹ 강력 : 10^{-13} cm ~ 1. 글루온.

☤ 국제도량형총회(2019.05.20.)

① 질량 kg (플랑크상수 h = 6.62607015×10^{-34}JS)

② 전류 A (기본전하 e = $1.602176634\times10^{-19}$C)

③ 온도 K (볼츠만상수 k = $1.380649\times10^{-23}$$JK^{-1}$)

④ 물질의 양 mol(아보가드로상수 NA = $6.02214076\times10^{23}$$mol^{-1}$)

✱ 인간의 몸 : 약 20여 가지의 원소.(세포와 세포간의 정보 또는 기억)

수소(63%). 산소(25%). 탄소(12%). 질소(1.4%). 칼슘, 인, 철,등

✳ 인간을 제외한 포유류와 영장류의 수컷 음경에는 뼈가 있다.(인간 퇴화)

❞ 인류의 수 : 5만년전 ~ 현재까지. (1천77억명). 현재(70억명. = 6.5%)

✲ 달 : 태양직경의 1/400. 달과 지구거리의 400배 떨어진 태양.

지구로부터 1년에 3.78㎝씩 멀어지고 있다.

✷ 입자 : π 중간자.μ중간자. 양전자. 음전자. 양성자. 중성자. 전자.

τ 타우입자. 힉스입자. 광자.글루온. 중성미자.쿼크.글루온.

✡ 바리온 : 우주의 바리온(양성자와 중성자)의 수 = 10^{79}

☆ 양자비약 : 낮은 에너지 준위에 있는 양자가 높은 에너지 준위로 이동.

❦ 우주 : 정상우주론(원래부터 존재함).

다중우주론(빅뱅이전의 빅뱅으로)

빅뱅 (최소한의 유한과 무한의 끝)

∴ 평행우주 : 우주 전체의 에너지와 물질을 더한 우주 값은

음의 에너지와 음의 물질을 더한 값과 같다.

❧ 원소 : 현재 발견된 기본 원소 118개이다.

수소(양성자1+전자1. 중수소〈양성자1 + 중성자1 + 전자1〉삼중수소.)

헬륨(양성자2+중성자2+전자2) 리튬(양성자3 + 중성자3 + 전자3)

❡ 궤이사의 중력수축으로 빅뱅과 같은 대폭발로 배경복사의 원인인

팽창의 반복이 바로 우주의 존재를 증명한다.

✢ 생기론 : 생명체만이 생명체를 만든다. - 아리스토텔레스 -

범종설 : 외계 생명체 유입설.(우주 밖에서 정자나 포자가 유입)

✠ dna : 분자 유전자 정보. 이중나선.

rna : 유전정보 전달자. 분자 단일 가닥.

아미노산 : 단백질을 만듦.녹말(글루코스).분자평균무게(수소원자150배)

✣ 엄마 : 중국(마마). 영어(마더). 서반어.이탈리어(마드레). 아랍(알룸)

일본(하하). 포루투갈(머이). 불어(메). 독일(무더). 힌디어(마)

★ 포옹 : 옥시토신(포옹 호르몬). 따뜻한 기분. 다시 보고 싶은 기분.

엔드로핀(행복감. 통증 완화.)

✹ 바뀌 : 바꾸다. 돌아가다. 빨리 변하다. 교환. 변화하다. 두 번.

❥ 인간은 과학으로든지, 증거로든지, 설명 할 수 없는 경우,

그때 바로 자신이 믿는 신을 설명하기 시작한다.

컴퓨터가 사람을 완전하게 설명하지 못한 것과 같다.

과학적인 증거와 설명으로 종교를 의심 할 수 없다.

종교적인 믿음을 과학적으로 가르칠 수 없다.

종교는 없는 것을 있는 것처럼 증거하며,

과학은 있는 것과 없는 것을 비교 한다. - note -

△ ~ 스탄 : ~의 땅.(나라).페르시아.이슬람권.(파키스탄. 아프가니스탄...)

⚃ 여래 : 如來. Tathagata. 돌고 돌며 죽었다 환생 하는 것. 물.

☸ 미진 : 微塵. 지수화풍의 4원소의 최소단위. 극미의 7배. 진도1의 지진.

☸ 불교 : 없는 것과 있는 것의 차이를 연기(緣起)와 공(空)으로 본다.

중국(空.假.中) 한국(心.空.假) 인도(有.空.假.) 일본(物.空.假)

✧ 불경(佛經) : 경(經.석존의 가르침)율(律.계율) 논(論.공부)관(觀.문자)

✷ 육여(六如) : 꿈. 환상. 물거품. 그림자. 이슬. 번개.

✠ 삼매 : 욕계, 색계, 무색계의 고요함. 적멸, 적정의 상태.

소승 : 개인의 열반. 색즉시공. 부파불교(部派佛教). 상좌부(上座部).

대승 : 모든 사람이 함께 열반. 당체즉공(當體卽空).정토.진보.空假中.

중관 : 有無의 연기(緣起)와 공(空)을 깨달은 것.

천태종 : 모두가 함께 열반함. 삼제원융(三諦圓融). 법화경.

화엄종 : 개인이 열반. 육상원융(六相圓融). 화엄경. 중도사상.

피안(彼岸) : 진리를 깨닫고 도달 할 경지. 열반. 부처. 성불의 경계.

차안(此岸) : 속세. 삶과 죽음. 고해. 육도만행(六度滿行).

보제(菩提) : 보리. 궁극적인 깨달음. 불타 정각의 지혜. 반야의 지혜.

점수(漸修) : 과정. 점진적인 수행. 돈오를 위하여 수행함.

돈오(頓悟) : 현상. 단박에 깨달음. 돈오하고 점수한다.

열반(涅槃) : 불을 끄는 바람. 유여열반(몸이 있음).무여열반(몸이 없음)

육도(六道) : 천(天) 인간(人間) 아수라(阿修羅) 축생(畜生) 아귀(餓鬼)

지옥(地獄)

육근(六根) : 안(眼).이(耳).비(鼻). 설(舌).신(身).의(意).

보신불(報身佛) : 서방세계의 아미타불48.약사여래12. 선근공덕(善根功德)

응신불(應身佛) : 화신불. 세상의 부처님. 서방극락세계. 33응신.

법신불(法身佛) : 부처님의 본체. 불성불멸. 진리의 부처. 경전. 자성신.

일체유심조 : 각자의 현상세계는 각자의 마음이 창출한 것이다.

1소겁(一小劫) : (84,000 - 10살) × 100 × 2 = 16,798,000년.

1중겁(一中劫) : 1소겁 × 20 = 335,960,000년.

1대겁(一大劫) : 1중겁 × 4 = 1,343,840,000년.

보시(布施) : 조건 없이 주는 것.財施(재시).法施(법시).無畏施(무외시)

불이(不二) : 둘이 아니다. 대립이나 반대의 근본은 하나이다. 유마경.

진여(眞如) : 한결 같다.궁극적인 진리. 만물의 본체. 우주만유의 평등.

불성(佛性) : 부처를 이룰 수 있는 근본성품.

본각(本覺) : 본래적 깨달음. 시각은 깨달음의 시작. 깨달음의 본성.

정토(淨土) : 부처와 보살이 사는 곳. 부처의 세계.

무아(無我) : 나는 존재하지 않음. 고정 불변은 없다. 육근 육경의 변화.

연기(緣起) : 원인에 의하여 생기는 인연의 이치.인연생기.직간접의 이유

정법(正法) : 바른 진리. 가르침. 실천. 증과. 정법시(敎.行.證) 500년.

상법(像法) : 부처의 가르침과 실천. 상법시(敎. 行) 1,000년.

말법(末法) : 부처의 가르침. 말법시(敎) 10,000년.

반야(般若) : 분별의 지혜보다 큰 깨달음의 지혜.

바라밀 : 피안에 이르다(고해를 벗어남).육도육바라밀(六度六波羅蜜)

✷ 보살(菩薩) : 깨달음을 구해서 수도하는 중생.

관세음보살(觀世音菩薩) 기복. 재물. 육도중생의 구원.

문수보살 (文殊菩薩) 지식. 지혜. 음력 4월 4일.협시보살.

보현보살 (普賢菩薩) 이치. 명상. 협시보살(脇侍菩薩).

지장보살 (地藏菩薩)모태. 땅. 원.육도구원.백중일(百中日).

❁ 석가 : 싯다르다(본명).붓다(깨달은 자)고타마(종성)석가모니(석가족 성자)
피플라나무(보제수.보리수)탄신일(4/8) 열반일(2/15) 妄執.無明.無我.

★ 부처 : 불립문자(不立文字). 교외별전.
진리는 말이나 문자로 대신 할 수 없다.

✺ 반야경 : 색즉시공 공즉시색.(色卽是空 空卽是色.)
색이 곧 공이요, 공이 곧 색이다. (존재 = 비존재. 있음 = 없음)
아제아제 바라아제 바라승아제 모지사바하
揭諦揭諦 波羅揭諦 波羅僧揭諦 菩提娑婆訶
가자 가자 저 피안의 세계로! 모두 함께 저 피안의 세계로 가자.
오! 깨달음이여! 축복이어라!

✌ 공자 : ① 지지자 불여호지자(知之者 不如好之者,)
알고 잘하는 놈은 좋아서 잘하는 놈을 이길 수 없다.
② 호지자 불여낙지자(好之者 不如樂之者,)
좋아서 잘하는 놈은 즐기며 잘하는 놈을 이길 수 없다.
note : ① 무지자 불여지지자(無之者 不如知之者)
모르고 잘하는 놈은 알고 잘하는 놈을 이길 수 없다.
② 낙지자 불여막지자(樂之者 不如莫之者)
즐기며 잘하는 놈은 무조건 잘하는 놈을 이길 수 없다.

❣ 공자(孔子) : 공부자(孔夫子). 64세 숙량흘(부인 안징재)의 아들.
격물치지(格物致知)사물의 이치를 아는 것이 곧 지식습득이다. 性人物
문자는 언어를 완성하지 못하고 언어는 의미(관념)을 완성하지 못한다.

✫ 주역 : 주희의 역경. 자연철학과 실천 윤리. 라이프니치(이진법).
(노아의 아들이 주역을 만들었다 주장하는 신부 있음)

❥ 생각은 말로 하라. (행동, 현상, 현실) → 말.
말은 행동으로 하라. (전달, 교통, 동감) → 행동.
행동은 기억을 하라. (진리, 진실, 자유) → 기억.
기억은 믿음을 가져라. (피상, 자아, 과거) → 믿음.
믿음은 생각을 보라. (믿음, 사랑, 교감) → 생각. - note -

※ 보는 것은 믿는 것의 시작이고, 믿는 것은 생각하는 것의 선택이며,
생각하는 것은 소통의 시작이다. - note -

❢ 스피노자 : 빛이 어둠과 자신을 나타내듯이
진리는 진리와 오류를 판단하는 기준이다.
정신이 생각하는 것을 신체가 결정 할 수 없고
신체가 스스로 하는 것을 정신이 결정 할 수 없다.

✪ 플라톤 : 선악의 기쁨차이 729배. (덕행과 악행)

❦ 소소한 일이 위로와 번민의 이유이다. - 파스칼 -
작은 일에 아파하는 사람은 행복한 사람이다. - 쇼펜하우어 -
신비를 표현 할 수 있는 말은 없다. - 비트켄슈타인 -
논쟁에서 이기면 비난과 칭찬의 굴레만 남는다. - note -

❧ 보는 것은 믿는 것이다.(보려고 하지 말고 그냥 보라)
믿는 것은 다시 본 것이다.(믿으려 하지 말고 믿으라)
다시 보는 것은 생각을 찾는 것이다.
생각을 고르는 것은 새로운 것을 다시 본 것이다. - note -

✧ 상보성(相補性) : 서로 보충하는 관계. 음양. 삶과 죽음. 남녀. 선악.

✲ 헤르만브르하버도의 유언 : 머리는 차게, 발은 따뜻하게, 그리고
장을 가득 채우지 마라. (무병장수비결)

✪ 신 : ① 창조 : 하나님.리사(lisa).브라흐마(Brahma).아누(anu).복희와 여와

② 하늘 : 하늘님. 하나님(god). 상제. 아누(Anu).유노(juno)

③ 땅 : 지신(地神). 가이아(Gaea). 게브(geb). 아누(anu)

④ 달 : 항아(嫦娥) 난나(보름달) 암(amm) 야(yah) 루다(ruda)

⑤ 어머니 : 마리아.나나.돈(donn).마미(mami)아야(aya)이시스(isis)

⑥ 식물 : 다간(dagan) 아부(abu) 두무지(dumuzi)

⑦ 강 : 하백. 현무. 강가(ganga) 오야(oya) 포세이돈. 나이아스.

⑧ 사랑 : 아모르(amours). 아프로디테. 투란. 하토르. 에로스.

⑨ 술 : 아칸(acan).디오니소스(Dionysos.바카스).소마.예술(예의 술)

☯ 인간의 마음,정신,영혼은 물질과 신을 향한 길이요, 진리요, 생명이라

✻ 부적(符籍) : 재앙, 악귀를 쫓는 문양이나 그림을 그린 종이.

부작(符作) : 재앙, 악귀를 쫓는 형체를 갖춘 입체. (인형).

❆ 본능이 습관을 만든 것이 아니라 습관이 본능을 만든다. - 엘즈워스패리스 -

❈ 정신 : 정보의 연산(습관)피드백(선택과 평가) 원인(물질)이유(인간)

오성(understanding) 복제(세포물질) 물질의 정보(전기 & 화학)

❉ 프로이드의 발견 : ① 우주가 중심이 아니고 하나의 점과 같다.

② 인간은 신의 창조물이 아니고 동물과 같다.

③ 의식은 행동에서 발견된 것이다.

✠ 유전자 : 염기서열 4개의 조합으로 된 인간게놈 종류의 근사치 34,000개.

하나의 유전자라도 다른 환경에서는 다른 유전자를 만든다.

★ 인공지능 : 인공지능의 한계는 모르는 것과 아는 것의 그 한계를 정하지 못한다. 인간은 그 한계를 맘대로 정 할 수 있다.

인공지능은 결정 된 조건을 수행하고 인간은 그 조건을 정한다.

⁂ 연결주의 : 인공신경망을 이용한 마음현상. 인공지능. 데이터의 연결교점.

※ 인간 : 기억. 비교. 욕구선택. 식음과 배설 조절. 성 선택의 조절.

☆ 신 : 최초의 진리를 창조하였어도 다른 환경에서는 다른 진리를 창조한다.

지난 과거의 진리는 시간과 장소가 변해도 진리의 끈에 매달려 있다.

§ 0 = 0. 1 = 1. 신은 1 과 0을 따로 만든다. 절대주의.(空卽是空)

0 = 1. 1 = 0. 인간은 1 과 0을 하나로 만든다. 상대주의.(空卽是色)

✺ 석가모니 탄생 : 태어나서 사방으로 일곱 걸음을 걷고 나서, 천상천하

유아독존 삼계개고 아당안지. 80세 죽기 전.

제행무상(諸行無常). 자등명 법등명(自燈明 法燈明)

● 황건의 난 : BC 200년 장각의 태평도(노란손수건) 황건의 난을 평정한

공을 세운 조조, 유비. (죄수의 귀환 표시)

❃ 징기스칸 : 우주의 군주. 세계최대영토국가.

3 칸국 (킵차크칸국 . 차카타이칸국. 오코타이칸국)

✠ 남들이 믿는 것을 믿는다. 남들의 말은 들은 대로 믿는다.

할 수 있는 일이라면 서로 모방한다.

(남이 하는 일이 욕심나면 모방한다.) - note -

⚅ 환원주의 : 물체는 원자들의 집합이고 사상은 감각인상들의 결합.

특정한 부분의 움직임은 곧 다른 부분의 상호작용이다.

⟐ 과실관리이론 : 관리자는 비용손실이 적은 과실을 선택한다.

★ 부정편향 : 부정적인 것이 돋보인다.(음식 속 작은 벌레의 역겨움이 크다)

◎ 의식(意識) : 주의의 기억. 상대적 정보. 뇌의 활동. 계산. 선택. 마음.

뇌간. 시상피질. 시상. 좌뇌. 우뇌. 뉴런연결. 시냅스.

뉴런 10만개/1㎠ 피질. 100억개 뉴런신경세포/1인간.

수십만개 원자/1단백질. 단백질10억개/1세포.

⊕ 메이지 유신(일본) : 화혼양재(和魂洋才) 정신은 일본, 기술은 서양.

식산흥업(殖産興業) 생산은 늘리고, 산업은 일으킴.

☞ 3상전기 : R(A.흙색. run). S(B.적색.start.) T(C.청색.common.)

N(neutral.중성선.백.) G(ground.녹색. 접지선.) TN - C방식

◈ 술 : 1.음주(飮食) 2. 애주(飮味) 3. 호주(飮事) 4.락주(飮人)

삭히다. 삭힌 물(사케). 발효한 물. 마지막 음료(막걸리)

발효주(酒) = 물을 혼합. 증류주(酎) = 방울져 내림. 고농도)

술잔 배(杯) = 나무 술잔. 잔(盞) = 옥. 도자기. 작(爵) = 쇠

☆ 메타인지력 : 최고의 의, 최상의 앎. 자신만이 최고를 구별 할 줄 안다.

척골대립 : 엄지손가락을 구부려 새끼손가락에 댈 수 있는 능력.

맹시(盲視) : 사물을 보기는 하지만 의식하지 못함. 시각의 무의식 상태.

이론이론 : 자신만의 심리상태로 타인의 심리를 추측함.

모방이론 : 상대방의 마음상태를 자기마음상태로 재현해서 추론한 이론.

관점수용능력 : 다른 사람의 감정을 함께 느낄 때 느끼는 동일한 분별력.

자신이 알고 있는 것을 다른 사람도 알 것이라는 인식.

일 : 손으로 일을 하면 = 노동자. 손 + 뇌로 일을 하면 = 장인.

손 + 뇌 + 가슴으로 일을 하면 = 예술가.

미학 : ① 보는 것 (직관) 외모. 생각. 기쁨. 반사적,

② 감정적인 것(본능) 행동. 생명. 쾌락. 긍정적.

③ 의식적인 것(사고) 기억. 가치. 슬픔. 비교적.

④ 존재적인 것(신앙) 이해. 미래. 즐거움. 믿음.

❋ 시각(視角) : 대칭성. 연속성. 근접성. 상징. 맹점. 잔존효과. 랜드효과

카니자 삼각형. 네커의 정육면체. 폭포효과.

❄ 사선효과 : 정상시각이 사선시각보다 수직선과 수평선 인식구별을 잘함.
대조, 명암,구성이 분명하고 수평 수직의 균형 인식이 크다.
사선의 각도는 폭과 길이에 모두 영향을 미친다.

❋ 세로선 효과 : 세로로 길어 보이는 효과. 선이 많아지면 가로효과가 남.

✪ 영장류의 털 고르기는 (1 : 1) ↔ 인간의 잡담 (1 : 3)

◎ 최후통첩게임 : 백만원을 A에게 주고 둘이 나누어 가지는데 B는 A가 정한 비율대로 받거나 거절할 수 있는 게임.(거절시 = 둘 0)

독재자게임　: 최후통첩게임에서 B가 거절해도 A에게 지급함.

제삼자처벌게임 : 독재자게임의 변형.삼자는1/2(삼자1손실 : A 3배손실)

✺ CAT(컴퓨터단층촬영) MRI(핵자기공명영상) PET(양전자단층촬영)

☹ 사이보그(Cyborg) : 기술을 의존한 인공신경조직으로 된 인조인간.

파이보그(Fyborg) : 기술을 사용하고 기술에 의존함.(기능 + 사이보그)

인공지능(A I) : AI(artificial intelligence) 인간지적능력 컴퓨터.

✧ 묵자(墨子) : 군자락득기락 소인락득기욕(君子樂得其樂 小人樂得其慾)
군자는 그냥 즐거워서 즐기는 것이고
소인은 앞으로 즐거워 할 욕망을 즐기는 것이다.

✪ 열정(熱情) : 정신을 집중하여 육체와 통하다. 입과 손으로 나타남.

주정(酒酊) : 육체를 집중하여 정신으로 통한다. 귀와 발로 나타남.

❁ 감금증후군 : 영혼이 육체에 감금되어 있는 상태. 식물인간. Locked-in

❀ 뇌 : 정신의 창고. 정신적 타자기. 브레인 인플란트(뇌심부 자극술).
딥페이스(얼굴인식 알고리즘). 뇌파(델타, 세타, 알파, 베타)
뉴로 피드백기술. 딥 러닝(Deep Learning) 인간 학습사고.신경회로.

✿ 넘사벽 : 넘을 수 없는 4차원의 벽.(시간을 초월)

✾ 사랑의 선택 : ① 외모(건강)　　② 헌신 & 보상(경쟁 & 질투.)

③ 낭만(욕구)　　④ 통일(생산)

✲ 사랑의 즐거움은 순간이고, 사랑의 슬픔은 평생이다. - 셀레스탱 -

사랑의 신은 욕구상태에 산다. - 플라톤 -

✲ 구애의 매력시간 : 쥐(몇초) 코끼리(3~5일) 여우(2주일) 인간(7~18개월)

✹ 사랑의 동인 : 두뇌에서 신경전달물질(화학작용)의 분비 기억행동의 방향

✷ 생리적 중독 : 음식. 술. 약물. 도박. 담배. 섹스. 습관성 반복.

✷ 오르가슴(orgasm) : 생리적 흥분상태.옥시토신(사랑)바소프래신(애착감정)

✳ 사랑 : 동양 = 상대방이 어떻게 느끼는가를 묻는다.　　(좋아 ?)

서양 = 내가 어떻게 느끼는가를 말한다.　　(오우 !)

✶ 無(무)에서 우주삼라만상을 이끌어 내기에 하나면 충분하다.

1은 하나님이요, 0은 진공이다. - 라이프니츠 -

✳ 0 : 영. 제로(zero) = 이탈리어 시프라(아라비아) 수냐(인도) = 빈칸.

✫ 광유전학 : 빛+유전학. 빛으로 세포속의 물질을 활성화 시키는 광자기술.

✭ 모든 것은 정보로부터 생긴다.(it from bit) - 존 휠러 -

★ 황금삼각형　　: (3 : 4 : 5) (5 : 12 : 13) (8 : 15 : 17)

파스칼의 산술삼각형 : 2^0,　2^1,　2^2,　2^3…

피보나치 산술삼각형 : 1^3,　2^3,　3^3,　4^3…

제곱수 : 100(1/10). 10,000.(1/100). 1백만(1/1,000.)

✫ 디리클레상자 : A개의 상자가 들어 있는 B개의 방이 있으면

A가 B보다 크다면 최소 2개의 A가 든 방이 있다.

● 문어 : 명예척추동물. (3억개의 신경세포. 심장 3개. 다리 8개.)

◎ 뇌화지수 : 뇌중량/체중지수. 인간(7.5) 돌고래(5.5)침팬지(2.6)개(1.2)

☆ 우주의 1년 : 1원 =《세30년×운12세×회30운×원12회 = 129,600.년》

우주의 계절 : 5계절 (25,920년 12궁주기) 별자리 이동주기= 2,160년.

12궁의 4계절 : 극점이동주기. 6,480년. 은하주기.(2012년 ~ 2024년)

우주의 1월 : 태양12,960년.(432년×30) 태양주기.

우주의 1일 : 태양432년 주기 ※지구주기 1년 365일

✷ 없는 것은 무한의 끝이다.

직선의 구성요소는 허구의 점이기 때문이다.

부분도 전체와 동일한 역량을 지닌다.

고로 마지막 수는 존재하지 않는다. - 갈릴레오의 역설 -

✈ 두뇌의 신경세포

1,000억개(소뇌800억,대뇌200억)100조개의 시냅스 연결

신경인펄스속도 0.3초 ~ 50 m/sec

대뇌피질의 신경반응속도 (20 ~ 300 밀리초)

❍ 뇌화지수 : 뇌중량/체중지수. 인간(7.5) 돌고래(5.5)침팬지(2.6)개(1.2)

❑ 핵자기공명영상 : 원자핵의 자기 모멘트가 특정 주파수의 전자기파를 흡수하여 일어나는 공명.

fMRI. 신경세포의 산소소비량을 측정한 뇌 사진.

✇ 좀비(Zombie) :

철학적 좀비 (인간과 모습이 같으나 상대의식이 없다)

디지털 좀비 (인간과 같은 대답을 하나 인간인식이 없다)

생활 좀비 (인간과 같은 생활을 하나 무의식 생활)

✆ 쾌락은 배가 고플 때 먹는 음식의 맛. 새로운 발견의 기쁨.

비교해서 우위를 확인 하는 맛. 숨긴 것을 찾는 순간의 확인.

멀리서 본 것을 가까이 보고 반가운 느낌. 앎을 확인한 기쁨. - note -

▼ 뇌　: 시상. 편도체. 송과선. 뉴런촉삭. 등의 기억. 학습. 반복.

제1기억. = 시각 + 생각. 그림. 상상.

제2기억. = 시각 + 청각. 음악. 언어.

제3기억. = 청각 + 후각. 감정. 기분.

제4기억. = 후각 + 미각. 생명. 식욕.

제5기억. = 촉각 + 장기. 반사신경. 운동.

오감의 실체는 존재하지 않고 단지 그 차이만 구별한다.

학습된 정보와 새로운 정보간의 수정 조합이 기억이다.

물질정보와 기억정보간의 선택, 반복, 집중, 소멸의 연속이다.

➺ 빛보다 빠른 실험 : 베셀빔의 교차점. 양자터널링. 왕의 실험(펄스300배)
양자 얽힘의 속도(빛의 1,000 만배) 타키온 입자. 시공간초월.

☤ 양자(quantum) : 얼마나(라틴어).원자,전자,광자,중성자 등의 파동 & 입자

✥ 불확정성의 원리 : 소립자의 위치와 운동량은 상보적이다. 하이젠베르그.
운동량과 위치측정 동시불가. 행렬교환법칙의 오류.

❄ 열역학제2법칙 : 불가역적 불확정성 ($E = m \times c^2$)을 ($m = E/c^2$)로
역으로 환원 할 수 없다. 저온에서 고온으로 열 이동 불가.

◎ 남자 : 혁대. 넥타이. 자신의 몸을 위하여 옷을 입는다.
여자 : 반지. 목걸이. 남자의 이목을 위하여 옷을 입는다.

❄ 히스테리(Hysterie) : 자궁을 뜻하는 그리스어(hystera)에서 유래.

♝ 평온한 눈 : 퍼팅시 볼에 2초간 집중하고 퍼팅 후에도 0.5초간 집중함.

▲ 88 : 피아노 건반수 27.5 hz ~ 4,186hz의 4배까지 청취가능(20 ~ 2만hz)

☆ 심신이원론 : 정신과 육체는 별개이다.　- 데카르트 -

☆ 유물론 : 마음도 물질의 일부이다.　-데모크리토스. 마르크스-

❆ 원자의 크기 : 원자와 원자의 중심거리. 수소원자1Å(옹스트롬) = 10^{-10}m

☆ 1/√n 법칙 : 상대적 오차의 범위.

⊙ 큐리의 법칙 : 항자성체(常磁性體)의 자화율 x가 절대온도 T에 반비례하는 것을 나타내는 식 x = C/T (C는 큐리정수.)

▣ 세포분열 : 유사분열(체세포분열. 연속분열 50~60번. 유전자 정보가 동일)

감수분열(생식세포 . 반수체. 분열전의 1/2로 감수분열.)

♤ 하나의 유전자는 한 개의 분자이다.1유전자 1효소설(→1폴리펩타이드설)

분자들의 안정성은 온도에 따른다.(이성체) 원자의 수가 같을 때.

알콜(C2H5OH)은 기체 액체 고체가 같은 분자이다.

✱ 사람의 체온 : 37.77778℃ (100˚F)

생명 : 질서에서 질서로. 대사. 변화. 화학반응. 자기복제. 단백질 결합.

절대온도 : -273.16℃ (-457.87˚F)

최대 엔트로피 : 열역학적 평형상태. 죽음. 질서에서 무질서로. 열의 이동

엔트로피 : E = K log D (K = 볼트만상수. 3.2983 × 10^{-24} cal/℃)

(D = 물체의 무질서 량)

✾ 열역학 제2법칙 : 비가역성. (진화의 비가역성. 열의이동 비가역성.)

열의 평형상태에서(죽음) 열의 비평형상태(자유)로 갈 수 없다.

녹말과 산소가 반응하여 탄산과 물을 만든다.

탄산과 물을 가지고 녹말과 산소를 만들지 못한다.

❤ 후성유전학 : 환경의 적응에 따라 활성화되는 유전자가 결정된다.

☆ 마 : 하나님 소리. 전부. 어머니. 마지막. 여자.

한 : 하나님(태양). 처음. 전부. 아버지. 남자.

되 : 구원. 돌아 옴. 다시. 길(道). 후회.

✲ 갤럭시(galaxy) : 어원(젖). 은하수(milky way). 집단.

광자 (photon) : 전자기복사를 구성하는 작은 에너지 다발. 질량 없음.

등식(equation) : 서로 같음을 뜻. 같다. 이차방정식. 인간의 공식.

부등식(inequality) : 다르다. 비교 선택. 커진다. 엔트로피. 신의 공식.

궁창 : 그릇(히브리어). 펴다(확장). 창공. 창천. 하늘이전.

화성 : 마르스(로마). 아데스(그리스). 얼굴. 전쟁. 공격. 성적 욕구.

카오스(Chaos) : 혼돈의 결정론. 규칙적인 가운데 불규칙성. 혼돈이론.

주사위법칙 : 주사위 중 지금까지 나오지 않는 수가 곧 나오리라는
예측은 믿지 말라.(신의 공평성)

● 소유효과 : 자기 물건을 오래 소유 할수록 가치가 올라감.
누가 소유하였느냐에 따라서 가치가 올라감.
생각이 가치다. 많이 생각 할수록 가치가 올라간다.
생각이 즐거움과 쾌락을 더 올려준다.

✧ 자유의지 : 입장을 바꾸어라! 나의 아내가 아니라, 내가 아내의 남편!
나의 친구가 아니라 내가 친구의 친구!
같음은 쉽고, 다름보다 더 자유롭다.
등식의 주체가 타인일 때 같음이 보인다.

✧ 관심은 기억이 된 일상생활이며, 무관심은 보통의 습관으로 남고,
즐거움은 순간만 자유롭고, 괴로움은 장시간 집착으로 변한다.
쾌락은 아쉬운 마음을 남기고, 기쁨은 만족한 기억으로 남는다.
아름다움은 눈(잘 잊음)으로 담고, 추함은 가슴(오래 기억)에 담는다.
사랑은 타인을 바라보며, 미움은 자신을 바라본다. - note -

ㅇ 잘 알고 있는 것보다 모르고 있는 것을 깨닫는 것이 중요하다.

잘못 아는 것은 모르고 있는 것보다 불행하고 괴롭다.

웃음은 아는 것의 출발이고, 슬픔은 모르는 것을 시작하는 것이다.

- note -

✧ 시간 : 시간이란 아무도 묻지 않을 때는 알고 있지만,

막상 묻는 자에게 설명 할 대답이 없다. - 아리스토텔레스 -

: 시간은 절약 할 수 없다. 시간은 무질서의 근본 원인이다.

양자세계에 시간은 없다. 단지 존재 할 뿐이다. - note -

@ 숫자 : 1 = 지도자. 자립. 양자리. 적색. 루비.

2 = 봉사. 예의. 천칭자리. 분홍. 금.

3 = 영광. 창조. 사자자리. 노랑. 황옥.

4 = 안정. 관습. 황소자리. 초록. 비취.

5 = 자유. 탐험. 쌍둥이자리. 청록. 터키석.

6 = 의무. 예술. 게자리. 감청색. 진주.

7 = 지성. 과학. 물고기자리. 보라. 자수정.

8 = 권위. 돈. 염소자리. 장미. 다이아몬드.

9 = 종결. 행운. 전갈자리. 흰색. 오팔.

§ 오일러 마스케로니상수 : ɣ = 0.5772157…

(1 + 1/2 + 1/3 + … 1/n - log n)

오일러 다면체공식 : V - E + F = 2 (V = 꼭지점. E = 변. F = 면)

초월수 : 리오빌상수 = 0.110001000 (자연수 계승.1.2.24.120....)

☆ 아테나 : Athena (신 theos + 정신 nous)

○ 약력(약한핵력) 질량 = 10^{-21}g

길이 = 10^{-16}cm

에너지 = 10 Gev

◐ 플랑크 규모 에너지 = 10^{19}Gev(MPI)

플랑크 규모 길이 = 10^{-33}cm

플랑크상수 h = 6.582×10^{-25}Gev.s (기가볼트초)

전자볼트 : 1ev = 1.602×10^{-19}J (양성자 1Gev)

전자1개를 1v 의 전압으로 움직이는데 필요한 에너지.

◑ 끈이론 : 플랑크길이 4차원 크기의 끈으로 이루어진 미시세계.

◎ 입자가속기 : 쿼크. 경입자. 약력게이지보손. 힉스메카니즘.

편광선글라스 : 수평방향의 편광을 차단(바닷가). 수직방향은 투과.

대통일이론 : 강력대칭성(쿼크교환). 약력대칭성(입자쌍교환)

양성자붕괴예측.

초중력이론 : (11차원.10개공간 + 전하량) 끈이론(10차원.9개공간 + 전하)

● 자연의 힘 : 중력(질량. 블랙홀. 뉴턴). 전자기력(전하.맥스웰,등)

강한핵력 (핵배열.양성자.중성자 쿼크의 업, 다운.글루온)

약한핵력 (핵융합. W보손. Z보손. 베타붕괴)

✣ 사단칠정(四端七情) 논쟁 :

이황과 기대승의 논쟁. 사단〔惻(측),羞(수),辭(사),是(시).〕

칠정〔희(喜)·노(怒)·애(哀)·구(懼)·애(愛)·오(惡)·욕(慾)〕

사단은 이치에서, 칠정은 기운에서 발현하므로 이기이원론을 주장

이기 공발성을 주장한 기대승은 후에 이기일원론으로 발전시킴.

이황(도덕적 본성이 우선) 기대승(실제적 감정이 우선)

◇ 큐비트(qubit) : 양자정보 전자위치정보(0&1)=(00.01.10.11) 양자컴퓨터.

1부터1,000까지 숫자 맞추기(일반 컴 10번. 양자 컴 4번)

● 오행 : 木. 火. 土. 金. 水. 五行(오행) 동양사상의 기초.

木(목) = 눈. 시 (視). ≒ 간(肝). 봄. 신맛. 담.

水(수) = 귀. 청 (聽). ≒ 신(腎). 겨울. 짠맛. 방광.

金(금) = 코. 후 (嗅). ≒ 폐(肺). 가을. 매운맛. 대장.

火(화) = 혀. 미 (味). ≒ 심(心). 여름. 쓴맛. 소장.

土(토) = 피부.촉 (觸). ≒ 비(脾). 4계절. 단맛. 위장.

◎ 매미 : 땅속에서 7년, 13년, 17년(소수년) 7 ~ 21일 짝짓기 위하여 산다.

7 : 성이브스의 수수께기. 안식일. 부처의 단위. 부활. 7i= 5,040

부수현상 : 의식은 단순히 뇌의 생리적 현상에 부수되어 있다.

✪ 태극 : 태 + 극 (태어나다 + 그곳) 본 : 보다. 본체. 본질.

□ 고구마 : 고귀위마(대마도.고우시마) 토란(土卵. 감져). 토련(土蓮)

토란 (효자가 심은 마)

국수 : 스파게티(이태리) 누들(국수) 멘(일본) 면조(멘타오 중국)

면 (밀가루 맥 + 면) 우동(일본) 당면(당나라 국수)

오징어 : 오적어(烏賊魚. 까마귀도둑 고기)오징어가 까마귀를 잡는다.

➲ 매몰비용오류 : 투자한 돈이 많을수록 뒤로 가면서 점점 더 무모해진다.

❍ 영웅적인 예수 : 죽은 자 가운데 살아났다. 부활. 죽음초월. 신비주의.

■ 다섯 살부터 지금의 나까지는 한걸음에 왔고,

신생아에서부터 다섯 살까지는 어마어마하게 멀었다. - 톨스토이 -

□ 아무리 높은 권자에 있는 사람도(멋있고 아름다운 사람)

자신의 엉덩이를 깔고 앉는다. (부처, 공자, 예수도 똥구멍은 있다)

✧ 선물을(은총구원) 받을 때에는 손바닥을 펴고,
선물을 줄 때는 주먹을 쥔다.(반대. 겉과 속.) - 폴 틸리히 -

♤ 무한과 유한
무한 = 유한. 무한 ≠ 유한
동일성 : 무한 - 유한 = 무한 (무한 + 유한 = 무한)
이질성 : 유한 + 무한 = 유한 (유한 - 무한 = 유한)

¤ 나이키(NIKE) : 승리.(아테네 여신 니케. 혼자 있을 때 날개 있음)
비엠더블유(BMW) : 독일 Bayenche Motoren Werke 사. 날으는 항공모함.
Maxim : 격언. 금언. 커피 상표.
Canon : 교회법, 계율, 법령. 카메라 상표.
창업주 : Chanel. Cartier. Louic vuitton.

✪ 희토류 : 희귀한 흙. 열전달율이 좋음. Ce,La,Th,Nd,Y,PO_4 란타넘계.
중성자의 힘 : 핵분열 질량결손(중성자). 핵융합 질량결손.(전자)
열량 : $Q = 0.24RI^2t$ $W = I^2R$ $W = V^2/R$ 1W = 1J/1초

❃ 분노는 턱에 남고, 슬픔은 가슴에 남는다.(肝 → 心)
쾌락은 코에 남고, 기쁨은 눈에 남는다. (鼻 → 目)
우울은 귀에 남고, 생각은 입안에 남는다.(耳 → 口) - note -

❆ 중독 : 집착된 습관(devoted habit). 다음을 향한 전진적인 육체와
지난날을 후회하는 정신을 인지하지 못한다.

❃ 바이럴효과(viral effect) : 입소문 효과.
소문 등이 바이러스처럼 급속히 확산되는 현상.

✪ 욕망 : 결국 채워지지 않는 빈 그릇의 겉모습이다.

나비효과처럼 모방의 성취감처럼 시이소오의 반대편느낌이다.

✸쾌락 : 신체감각의 정신화, 기대치의 만족정도, 비교의 극단화이다.

시이소오의 직접감각이다.

✲베버페히너법칙 : 처음감각과 나중의 증감감각의 변화를 느끼는 비례.

베버상수(1/3 ~ 1/330) 맛(1/3) 촉감(1/7) 시력(1/60)

원래음의 10옥타브 높은음의 진동수 (2^{10} = 1,024배)

소리의 세기는(진동수 일정) 진폭의 제곱에 비례한다.

포그슨비율 = 2.512(5√100) 색의비율 7√89/3.5 =1.58767

음정의 조옮김 12√2 = 1.05946

빛의 속도 (빛의 진동수 × 파장) 1THZ = 10^{12} Hz

※ 뇌 : ① 뇌(기억) ② 척뇌(신경) ③ 피뇌(피부) ④ 장뇌(오장)

■ 비극 : 비극이 재미있는 것은 그것이 허구라고 생각하기 때문이다.

(신을 찬양하기 위한 인간의 학대예술이다.)

★ 십사경혈 : 五臟六腑(오장육부)의 경로이고 이 경로에 있는

수혈을 경혈이라 한다.

① 삼초경 ② 대장경 ③ 위경 ④ 간경 ⑤ 신경 ⑥ 임맥 ⑦ 담경

⑧ 비경 ⑨ 폐경 ⑩ 방광경 ⑪ 독맥 ⑫ 소장경 ⑬ 심포경 ⑭ 심경

✷ 단위 : ppmw(백만분의1 무게) ppmv(백만분의1 부피) Parts Per Million

✻ 함수 : 멱함수($y = x^n$ n = 상수)지수함수($y = a^x$ a = 실수.역은 로그함수)

등비수열에 로그를 취하면 등차수열이다.

기하평균에 로그를 취하면 로그산술평균이다.

✠ 중독 : 물질의존. (남용. 금단. 암페타민. 대마. 환각제. 수면제. 아편류)

정신의존. (고집. 취미. 습관. 우울. 일중독. 성중독. 신앙)

❁ 나르시즘 : 자기애(self). 수선화(에코). 화장. 성형. 이미용. 자서전.

※ 전자의 속도 = 2,000km/s 플랑크길이 = IP ≒ 1.5 × 10 $^{-15}$ m

인공위성 속도 = ≒ 3.1km/s 빛속도 = 299,792,458km/s

저궤도위성 = 250 ~ 2,000km 상공 중궤도위성 = 2,000 ~ 36,000km 상공

고궤도위성 = 36,000km이상 상공. 초끈이론 크기 = 10 $^{-35}$m

1Gev = 1.783 X 10^{-27}Kg 고차원입자충돌에너지 = 10^{19}Gev

관측가능한 우주의 크기 = 930ly 우주의 크기 = 138억ly 직경

번개의 온도 = 29,727℃

태양의 중심 온도 = 1,500만k (14,999,727℃)

✣ 본질주의 : 나와 너는 다르다. 좋은 회사에서 좋은 제품을 생산한다.
오바마는 아프리카계 흑인이다.(흑인 아버지와 백인 어머니)
잠자리에 따라서 다르다. (야곱의 잠자리 속임수.)

★ 섹스 : 성선택. 생식본능. 음식선택기준. 수컷 두꺼비(자기보다 작으면 잡아먹고, 크면 도망가고, 비슷하면 짝짓기를 한다.)
페티시즘(사람이 아닌 사물이나 특정부위에 흥분) 텔레딜도닉스 (원격성교) 단순노출효과(자주 보면 좋아지는 현상)

✦ 부모투자이론 :
수컷은 작고 다양한 선택적 투자. (호가모스 히가모스 일부다처)
암컷은 크고 많은 집중적 투자. (히가모스 호가모스 일부일처)

✯ 음악 : 신의 존재를 증명하는 행위의 시초다.
귀를 자극하는 정신행위다. 감정전달 수단이다.
쾌락의 일종이다.

□ 이케아효과 : 소비자가 직접 조립하는 가구처럼 노력이 첨가된 소비효과.

✪ 중독 : 하루 세끼를 동일시간대에 먹는 습관이다.

좋아하거나 싫어하는 행위의 반복이다.

육체적 정신적 반복과 습관이 새로운 사실을 만든다.

▣ 일직선 : 태양계가 일직선으로 늘어선 날. (2012.12.21.)

□ 4체액 : 불. 물. 공기. 흙. 4 원소설. 서양사상의 기초(동양 陰陽五行說)

황담즙 : 불. 여름. 건(+ 흑담) 열(+ 혈액)

흑담즙 : 흙. 가을. 냉(+ 점액) 건(+ 황담)

점액 : 물. 겨울. 냉(+ 흑담) 습(+ 혈액)

혈액 : 공기. 봄. 습(+ 점액) 열(+ 황담)

★ 도덕경 : 도상무위 이무불위 (道常無爲 而無不爲) - 노자 -

도는 항상 하는 일이 없으나 하지 않는 것도 없다.

○ 자라투스트라 : 조로아스터의 그리스어. 배화교. 불. 밝은 빛.

◈ 확률게임의 오류 : 동전 던지기 게임에서 앞면과 뒷면이 나올 확률은?

50 : 50 이 아니고 1 : 1이다.(100 ÷ 2 = 50. 1÷1 = 1)

○ 양자의 제논효과 : 에너지와 시간의 상보적 성질.

입자가 가진 에너지가 클수록 입자가 살아 있는

시간은 짧다.

입자가 가진 운동량이 클수록 살았던 공간이 좁다.

✈ 성공에는 남이 모르는 노력과 자부심이 숨어 있고

실패에는 본인만 모르는 겸손과 변명이 숨어 있다. - note -

❆ 골프공 크기 : 42.67㎜ 이상. 45.93g 이하. 1,440㎣. 딤플 평균 400개.

1바퀴 135㎜. 홀에 골프공 동시에 4개 들어감(108㎜)

❆ 골프장 거리 : 약 6,400m (골프공 47,520바퀴. 지구둘레의 1/6,400)

♟ 평온한 눈 : 퍼팅시 볼에 2초간 집중하고 퍼팅 후에도 0.5초간 집중함.

◉ 골프철학 :

① 심신채공장 = 마음이 신체를 움직이고, 신체가 채를 움직이니,
채가 공을 움직이며, 공이 그린에 안착하도다.
마음으로 몸을 움직여라. 몸으로 채를 움직여라
골프채로 공을 움직여라.
입으로 공을 치지 말고 몸으로 골프채를 휘둘러라.
골프공으로 스코어 계산하지 말고
동반자의 미소를 스코어 하라.

② 장공채신심 = 골프장에서 공을 치려면 채를 가르치는 몸을 연습하고
입을 가르치는 마음을 배우라.
마음을 알면 공이 보인다.
골프장에서. 공갈치지 말고 골프하는 자신을 가르쳐라.
골프채를 가르치지 말고 입을 가르쳐라.
입을 가르친 후에 마음(멘탈)을 가르쳐라.

* 연주광행차 : 지구의 공전 때문에 관측된 별의 위치가 주기적으로
변하는 현상. (약 20.47도.)

◆ 연주시차 : 지구의 공전에 따른 별의 시차각. (관찰의 각도측정차이)
(지구반지름 6,400km. 지구 공전궤도 반지름 1.5 × 10^8km)

★ 양자색역학 : 수소원자의 전자와 양성자 사이의 전기인력(전자기력)은
원자중력보다 10^{38} 배 크다.

◎ 물질 : 하드론 (강한 핵력. 6개의 쿼크. 양성자, 중성자)
렙톤 (약한 핵력. 6종류의 렙톤. 전자 중성미자)

❖ 비유클리드기하학 : 플레이페어공리.(프로클루스공리.) 등거리공리.
삼각형공리. 삼각형 면적의 성질. 쌍곡선의 기하학.
리만기하학 (삼각형 내각의합 180도 보다 크다)

❆ 삼수의 비밀 (미지의 수비학)

❶ 天. 上. (1 × 1 = 1 22 ∴ 3,388 (9 × 148 = 1,332)

❷ 地. 中. (2 × 2 = 4 21 ∴ 13,454 (36 × 494 = 17,784)

❸ 人. 下. (3 × 3 = 9 59 ∴ 36,000 (97 × 1,080 = 104,760)

❆ 체내리듬 : ① ultradian (1일 이하 리듬. 90분주기의 졸음과 각성)
② circadian (25시간 주기의 생체리듬)
③ infradian (1일 이상의 생체리듬)

▣ 일직선 : 태양계가 일직선으로 늘어선 날.2012.12.21.13박툰일144,000×13

◉ 소 : beep (죽은 소) cow(살아 있는 암소) bull(살아 있는 숫소)
calf (송아지) cattle (무리지은 소)

돼지 : pig (가축 돼지) hog (82kg 이상)

양 : sheep(살아 있는 양) lamb(양고기) ram (수컷) ewe(암컷)

닭 : cock (수탉) hen(암탉) chickens(거세한 닭. 육용 닭)
chicken (닭 고기) capon (산란용)

∵ 부정신학 : 인간은 하나님을 알 수 없다. 삼위일체의 확인 불가.
성육신의 이중성 확인 불가. 신과 인간의 시간 비교불가.

실천신학(Practical Theology) : 실천하는 믿음. 행동하는 믿음.

사위일체 : (성부. 성자. 성령. 악령「육신성. 인성. 선성. 악성」)

불확정성의 원리 : 전자나 양자의 위치와 속도는 동시에 알 수 없다.
양자의 이중성 비교 불가. EPR효과 (분리와 공존)

☪ 미인 : 뼈가 예뻐야 미인이고 살(피부)이 예쁜 것은 예쁜 옷과 같다.

¤ 역사 : 우리우선. 권력우선. 지역우선. 현재우선. 역사미화. 과거미화.

예) 임진왜란(굴욕적 패전) 일제치하 36년(전쟁도 못한 편입국)

이승만. 김일성. 박정희. 전두환. 김영삼. 이명박의 일본교육

▣ 동양 : 자연신.공자의 도와 유교.太乙金華宗旨(태을금화종지).영토전쟁.

서양 : 신이 인간화. 연금술. 예수의 성육신. (엑소시스트)십자군전쟁.

☼ 신의 증명 : 예수의 죽음과 부활의 확인은 여자 몫(증거로 인정하지 않음)

❢ 아바(abba) : 아랍어 아바(아버지) 마가14 : 36 (아바, 아버지!…)

☬ 인자(the son of man) : 그리스도. 메시아. 구원자. 제2의 아담. 공자.

★ 유월절 : feast passover.이집트 탈출 기념. 누룩 없는 빵. 쓴 약초

◫ 말씀(logos) : 창조주. 성육신. 삼위일체. 신의 언어. 이성. 말. 논리.

❄ 바이러스(virus) : 직경 20 ~ 250nm.(다른 세포에 기생. 숙주가 필요)

세균(bacteria) : 직경 400 nm. (0.5μm ~ 0.5mm . 혼자 증식)

코로나19 : 호흡기 감염질환. 대기오염과 환경파괴의 원인 추정

✧ 창형흡충 : 기생충 번식방법. 개미뇌에 침입하여 풀잎 꼭대기에 올라서

염소에게 먹혀 기생 번식함. 톡소포자충(고양이 0.003mm)

✪ 인간은 단백질등의 세포구조에서 뼈를 생성하고 살을 키워 성인이 되고 세포의 퇴화와 살의 기능저하와 서로의 신경연결이 둔화 단절되어 죽음에 이른다. 죽은 자나 산자의 뼈를 보고 살을 생각 할 수 없다. 아무리 예쁜 사람일지라도 뼈의 구조를 예쁘게 볼 수 있을까?

✯ 아포칼립스 (Apocalypse) : 대종말. 베일을 벗긴다. 요한계시록. 전염병.

❄ 거짓양성 : 1종 오류. 옳고 그름을 조사하는데 거짓이 옳다고 나오는 것.

하나님 이름으로 저지르는 거짓도 하나님으로 믿으려는 현상.

✖ 곱셈 : (2 × 2 = 4) (4 × 4 = 16) (8 × 8 = 64) (16 × 16 = 256)

(32 × 32 = 1,024.) (64 × 64 = 4,096) (128 × 128 = 16,384)

▼ 고려효과 : 많은 사람들이 생각만 해도 나타나는 효과.

✿ 가격 : 마음의 가격→ 극장에 가다가 영화티켓(5만원)을 잃어버린 것과
현금 5만원을 잃었을 때 그 가치의 판단가격이다.

∂ 대표성의 법칙 : 하나만 봐도 열을 안다.(소수의 법칙)확률의 덧셈 곱셈.

● 종교 : 하나를 보고 모든 것을 안다고 생각하는 순간, 지식으로 변한다.
지식은 힘이다. 지식이 힘이라고 믿는 것이 종교의 경전이다.
경전을 다 알았다고 믿으면 맹신하는 종교가 된다. - note -
잠언 13 : 16 (슬기로운 자는 지식으로 행하거니와 미련한자는
자기의 미련한 것을 나타내니라.)
고전 1 : 16 (지혜 있는 자들의 지혜를 멸하고 총명한자들의
총명을 폐하리라.)

◎ 신(성경) : 말씀(단어). 여호와. God. 데오스. 전능자. 주님. 알라.
신은 죽지도 않고 살지도 않는다. 음식을 섭취하지 않는다.
신은 선행을 보상하고, 인간은 악행을 보상한다.
신은 또 다른 신을 알고 있다.(인간은 하나의 신을 믿는다)
악마나 사탄은 신이 아니다. (인간은 선한 신을 믿는다)

❃ 조상숭배는 곧 조상이 될 인간에게 매력적인 믿음이다. (공자)

☣ 신의 주인은 또 다른 신일까? (인간일까?)
신성불가침 영역은 인간이 정한다.
신의 주인을 찾는 것은 신이 아니고 인간이다.
선한 일을 할 때는 신이 필요치 않다.
악한 일을 할 때 신이 필요하다. 고로 인간이 주인이다.

● 영혼(정신)과 물질(사물)은 무엇이 다른가?

영혼은 절대적이고 물질은 상대적이다. (인간은 물질적. 신은 정신적)

영혼은 비교하거나 측량 할 수 없다. (물질은 상대적. 신은 절대적)

☾ 우주의 평형은 팽창(빅뱅. 열린우주)과 수축(중력수축. 닫힌우주)이다.

양자적인 물질세계 (빛을 포함한 물질. 빛의 정지질량 = 0)와

암흑물질(전자기적 성향. 암흑물질 질량 < 0.)세계의 조합이다.

☽ 우주 : ① 닫힌우주 (임계밀도 >1. 우주의 끝이 있다. 우주 함몰.)

② 열린우주 (임계밀도 <1. 우주의 끝이 없다. 빅뱅.)

③ 평탄우주 (임계밀도 =1. 직선 팽창. 유한팽창. 중력작용.)

✧ 데카르트 : 무오성의 논리. "나는 생각한다 고로 존재한다"

✷ 진리 : 나는 나의 말을 들어야 하고, 너는 너의 말을 들어야 한다.

그러나 나는 너의 말을 먼저 듣고, 너는 나의 말을 먼저 들었다.

논쟁은? 나는 너를 평했고, 너는 나를 평했다.

진리란 나한테는 나의 말이고 너한테는 너의 말이다.

우리라고 하는 우리의 법은? 너만을 위하는 것, 나만을 위한 것.

나와 너를 우리에 가두는 순간, 진리를 우리 안에 가두는 것이다.

보는 대로만 보지 말라. 듣는 대로만 듣지 말라.

아는 대로만 알지 말라. 보는 것이 다 본 것이 아니고,

들은 대로 듣는 것이 다 듣는 것이 아니고,

생각한 것이 다 생각만은 아니다. 진리는 오감으로 찾을 수 없다.

진리는 찾는 것이 아니라, 그대로 있는 것이다. - note -

☆ 문자 : 알파벳(22자) 한글(24자) 일본어(46자) 한자(부수214자)

☼ 하나님 : god. 야훼. 데우스. 엘. 엘로힘. 알라. 알라하. 알라힘. 하늘님.

❇ 현대의 신 : ① 존칭어를 쓴다.(신격을 갖춘 신을 인격으로 본다.)

② 올려다 본다. (인간은 신을 하늘에 놓고 본다.)

③ 사물과 동물에게 신은 없다.(인본주의 신.)

④ 인간이 신을 선택 한다 (신이 인간을 선택 할 수 없다.)

※ 추리 : ① 귀납추리 (경험이론. 한두 번의 경험에 의존.)

② 유비추리 (유추이론. 비슷한 것을 같다고 단정.)

③ 연역추리 (생각이론. 이론을 실제와 같다고 여김.)

※ 눈 : 2개. 앞쪽 좌우를 구별한다. 2곳을 동시에 보지 못한다.(가현현상)

귀 : 2개. 사방소리를 구별한다. 2소리를 구별하나 동시에 듣지 못한다.

코 : 2개이지만 하나다. 2냄새를 구별하지 못한다.

입 : 1개. 1개의 말을 똑 같이 못한다.

뇌 : 1개. 1개의 기억을 여러 개로 만들고 없애고 새로 만들기도 한다.

피부 : 전부. 1개의 감각을 반사한다.(신경 전달속도 ≒ 100m/sec)

✸ 생각 : mental imagery

생각하는 눈은 보이지 않다. (심상)

생각하는 귀는 듣지 못한다. (환상)

생각하는 말은 소리가 없다. (상상)

생각하는 느낌은 잡을 수 없다.(감상)

※ 정당한 이유가 있으면 자부심. 없으면 자만심. (자부심+자만심=거만심)

❋ 원소 : 98개 발견 + 인공 원자 20개 = 현재 원소 118개

☼ 태양 : 황금. 창조. 땀. 남자. ∅139만km. 지구와 1억5천만km.

☾ 달 : 은. 부활. 눈물. 여자. ∅3,474km. 지구와 38만5천km.

※ 태양의 직경은 지구 (12,756km)의 약108배 (실109배)

지구와 달의 거리는 지구와 태양의 거리 약1/400.(실1/390)

달의 직경은 태양 직경의 약1/400. (실1/380)

♲ 방사선 붕괴 : ⓐ 알파붕괴 (알파입자 방출. 다른 핵으로 변화)

ⓑ 베타붕괴 (전자(베타)방출. 중성자와 양성자 바뀜.)

ⓒ 감마붕괴 (감마선 방출. 핵에서 고 에너지 방출.)

♝ 중력파 : 고중력을 가진 2개 이상의 블랙홀의 충돌 시 발생한 중력에너지

♛ 의식은 기억의 선택이고 통시(通時)적이다. 듣고 본다. noos. 보다.

지식은 인식의 정보고 공시(共時)성이다. 생각을 본다. meros. 나누다.

❋단백질 : 아미노산 20여 종류. 아미노기와 키복실기 함유분자.

유전자 : 단백질설계 4종류의 아미노산 시퀜스 35,000 여개(2^{15} = 32,768)

DNA : 유전자영역(64가지 트리플렛). 단백질영역(20가지 아미노산.)

dna 시퀜스 (뉴클레오티드 Mi 2^{20} = 1,048,576.)

뇌 : 200억개 이상의 세포(피질 = 100억개). 시상하부. 부신피질. 뇌하수체. 축색돌기. 시냅스. 소뇌. 편도핵. 청반. 각신경세포.

거울신경세포 : 간난 아이는 어머니의 신호를 반사한다. - 리졸라티 -

옥시토신 : 부모 감정이입. 부모와의 감정호르몬 분비.(사랑 호르몬)

산모의 젖 분비와 자궁수축. 9개의 아미노산 합성 호르몬.

뇌의 가소성 : 경험과 행동의 영향으로 지속적인 생성내지 재생성 되는 신경세포는 경험에 의존한다. 예) 거울신경세포. 흥분.

신경세포네트워크 : 정신세계(공감) 마음. 감정.등 기본연결요소.

우울증 : 자존감 상실. 비교심리. 내 외부 시간적 혼란. 정신 신체 불균형

두려우면 공황장애. 슬프면 자기학대(자살). 기쁘면 미치광이.

보약 : 신체를 해독 시키고 정신적 기분을 이완시킨다. 횟수가 감소 함.

독약 : 신체를 중독 시키고 정신적 감정을 고조시킨다. 횟수가 증가 함.

통증 : 신체중독향상. 신체감각의 고조. 정신의 반복작용(마약. 우울증)

쾌락 : 정신중독현상. 정신감응의 고조. 신체의 반복작용(도박.트라우마)

✺ body : birth + o + death를 하는 (why?) 이유 (生과 死의 이유)

☦ 불립문자 : 교외별전(教外別傳)언어도단(言語道斷)문자로는 세울 수 없다.

진리는 말이나 문자로는 전할 수 없다.

▨ 사체설법(고집멸도)

1) 苦諦 (생과 사도 苦요, 만나고 구하고 얻음도 잃음도 苦다)

2) 集諦 (고를 낳게 한 원인. 갈애(渴愛)가 있기 때문에 고된 인생이다)

3) 滅諦 (갈애가 없으면 고된 인생은 없다. 고뇌의 원인을 점멸)

4) 道諦 (팔정도의 실천. 반드시 실천)

◈ 플라톤 (그리스어. 넓다.) 어려서 어깨와 이마가 넓어서 붙은 별명.

본명 : 아리스토클래스.

플라톤 인간의수 : $216 = 3^3 + 4^3 + 5^3$

◒ 魂 = 눈 (동공) 魄 = (항문)

三魂七魄(삼혼칠백= 天.地.命 & 시구.복시.작음.탄적.비독.제예.취폐)

◬ 구맹주산(狗猛酒酸) : 개가 사나우면 술이 시다.(간신배가 많으면..)

▥ 여자의 사덕(4씨) : 1) 마음씨. 2) 말씨. 3) 솜씨. 4) 맵씨.

◎ 오늘이 내게 남은 날 중에서 가장 젊은 날이어서 시작했다.

- 기원론을 쓴 카토가 80세에 그리스어를 배우기시자 할 때. -

✂ 남성우월주의 언어 : 인간(man) 인류(mankind) 인권(right of man)

1인(one man) 역사(history)

⊙ 하늘의 언어

방언 : 1.대언 방언 (소통) 2.대신방언 (기도) 3. 대물 방언 (자연)

- 칼 마르크스 -

▧ 涅槃(열반) : 불이 꺼진 상태. 쟁반 속에 있는 물에 젖은 흙.

(갯바닥 흙 涅. 쟁반 槃.)

▦ 姜 太 公 : 성은 呂. 이름은 望. 자는 牙.

▩ 老子 : 이름은 李耳. 老 木 子 ⇒ 老子

ดี 호혜적 이타주의 : 네가 내 등을 긁어주면 내가 네 등을 긁어주마!

(벌과 꽃의 꿀)(돈과 차용증) 선한 행위에서는 선으로,

악한 행위에는 복수로 보답한다.

(헌금과 시주. 기부와 봉사의 이타주의)

ดี 베토벤의 불행 : 아버지는 매독, 어머니는 결핵환자, 첫째는 맹인,

둘째는 사산, 셋째는 농아, 넷째는 결핵,

(실제 베토벤은 둘째) 만약 다섯째를 임신했다면 ?

໑ 과학과 같은 지식의 빈틈을 신으로 하여금 메우려는 인간의 이기심과 불안한 마음이 종교로 나타난다. - 오남 -

◎ 프로이드의 삼분법 :

1. 이드 (생물학적 충동)

2. 자아 (외부현실에 대한 충동의 적응)

3. 초자아(사회적 제약에 대한 반응)

◎ 신곡(단테)의 3짐승 :

1. 표범 (육신의 정욕, 무절제, 폭식)

2. 이리 (눈의 정욕, 폭력)

3. 사자 (생명의 오만, 악의.)

◎ 강아지 이론 : (강아지를 싫어하는 사람도 막상 강아지를 키우다 보면 좋아하게 되는 현상). 체험 설득을 하라!

☆☆☆☆☆☆☆☆

★ 사람의 믿음에는 일관성의 법칙을 따른다!

★ 선택 할 때는 마지막 옵션을 더 좋아 한다!

★ 사람의 감정에는 어느 정도 신체와 연관 되어 있다.

★ 월 마트 가격 = 모든 제품의 가격은 7 자로 끝나게 하라. 예)497원

★ 판매전략 = ① 보다 빠르게. ② 보다 쉽게 ③ 보다 훌륭하게

★ 맥도날드전략 = 햄버거에 후라이드 얹어서 드시길!

★ 파레토의 법칙= 80대 20의 법칙(80%의 결과는 20%의 노력에서 비롯된다.)

-- 이탈리아 일프레토 파레토--

★ 신(神) : 시示(보일시) + 신申(납신. 번갯불) = 번갯불로 보여주는 것

★ 道(도) : 어른이 되는 큰 길. (외도 = 쾌락만을 위한 성행위)

◐ 남자 : 식물. 발산. 햇빛. 검다. 차다. 깔대기. 머리가 크다.
안정(코 중심). 등 배가 크다. 손이 발달 (손을 흔들고 걷다)

◒ 여자 - 동물. 수렴. 음식. 희다. 뜨겁다. 피라미드. 머리가 작다.
입 중심 . 가슴과 엉덩이가 크다.
발 발달 . 불안 가슴 중심. (엉덩이를 흔들고 걷다)

◐ 화현지기 : 8 X 2 = 16세 (이를 갈고 머리카락이 길어진다.)
8 X 5 = 40세 (이 빠지고 머리 희어짐)
8 X 8 = 64세 (생식기능 저하)

◒ 화생지기 : 7 X 2 = 14세 (초경)
7 X 5 = 35세 (이빨 빠지고 머리가 희어진다.)
7 X 7 = 49세 (폐경)

㉤ 忠恕(충서) : 스스로 정성을 다하여 남의 사정을 헤아릴 줄 앎.

＊ 無(무)는 零(비.이슬. 떨어질 영)이다. 零(영)보다 작은 것은 有(유)다.
無는 시간을 함유한다. 有는 시간에 종속한다. (Zero and not)
無는 시간을 인식 못하고 有는 시간을 찾아야 한다. 零= 0 空= ㅇ(원)

❋ 신은 없다. 새로운 창조는 없다. 신은 있는 것을 바꾸지 않는다.
신은 없는 것을 창조한다. 인간은 있음을 확인하고 배울 뿐이다.
다만, 신은 인간이 모르는 것만 새로이 창조 할 뿐이다. - note -

✪ 신은 시간을 갖고 있을까? 시간이 없을까?
신은 공간을 갖고 있을까? 공간이 없을까? (時空一切)
신은 시작도 없고 끝도 없다. (無時)
신은 크거나 작지도 않다. (無形)
신은 인간을 알거나 모르거나가 아니라, 시공간과 같다. (色卽是空)
인간은 신을 시공간처럼 알기도 하거니와 모르기도하다. (空卽是色)
고로 인간은 신을 아는 것처럼 믿을 뿐이다. - note -

✲ 부활(復活) : 사후의 삶. 영원한 삶. 죽음의 다음. 새 생명. 성육신.

❆ 인지(認知) : 지식은 선험적으로 쌓이고, 논리는 후 경험적인 확인이다.

❣ 신인동형론 : 신과 인간은 형태와 특성이 같다.(인간은 신을 알기 때문)
신은 이진법처럼 직렬연결이고 영원히 지속한다.
인간은 10진법처럼 병렬연결이고 간단하며 단일하다.

❃ 성현 : 석가모니 (샤카족왕 50세 마야부인 우측 옆구리탄생.母7일후죽음)
공자 (숙량흘64세. 부인 안징재 16세 공자탄생 → 母40세 죽음)
예수(요셉20세.다윗의 42대손.마리아16~18세 예수탄생.母58세죽음)
마호메트 (AD 570년.고아. 큰아버지 양육. 25세에 결혼 부인 40세)

★ 유월절 : feast passover.이집트 탈출 기념. 누룩 없는 빵. 쓴 약초

◎ 탈리오법칙 : 복수의 법칙. BC 1,200년경. 눈에는 눈으로. (동해보복법)

❆ 퀘이커 : quaker 몸을 떠는 사람. 종교 지도자의 권위. 오직 예수의 권위.

유대교 : 노예들의 해방. 유일신과 종교지도자는 노예의 주인 권위.

몰몬교 : 말일성도그리스도.(AD311 ~ 385 몰몬 선지자)

뉴욕주 팔미라산에서 1,830년경 스미스가 발견한 몰몬성경.

예언자 : prophet. prophetes(그리스어 다른 이를 위하여 말하는 자)

부처의 깨달음 : 초전법륜. 팔정도와 사성제의 중도. 삼사라에서 해방.

믿지 말고 깨달음으로 행하라.

❢ 메시아 : 신의 종. 기름 부은 자. 기름 (상처의 치유)

묵시 : 계시. 숨겨진 것을 드러냄. 암호의 예언.

✞ 신 : God. theos (그리스어)

주전 : before christ (BC) 예수 이전의 해.

주후 : anno domini (AD) 주님의 해.

모세 : (Moses) 불타는 열매의 예언. BC 1,300년. 출애굽. 토라(율법)

윤회 : samsara. 헤메고 다닌다. 바뀌의 회전. 힌두교 교리.

베다 : veda. 지식. 지혜. 들은 것. BC 1,200년. 아리안(aryan)족.

문화 : cultura(경작)라틴어 어원.잉여 농산물 섭취 후 발생(농경사회)

자본 : capital. capita (소와 양의 머리)라틴어 어원.

세겔 : Sheqel.무게를 달다. 밀 이삭1개 무게 (11.42g) 1미나(60세겔)

흑요석 : 화산석(용암의 급냉) 구석기시대 화살촉. 칼.

자이나교 : jainism.정복하다(인간의 본성을 정복하다)아리안족. 십자군

니르바나 : nirvana. 열반. 훅 불어서 끄다.(인간의 본성을 벗어나다.)

우파니샤드 : upanishads 베다의 끝. 스승 가까이에 앉는다.

유대인 계율 : 토라 613개(하지마라 365개 1년. 하라 248개 인간뼈의 수)

릴리트 콤플렉스 : 아담과 릴리트 동시창조. 남과 여의 동등성(남녀 평등)

아담 창조 후에 아담 옆구리 뼈로 이브창조.(남녀 불평등)

※ 선과 악의 경계를 알거나 구분 할 자 아무도 없다. 신도 알지 못한다.

인간은 신의 일을 하나도 인지 할 수 없다.

신은 인간의 선택을 결정 하지 않는다. 인간은 신의 뜻이라고 믿는다.

인간의 눈, 코, 귀, 입, 손과 발, 항문을 신도 갖고 있다고 믿지 말라.

✪ 고대의 신 : 달의 신 (태음력. 1년 354일. 1개월 29.5일)

태양의 신 (태양력. 1년 365일. 1개월 30.4일)

☆ 고대종교 : 하늘(불. 공기. 물) 땅(물. 불) 지하(음부. 쉐올. 죽음. 흙)

❃ 성현 : 석가모니 (샤카족왕 50세 마야부인 우측 옆구리탄생. 7일후죽음)

공자(숙량흘 64세. 부인 안징재 16세 공자탄생 → 母 40세 죽음)

예수(다윗의 42대손. 요셉(20) 마리아(16) 예수탄생. 母 58세 죽음)

마호메트 (AD 570년. 고아 큰아버지 양육. 25세 결혼 시 부인 40세)

※ 너희가 듣기는 들어도 깨닫지 못할 것이요,

보기는 보아도 알지 못하리라. (무지) - 이사야 6 : 9

오른손이 하는 일을 왼손이 모르게 하라. (사기) - 마 6 : 1

네 이웃을 네 몸과 같이 사랑하라. (추행) - 마 22 : 39

네 오른뺨을 치거든 그에게 다른 뺨도 돌려대며 (보험) - 마 5 : 38

본 것은 보아라. 보았던 것을 들었다고 하지 마라. (과학)

들은 것은 들어라. 들었던 것을 보았다고 하지 마라. (구원)

색즉시공 공즉시색(色卽是空 空卽是色) ↔ 色卽是色 空卽是空

산은 곧 물이고 물은 곧 산이다. ↔ 산은 산이요. 물은 물이다. -note-

☆ 이란 : 아리아인의 땅. 조로아스터교의 발생지(이란고원. 페르시아고원)

이스라엘 : 신과 씨름한 자. 하나님과 씨름하다. 야곱(아브라함의 손자)

유대인 : ivree(이브리) + hevrew(히브리). 강 건너 옮겨온 자.

티쿤(고친다) 울람(세상)→ 세상을 고침. 메시아(집단 메시아)

예수 : 여호수아를 그리스어로 번역.

알파벳 : 페니키아 상인의 문자 22글자. 그리스어 알파와 베타 (1,2번)

옴(om) : 영원한 소리(옴 글자 속에 천 가지의 뜻).佛法僧 귀명(歸命).

옴마니반메훔 : 옴(세상)마(아수라)니(인간)반(짐승)메(아귀)훔(지옥)

아라한 : 공양을 받을 수 있는 자. 번뇌를 여읜 자. 부파불교.(100년 후)

보살 : 자기 자신보다 중생구제를 통하여 성불. 대승불교.

그레코불교 : 그리스식 불교. 그리스에서 최초의 불상(곱슬머리)제작.

영지주의 : 영혼(신이 창조) 물질(악마가 창조) 영혼은 악마속에서 산다.

고로 영지(지식.그노시스)를 얻어서 승화해야 한다.

영혼(善) + 물질(惡) + 정신(知識) = 우주삼라만상.

✺ 조(朝) : 아침(한국. 아침) 아사(일본.あさ) 차오(중국. cháo)

✪ 축의시대 : BC 900년 ~ BC 200년 (칼 야스퍼스)

조로아스터교(이란.인도) → 유대교. 그리스도교. 브라만교

서양철학(과학) → 소크라테스. 플라톤.

브라만교 → 불교. 힌두교.

유교(동양철학) → 공자. 묵자. 장자

◎ 탈리오 원칙 : 복수의 법칙. BC 1,200년경. 눈에는 눈! 이에는 이!

△ 종교 : ㊤ 높은 곳. 하늘. 천당. 영생. 미화. 미래. 기쁨. 믿음.

㊦ 낮은 곳. 지옥. 전생. 단명. 저주. 과거. 슬픔. 불신.

☆ 주문 : 마법. 기도. 점. 저주. 기우제. 심판. 자기최면.

✪ 시공 : 공간에서 시간으로가 정신이고, 시간에서 공간으로가 생명이다.

◆ 나쁜 기억을 자주 떠 올리는 것은 마음이 아니고 몸의 신호이다.
몸은 기억해도 마음은 기억하지 않는다. 단지 뒤돌아 볼뿐이다.
몸을 기쁘게 할 것인가, 아프게 할 것인가의 선택은 마음이다. - note -

★ 복희팔괘 : 형상. 절대. 빛. 외부변화. 좌선회. 선천144. 오행. 상생변.
문왕팔괘 : 성질. 상대. 물. 내부변화. 우선회. 후천216. 팔괘. 상극화.

❋ 창조 : 無에서 有가 창조 되었다.(카오스→코스모스) 공즉시색(空卽是色)
有에서 無가 시작 되었다.(하나 → 빅뱅) 색즉시공(色卽是空)

❇ 섭리 : 형形(사물의 형체)은 도道(형체가 없는 사물의 원리)를 낳고
도道는 기氣(사물의 無形인 변화 운동의 실재)를 낳는다.
고로 기氣가 사물의 형形을 이룬다.

✪ 變化 : 변變(形의 바뀜. 음陰이 양陽으로 바뀜. 한번 열고 닫음. 合)
화化(氣의 바뀜. 陽이 陰으로 바뀜. 한번 닫고 한번 열다. 分裂)

形象 : 형形(산천초목의 물질적 모양. 땅. 감리태곤 坎 離 兌 坤)
상象(일월성신의 현상적 원리. 하늘. 진손간건 震 巽 艮 乾)

德業 : 덕德(자신에게서 얻은 것.)
업業(일에서 이룬 것.)

역易 : 낳는 것. 알기 쉬움. 인정. 해와 달. 64괘효사(卦爻辭). 陰陽.

占卜 : 점占(길흉의 이해. 악의 유혹) 복卜(길흉의 성패. 미신의 유혹)

周易占 : (1에서 10의 합55 + 1에서 9의합45)/2 = 50(하도+낙서)시초(蓍草)
(50 - 1)/2의 연속 선택 후 남은 수로 괘를 만듦. (生數 + 成數)

팔괘의 수 : 乾(1.天.+金) 兌(2.澤.-金) 離(3.불 +火) 辰(4.雷.+木)
巽(5.風.-木) 坎(6.물.-水) 艮(7.山. +土) 坤(8.흙.-土)

음양의 수 : 양(1 + 3 + 5 = 9 = 3×3 하늘의 수. 하늘의 구성九星)

음(2 + 4 = 6 = 땅의 수. 6대주)

A D A M (1 + 4 + 4 + 1 = 10 창조. 통합)

E V A (5 + 4 + 1 = 10 원초. 창조)

12지지 : 子(1. 쥐. 22일 ~ 2년) 丑 (10.소. 280일 ~ 15년)

寅(3.호랑이. 104일 ~ 20년) 卯 (8.토끼. 30일 ~ 6년)

辰(5.용. 무형0 ~ 0) 巳(2.뱀. 난태생 44일~24년)

午(7.말. 330일 ~ 27년) 未 (10.양. 330일 ~ 27년)

申(9.원숭이. 150일 ~ 30년) 酉 (4.닭. 난생21일 ~ 8년)

戌(5.개. 63일 ~ 14년) 亥 (6.돼지. 114일 ~ 15년)

✯ 태양중심설 : 아리스타르코스(bc 310~230)

코페르니쿠스(ad 1,473~1,543)

❆ 멀리 있는 것을 볼 수 있게 된 것은 거인(역사)의 어깨 위에 올라탔기 때문이다. - 뉴턴 -

☆ 안나 카레니나의 법칙

행복한 가정은 모두 엇비슷하고 불행한 가정은 불행한 이유가 모두 제각각 다르다. - 톨스토이 -

○ 한일 쌍둥이론 : BC 4,000년 ~ BC 400년에 고구려인이 일본에 건너가서 이룬 하나의 민족국가이다. - 다이아몬드 학설 -

※ 영국과 프랑스 35.4Km ↔ 한국과 일본 49.5Km(대마도)

✪ 포유류는 단백질 등의 세포구조에서 뼈를 생성하고 살, 근육 등을 키워 성인이 되고, 새나 파충류는 알에서 뼈와 살이 되어 일생을 살아간다. 누가 알에서 새나 파충류가 성장하는 비밀과 인간이나 동물의 생성 소멸하는 생명의 비밀을 완전하게 알 수 있을까요?

∞ 발효 : 알콜발효 당분이 알콜로 변하는 과정(효모가 알콜화) 산소 없음.

젖산발효(포도당→ 젖산). 아세트산 발효(→ 식초. 산소필요)

몰팅 : malting 맥아발효. 전분을 당분으로 변화하는 과정(당화)

침용 : 담그거나 첨가하는 과정.

증류 : 알콜과 수분을 분리하는 과정.

● 노후건강 : (① 금염 ② 금연 ③ 절주 ④ 운동 ⑤ 체중)

70세 여행을 하여 즐겁지 않으면 인생을 잘못 살았다.

♜ 동의보감 : 소금과 술 담배가 사람을 먹는다.

소금은 쓴맛을 감소시키고 단맛을 증가시킨다.

소금을 먹으려면 약을 쓰지 말고,

병을 고치려면 소금을 먹지 말라.

☆ 노인의 7 up : ① clean up. (청결) 깨끗이 하라.

② listen up. (이해) 젊은이의 생각을 들어라.

③ dress up. (외모) 멋지게 입어라.

④ give up. (선물) 받으려 하지 말고 주어라.

⑤ pay up. (청산) 지난날의 은혜를 갚아라.

⑥ shut up. (묵언) 입으로 가르치지 마라.

⑦ show up. (모범) 먼저 일어나라.

✡ 후회 : 과거에 안 했던 일을 이제야 하려고 하지 마라.

과거에 못 했던 일은 지금이라도 하고 싶으면 하라!

후회를 보상하려고 하지마라. 시간은 흐를 뿐이다.

후회 된 일은 새로운 일로 대신하라. 미래가 과거를 만든다.

◉ 새로운 발견을 향한 진정한 항해는 신대륙을 발견한 것이 아니라,
새로운 눈을 얻는 것이다. - 마르셀 푸르스트 -

⁂ 사주 : 태어난 사주보다 죽는 사주가 중요하다.
태어날 걸 예견한 사람은 없어도 죽음을 미리 예견 할 수 있다.
태어난 사주가 그릇이라면 죽는 사주는 그 그릇에 담긴 것이다.
잘 태어난 운명보다 잘 죽었던 운명이 더 좋다.
잘 산 사람은 운명의 그릇 크기가 아니고 자신의 운명자체이다.

▣ 바이러스 : 소, 양(홍역, 천연두, 결핵) 돼지(백일해. 인플루엔자)
조류(말라리아,인플루엔자) 설치류(사스,코로나,인플루엔자)
사스(~2004) 조류독감(~2017) 메르스(~2018) 코로나(2019~)

§ 생각 : 생각으로 몸을 지배하면 몸이 병들고, 몸으로 생각을 바꾸면
정신이 병든다. - note -

☆ 뉴라이트(New Right) 신보수주의
신자유주의. 일본 군국주의(일본이 조선을 개화 하였다고 함)
이승만과 박정희 (독재가 경제발전을 이루었다고 함) - 신지호 -

◐ 남북 정치인 생사명 : - note -
이승만(1875.03.26 ~1965.07.19) 김일성(1912.04.15 ~ 1994.07.08)
박정희(1917.06.15 ~1979.10.26) 김정일(1942.02.16 ~ 2011.11.19)
박근혜(1952.02.02 ~ 08.18) 김정은(1984.01.08 ~ 03.13)

★ 인생심판 : 생년, 생월, 생일, 생시의 사주에 의하여 인생을 재단하고 예측하는 사람, 종교적인 계시와 심령에 의한 이유, 집터와 묘지 등의 물리적 행위에 따른 판단이 여러 인생의 전부를 심판한 것은 잘못되었거나 왜곡된 것이다.
태어난 시간과 장소가 죽음을 찾아주는 이정표는 아니다.
재물이나 지식을 소비하고 가르치는 것은 (양날의 검)
생과 사의 시작과 끝의 결과물 같은 것이다.
식음과 배설의 아름다움처럼, 물질의 지식과 마음도 아름답다
말을 배우고 소통한 것은 음식을 먹고 소화하고 배설하는 것과 같다.
고로 인생은 심판의 대상이 아니고 그냥 인생이다. - note -

§ 우리민족의 역사문제

신라, 고려, 조선이 건국할 때 창업주들은 칼을 쥐고 통일하거나
다른 나라의 힘을 빌어서 권좌에 올랐다.
새 나라를 건국하여 국가의 관료를 두어 통치를 하다보니
칼 대신 붓으로 정치를 하였다.
군인한테는 칼을 뺏고 문인한테는 칼을 채우고
국내 치안만 유지하다보니 이웃나라 사정은 전혀 알 바 없고,
오직 권력유지에만 급급했다. 그러다보니
일본에게 두 번이나(임진왜란, 일제강점기) 온 나라를 빼앗기고
패전이 아닌 속국의 굴욕적 역사의 오명을 남겼다.
일제의 치하에서 해방되었어도
남쪽은 미국 군인의 앞잡이 이승만이,

북쪽은 소련 군인의 앞잡이 김일성이
남의 나라의 힘에 의지하고서
조선은 어디에도 없고 남의 나라의 법으로
자기 나라 땅의 경계도 정하지 못해서 다른 나라들이 정한 대로
남북이 각기 다른 이름으로 분단국가로 70년을 보냈다.
일본에 충성한 식민국민 앞잡이(지식인, 공무원, 군인)들이
분단국가의 대통령, 주석, 공무원, 군인, 지식인으로, 교육자로, 부모형제로
평생을 살다보니 입은 일제식민습성이요,
정신은 자본주의! 공산주의!요,
조선의 민족은 남북엔 없고, 일본교육자 후손이 권력의 중심이 되었다.
소련의 권력 앞잡이와 미국 권력의 앞잡이가 각 나라의 법 위에 서 있다.
오늘날 북쪽엔 중국과 소련을 지키는
군인이나 무기나 국가 방위력이 없고
남쪽엔 일본이나 미국으로부터 나라를 지키는 국가 방위력이 아예 없다.
북쪽에는 3대째 세습 군주국가로서 휴전선 수호와 치안유지 뿐이다.
남쪽에는 군인이 정치를 하고 권력자(공무권력)가 치안을 유지하고 있다.

MEMO

MEMO

MEMO

MEMO

MEMO

MEMO

MEMO

MEMO

MEMO

MEMO

노트북

초판 발행 | 2021년 2월 20일

지은이 | 오남 강선배
펴낸이 | 강경호
인쇄 · 기획 | 도서출판 시와사람
등　록 | 1994년 6월 10일 제 05-01-0155호
등　록 | 제359-2010-00001호 / 등록일 2010년 1월 26일
주　소 | 광주시 동구 양림로119번길 21-1(학동)
전　화 | (062)224-5319/227-5319
E-mail | jcapoet@hanmail.net

ISBN 978-89-5665-590-1 03810

값 14,400원

공급처 ■ 한국출판협동조합

경기도 파주시 탄현면 오금리 202번지
주문전화 (02)716-5616, 070-7119-1740